Berisha/Reisinger

Verträge des Versicherungsrechts

Reihe Vertragsrecht und Vertragsgestaltung

Armin J. Kammel/Konrad Koloseus

Verträge des Versicherungsrechts

Dr. Arlinda Berisha, LL.M.

Universitätslektorin Universität für Weiterbildung Krems und TU Wien, Senior Researcher Rechtswissenschaftliche Fakultät, Universität Bern

Dr. Wolfgang Reisinger

Universitätslektor Universität für Weiterbildung Krems und WU Wien

facultas

Zitiervorschlag: *Berisha/Reisinger*, Verträge des Versicherungsrechts (2024)

Bibliografische Information Der Deutschen Nationalbibliothek

Die Deutsche Nationalbibliothek verzeichnet diese Publikation
in der Deutschen Nationalbibliografie;
detaillierte bibliografische Daten sind im Internet über
http://dnb.d-nb.de abrufbar.

Satz: K. Strobl, Satz- und Grafikstudio Neunkirchen
Druck: Facultas Verlags- und Buchhandels AG

ISBN 978-3-7089-2223-2

Vorwort

Die private Versicherungswirtschaft spielt eine zentrale Rolle in modernen Wirtschaftssystemen. Sie übt einen stabilisierenden Einfluss auf die finanzielle Sicherheit von Einzelpersonen, Unternehmen und der Gesellschaft als Ganzes aus. Versicherungsgesellschaften bieten Schutz vor finanziellen Risiken, sei es im Bereich der Gesundheit, des Eigentums, der Haftung oder anderer Lebensbereiche. Durch die Übernahme und Verteilung von versicherbaren Risiken tragen sie dazu bei, unerwartete finanzielle Belastungen zu minimieren und die wirtschaftliche Stabilität zu fördern.

Das vorliegende Buch stellt einen der Bände aus der Schriftenreihe „Vertragsrecht und Vertragsgestaltung“ des Facultas Verlags dar und beinhaltet Ausführungen aus Wissenschaft und Praxis zum Versicherungsvertrag, der aufgrund der Verschiedenheit und Komplexität der Versicherungsbedingungen als spezifisch und vielfältig gilt.

In Ergänzung zu den Allgemeinen Grundlagen des Vertragsrechts, die naturgemäß auch für Versicherungsverträge gelten, soll ein Einblick in die Besonderheiten des Versicherungsvertragssystems geboten werden. Die zentralen Inhalte erstrecken sich von der Einführung in das Privatversicherungsrecht, Formen der Versicherungsverträge, Allgemeine Versicherungsbedingungen, internationale Aspekte des Versicherungsvertragsrechts, Besonderheiten bei Schadensversicherungs- und Summenversicherungsverträgen bis zu den Folgen, Auslegung und Konfliktlösung bei Versicherungsvertragsverletzungen. Neben den rechtlichen Grundlagen wird ein besonderes Augenmerk auf praktische Besonderheiten, Judikatur, Musterbedingungen und herkömmliche Musterpolizzen gelegt, das dem Werk auch einen Nachschlagcharakter verleiht.

Damit erweist sich das Buch als ein nützlicher und unentbehrlicher Helfer sowohl für alle mit dem Versicherungsrecht befassten Personen als auch für Berufseinsteiger, Sachverständige, Konsumentenvertreter, Versicherungsvermittler, Großkunden oder auch Studierende.

Die Autorenschaft dankt dem Verlag Facultas für die Einladung zur Mitwirkung in der neuen Schriftenreihe sowie für die Drucklegung und die ausgezeichnete Zusammenarbeit.

Krems/Wien, im August 2024

Arlinda Berisha
Wolfgang Reisinger

Inhaltsverzeichnis

Abkürzungsverzeichnis

aaO	am angeführten/angegebenen Ort
ABGB	Allgemeines bürgerliches Gesetzbuch
ABl	Amtsblatt der Europäischen Union
Abs	Absatz
ABS	Allgemeinen Bedingungen für die Sachversicherung
AG	Aktiengesellschaft
AGB	Allgemeine Geschäftsbedingungen
AHVB	Allgemeine Bedingungen für die Haftpflichtversicherung
AKHB	Allgemeine Bedingungen für die Kraftfahrzeug-Haftpflichtversicherung
AKKB	Allgemeine Bedingungen für Kraftfahrzeug-Kaskoversicherung
ARB	Allgemeine Bedingungen für die Rechtsschutzversicherung
ARIAS	AIDA Reinsurance und Insurance Arbitration Society
Art	Artikel
AUVB	Allgemeine Unfallversicherungsbedingungen
AVB	Allgemeine Versicherungsbedingungen
Bd	Band
BG	Bundesgesetz
BGBl	Bundesgesetzblatt
BPG	Betriebspensionsgesetz
Bsp	Beispiel
bzw	beziehungsweise
dgl	dergleichen
dh	das heißt
DIS	Deutsche Institution für Schiedsgerichtsbarkeit
dVVG	deutsches Versicherungsvertragsgesetz
ECG	E-Commerce-Gesetz
EFTA	European Free Trade Association
EHVB	Ergänzende Allgemeine Bedingungen für die Haftpflichtversicherung
EKHG	Eisenbahnund Kraftfahrzeughaftpflichtgesetz
EL	Ergänzungslieferung
etc	et cetera
EU	Europäische Union
EWR	Europäischer Wirtschaftsraum
f	folgende/folgender
ff	fortfolgende/fortfolgender
FMA	Finanzmarktaufsichtsbehörde
FN	Fußnote
FSG	Führerscheingesetz
GewO	Gewerbeordnung
GlBG	Gleichbehandlungsgesetz
ggf	gegebenenfalls
Hdb	Handbuch
HG	Handelsgericht
Hrsg	Herausgeber

ICC	International Chamber of Commerce
idF	in der Fassung
idR	in der Regel
insb	insbesondere
iSd	im Sinne des/der
iVm	in Verbindung mit
JN	Jurisdiktionsnorm
KFG	Kraftfahrgesetz
Kfz	Kraftfahrzeug
KH-Richtlinie	Kraftfahrzeug-Haftpflichtrichtlinie
KHVG	Kraftfahrzeug-Haftpflichtversicherungsgesetz
KSchG	Konsumentenschutzgesetz
LFG	Luftfahrtgesetz
MaklerG	Maklergesetz
mwN	mit weiteren Nachweisen
NO	Notariatsordnung
OGH	Oberster Gerichtshof
RAO	Rechtsanwaltsordnung
Rz	Randziffer
SE	Societas Europaea (Europäische Gesellschaft)
SigG	Signaturgesetz
stRsp	ständige Rechtsprechung
StVO	Straßenverkehrsordnung
ua	unter anderem
UGB	Unternehmensgesetzbuch
UNCITRAL	United Nations Commission on International Trades Law
UNO	United Nations Organization
VAG	Versicherungsaufsichtsgesetz
VersVG	Versicherungsvertragsgesetz
vgl	vergleiche
VN	Versicherungsnehmer
VR	Versicherer
VR	Versicherungsrundschau (Zeitschrift)
VVG	deutsches Versicherungsvertragsgesetz
VVO	Versicherungsverband Österreich
WIS	Internationales Schiedsgericht der Wirtschaftskammer Österreich
WKG	Wirtschaftskammergesetz
Z	Ziffer
ZPO	Zivilprozessordnung
ZVers	Zeitschrift für Versicherungsrecht

Literaturverzeichnis

Berisha, Niederlassungs- und Dienstleistungsfreiheit für Versicherungsunternehmen in der Lebens- und Nichtlebensversicherung im Europäischen Binnenmarkt (2017).

Bracher, Rechtliche Stolpersteine bei der Versicherung von Cyberrisiken, in Schulthess Manager Handbuch (2017).

Faber, Die Inhaltskontrolle Allgemeiner Versicherungsbedingungen (2003).

Fenyves, Versicherungsvertragsrecht, Skriptum Wien/Graz.

Fenyves/Perner/Riedler (Hrsg), VersVG – Versicherungsvertragsgesetz (13. Lfg 2023).

Fenyves/Koban, Allgemeine Versicherungsbedingungen[5] (2015).

Gabler Versicherungslexikon, https://www.versicherungsmagazin.de/lexikon.

Gisch/Reisinger, Versicherungsvertragsrecht[2] (2024)

Grubmann, Versicherungsvertragsgesetz[9] (2022)

Hebenstreit, Zum Grundsatz von „Treu und Glauben" im Versicherungsrecht, Newsletter 2/2016.

Huber, Die Kontrolle der allgemeinen Versicherungsbedingungen durch den OGH, ZVers 2020, 63.

Kath/Kronsteiner/Kunisch/Reisinger/Wieser, Versicherungsvertragsrecht Bd 1 (2019).

Koban (Hrsg), Rechte und Pflichten des Versicherungsmaklers[3] (2023)

Martin/Reusch/Schimikowski/Wandt, Sachversicherung[4] (2022).

Perner, Privatversicherungsrecht (2021)

Rautner, Kreditsicherungsverträge (2017).

N. Reisinger, Internationale Verkehrsunfälle, 2011.

W. Reisinger, Pro und Contra Repräsentantenhaftung, VR 2004 10, 147 ff.

W. Reisinger / Göllner, Versicherungswirtschaft und Versicherungsrecht[2] (2023)

Rechberger/Simotta, Zivilprozessrecht[9] (2017).

Schauer, Das österreichische Versicherungsvertragsrecht[3] (1995).

Seitlinger, Grundzüge des Zivilprozessrechts (2015).

Straube/Gisch/Berisha, Österreichisches Versicherungsvertragsrecht[3] (2019).

Wagner, Geschäft oder Gewissen? Vom Auszug der Versicherung aus der Solidargemeinschaft, VR 7–8/2018.

1. Grundlagen des Versicherungsvertragsrechts (Berisha)

1.1. Einführung in das Privatversicherungsrecht

Es entspricht einem tiefen menschlichen Bedürfnis, sich gegen **mögliche Risiken** (Gefahren) zu versichern. **Private Versicherungsunternehmen** (im allgemeinen Sprachgebrauch auch Versicherer oder Versicherung) bieten sowohl Einzelpersonen als auch Unternehmen individuelle Absicherung vor unvorhersehbaren Ereignissen und damit gegen bestimmte Risiken an. Bei der Privatversicherung handelt es sich somit um einen privatwirtschaftlich organisierten Versicherungsschutz. Die Rechtsbeziehung zwischen Versicherungsnehmer und Versicherer wird mit Ausnahme von einigen Pflichtversicherungen[1] **privatautonom** und **freiwillig** begründet.

Das Privatversicherungsrecht ist ein bedeutender Rechtszweig, der sich mit den rechtlichen Regelungen im Bereich der privaten Versicherungsverträge befasst. Ein Teil des Privatversicherungsrechts ist das Versicherungsvertragsrecht, das im Mittelpunkt unserer Betrachtung steht.

1.1.1. Versicherungsvertragsrecht

Das Versicherungsvertragsrecht ist ein **Sonderprivatrecht bzw Sondervertragsrecht**, das seine **zentrale Gesetzesquelle** im **Versicherungsvertragsgesetz** (VersVG) findet. Dieses ist jedoch nicht als Gesamtkodifikation des Versicherungsvertragsrechts zu verstehen. Es enthält lediglich **spezielle Regelungen** für den Versicherungsvertrag. Die Bestimmungen des allgemeinen Privatrechts (Allgemeines Bürgerliches Gesetzbuch [ABGB]) kommen subsidiär zur Anwendung, wenn dem VersVG keine Spezialvorschriften für den Versicherungsvertrag entnommen werden können. Von Relevanz sind für die Versicherungsverträge insbesondere die Bestimmungen des ABGB über den Vertragsabschluss, die Geschäftsfähigkeit, die Willensmängel und teilweise auch die Stellvertretung.[2] Ferner sind unter anderem auch Vorschriften des Unternehmensgesetzbuches (UGB), des Konsumentenschutzgesetzes (KSchG), des Betriebspensionsgesetzes (BPG), des Kraftfahrzeug-Haftpflichtversicherungsgesetzes (KHVG), des E-Commerce-Gesetzes 2004 (ECG), des Versicherungsaufsichtsgesetzes (VAG) etc maßgeblich. Bei Versicherungsverträgen mit Auslandsberührung sind darüber hinaus auch die Regelungen des Internationalen Privatrechts zu beachten.

Zusätzlich zu den gesetzlichen Grundlagen beruht das Versicherungsvertragsrecht auch auf **vertraglichen Rechtsgrundlagen**. So sind im Versicherungsvertrag bzw in den Allgemeinen Versicherungsbedingungen (AVB) die **konkreten Rechte** und

---

1 zB Kfz-Haftpflichtversicherung oder Berufshaftpflichtversicherungen.

2 *Schauer*, Das österreichische Versicherungsvertragsrecht, Auflage[3] (1995) 8.

Pflichten der Vertragsparteien und das zu **übernehmende Risiko** geregelt. Da das VersVG vorwiegend dispositiver Natur ist, kommt den AVB eine zentrale Bedeutung zu (siehe dazu unter Kapitel 3.).

1.1.2. Wesensmerkmale der Versicherung

Die Verwirklichung von bestimmten Risiken (Gefahren) wie Unfall, Feuer, Überschwemmung, Cyberattacken etc kann Schäden mit sich bringen, woraus in der Folge **wirtschaftliche Nachteile** erwachsen. Da nicht alle Einzelpersonen oder Beriebe/Unternehmen die finanzielle Möglichkeit haben, die durch den Schaden entstandenen Kosten selbst zu tragen, übertragen sie dies **gegen Entgelt** einem Versicherungsunternehmen. Es findet ein **vertraglicher Risikotransfer** vom Versicherungsnehmer auf den Versicherer statt.

Das Wesensmerkmal der Versicherung liegt damit in der **Risikoabsicherung**. Mit dem Begriff des **Risikos** ist die **Ungewissheit des Eintritts des Versicherungsfalls** verbunden. Der **Versicherungsfall** ist also ein **zukünftiges, ungewisses Ereignis.**[3] Das Versicherungsunternehmen kann zwar nicht den Eintritt des im Voraus vereinbarten Ereignisses abwenden, seine Aufgabe besteht vielmehr darin, im Versicherungsfall **Schutz vor wirtschaftlichen Nachteilen** zu gewähren, mit anderen Worten die **finanziellen Nachteile**, die durch den vereinbarten Versicherungsfall entstehen, **auszugleichen** bzw zu **minimieren**. Das Versicherungsgeschäft ist somit zufallsabhängig.[4]

1.1.3. Der Versicherungsvertrag

Der Versicherungsvertrag regelt die **schuldrechtliche Beziehung** zwischen **Versicherungsnehmer** und **Versicherungsgesellschaft.** Das Versicherungsvertragsgesetz enthält keine Definition des Versicherungsvertrags, beschreibt jedoch im § 1 VersVG die Pflichten beider Vertragsparteien, wobei es bereits hier zwischen der **Schadenversicherung** und der **Personenversicherung** unterscheidet.

Der Versicherungsvertrag ist ein **zweiseitiges Rechtsgeschäft**, das durch **übereinstimmende Willenserklärungen** der Vertragsparteien entsteht (siehe näher unten Kapitel 1.1.3.1.) sowie ein **zweiseitig verpflichtender Vertrag**. Er ist **entgeltlich** und in der Regel ein **Dauerschuldverhältnis.**[5]

Die Hauptpflicht des Versicherers weist vereinfacht dargestellt eine Zweistufigkeit auf: In einer ersten Stufe **verpflichtet** sich der **Versicherer** zur **Übernahme des versicherten Risikos**, die sich in einer zweiten Stufe bei Eintritt des Versicherungsfalls in eine **Entschädigungspflicht** verwandelt. Erst mit diesem Zeitpunkt hat er dem Versicherungsnehmer den durch den Eintritt des Versicherungsfalls verursach-

[3] *Wagner*, Geschäft oder Gewissen? Vom Auszug der Versicherung aus der Solidargemeinschaft, VR 7–8/2018, 31.

[4] *Wagner*, VR 7–8/2018, 33.

[5] *Schauer*, Versicherungsvertragsrecht³ 43 f.

ten Vermögensschaden in der Schadenversicherung bzw den vereinbarten Betrag an Kapital oder Rente in der Summenversicherung nach Maßgabe des Vertrages zu ersetzen. Für den Erhalt des Versicherungsschutzes **verpflichtet** sich der **Versicherungsnehmer** im Gegenzug, die vereinbarte **Prämie** während der Vertragsdauer zu entrichten.

Da die Leistung des Versicherers für den Versicherungsnehmer in erster Linie unsichtbar und unkörperlich ist, wirkt sie erst durch die **Beschreibung des übernommenen Risikos** im vereinbarten Vertrag „sichtbar" und „lebendig". Genau hier treten die vereinbarungsbedürftigen **Allgemeinen Versicherungsbedingungen (AVB)** als **Vertragsbestandteil** besonders in den Vordergrund, da sie die **Risikoumschreibung** bzw die **Hauptleistung** des Versicherers definieren und somit das unsichtbare Versicherungsprodukt erst zum Leben erwecken (dazu näher unter Kapitel 3.). Welches Risiko der Versicherungsnehmer in welchem Umfang absichern lässt, welche konkreten Rechte und Pflichten er hat und unter welchen Bedingungen der Versicherer seine Entschädigungspflicht erfüllen muss, ist also grundsätzlicher Inhalt des Versicherungsvertrages.

Der Versicherungsvertrag ist in der Regel ein Massen- und Unterwerfungsvertrag. Er ist in der Praxis durch die standardisierten AVB geprägt (dazu näher unter Kapitel 3.).

1.1.3.1. Zustandekommen

Mangels allgemeiner Bestimmungen zum Abschluss des Versicherungsvertrages im VersVG sind die entsprechenden Regelungen des ABGB anzuwenden. Demzufolge erfolgt der **Vertragsschluss** gemäß § 861 ABGB durch **Austausch übereinstimmender Willenserklärungen der Vertragsparteien**. Bei den Willenserklärungen handelt es sich um einen Antrag (Offerte) bzw um eine Annahme, die bei Übereinstimmung zu einer vertraglichen Einigung zwischen den beteiligten Parteien führen.

Mit dem Antrag, der den wesentlichen Inhalt des Vertrages derart bestimmt, so dass der Empfänger einfach zustimmen kann, erklärt der Antragsteller den Willen, den Vertrag ernsthaft (verbindlich) schließen zu wollen. Die Einwilligung in den Vertrag muss gemäß § 869 ABGB frei, ernstlich, bestimmt und verständlich sein.

In der **Versicherungspraxis** ist es in der Regel der **Versicherungsnehmer**, der den Antrag auf Schließung des Versicherungsvertrages stellt (Antragsteller). Dabei verwendet er üblicherweise ein vom Versicherer vorbereitetes Formblatt (Antragsblatt), das er unterschreibt und dem Versicherer zustellt.[6] In diesem Fall ist er **sechs Wochen** an seinen Antrag **gebunden**. Längere Bindungsfristen können im Einzelfall ausgehandelt und vereinbart werden (§ 1a Abs 1 VersVG). Die Fristbestimmung kann auch durch den Antrag selbst erfolgen. Ist das nicht der Fall, bleibt der An-

---

6 *Fenyves* in *Fenyves/Schauer*, VersVG § 1a Rz 8; *Schauer*, Versicherungsvertragsrecht[3] 69.

tragsteller nach § 862 ABBG für den Zeitraum gebunden, in dem er die Annahme erwarten darf. Dabei ist die Postlaufzeit sowie eine angemessene Bedenk- und Bearbeitungsfrist zu beachten.

Der Versicherer kann nach Prüfung des beantragten Versicherungsschutzes die Annahme explizit oder konkludent erklären oder den Antrag auch ablehnen. Die Annahme erfolgt meistens konkludent durch die **Zusendung** der **Polizze** (Versicherungsscheins) an den Versicherungsnehmer.[7] Auf diese Weise zeigt der Versicherer, dass er willig ist, den Versicherungsvertrag mit dem Antragsteller bzw Versicherungsnehmer zu schließen und damit das beantragte Risiko mit dem vereinbarten Tag zu versichern. Ab diesem Zeitpunkt beginnt grundsätzlich der Versicherungsschutz zu laufen (= materielle Versicherungsdauer). Der Versicherungsnehmer kann auch eine „vorläufige Deckungszusage" mit dem Versicherer vereinbaren. Die Parteien können Beginn und Ende der vorläufigen Deckung selbst festlegen.

Mit der **vorläufigen Deckungszusage** gewährt der Versicherer einen vertraglichen („sofortigen") Versicherungsschutz üblicherweise für den Zeitraum von der Antragstellung bis zum Abschluss des Versicherungsvertrages (= Zugang der Polizze). Sie ist ein eigenes Versicherungsverhältnis (= eigenständiger kurzfristiger Versicherungsvertrag) und endet mit Zeitpunkt des tatsächlichen Vertragsschlusses (= Zugang der Polizze), zum vereinbarten Fristende oder mit einer Kündigung.

In Ausnahmefällen tritt auch der Versicherer als Antragsteller auf. Dies ist zB bei kurzfristigen Versicherungen wie Reiseversicherungen, Krankenversicherung für Auslandsreisen etc anzutreffen. Es handelt sich hierbei um standardisierte Versicherungen, die über Verkaufsstellen oder Verkaufsautomaten als Kuponpolizzen oder Ticketpolizzen vom Versicherer angeboten werden.[8]

Die **Polizze** ist die Urkunde über den Versicherungsvertrag und hat den wesentlichen Vertragsinhalt (Versicherungssumme, versichertes Risiko, Vertragsdauer) zu enthalten. Sie verweist in der Regel auf die AVB. Sie darf allerdings nicht mit dem Vertrag gleichgesetzt werden, denn die vertragliche Einigung kann auch ohne die Übermittlung der Polizze zustande kommen. Die Polizze erhält für das eigentliche Zustandekommen des Versicherungsvertrages nur deshalb Bedeutung, weil sich in der Praxis die Vorgehensweise durchgesetzt hat, die Annahme des Antrages nicht gesondert und ausdrücklich zu erklären, sondern stattdessen die Polizze an den Antragsteller zu schicken.

---

[7] *Fenyves* in *Fenyves/Schauer*, VersVG § 1a Rz 19.

[8] *Fenyves* in *Fenyves/Schauer*,, VersVG § 1a Rz 23.

Praxistipp

Um unterschiedliche Interpretationen und Rechtsstreitigkeiten zu vermeiden, sollte der Versicherungsvertrag klar, unmissverständlich, verbraucherfreundlich und rechtskonform formuliert werden. Unerfahrenen Kunden ist oft nicht bewusst, dass sie grundsätzlich bis zum Zugang der Polizze keinen Versicherungsschutz erhalten. Um sofortigen Versicherungsschutz zu erhalten, ist die Vereinbarung einer „vorläufigen Deckung“ zu empfehlen.

1.1.3.2. Dauer

Versicherungsverträge können auf eine **bestimmte Zeit** (Zeitversicherung) oder auf **unbestimmte Zeit** (dauernde Versicherung) vereinbart werden. Die Lehre unterscheidet folgende Arten der Versicherungsdauer:[9]

Die **formelle Versicherungsdauer** umfasst die Zeitspanne vom Vertragsschluss (Zugang Polizze) bis zur Beendigung des Versicherungsvertrages.

Die **materielle Versicherungsdauer** umfasst die Zeitspanne, ab welcher die Haftung des Versicherers für die eintretenden Versicherungsfälle beginnt und somit die Leistungspflicht (Deckung) des Versicherers an den Versicherungsnehmer entsteht. Man spricht hier vom Beginn des Versicherungsschutzes, der in den meisten Fällen vertraglich vereinbart wird. Voraussetzung ist die Bezahlung der Erstprämie innert 14 Tagen ab Zugang der Polizze. Wurde weder eine Vereinbarung über den materiellen Versicherungsbeginn noch eine vorläufige Deckungszusage getroffen, bestimmt § 7 VersVG den Beginn des Versicherungsschutzes zu Mittag des Tages, an dem der Vertrag abgeschlossen wurde (= formeller Versicherungsbeginn = Zugang der Polizze).

Die **technische Versicherungsdauer** bezeichnet die Zeitspanne, für welche der Versicherungsnehmer die Prämien zu bezahlen hat.

1.1.3.3. Beendigung

Im Versicherungsvertragsrecht gibt es mehrere Möglichkeiten der Beendigung des Versicherungsvertrages, die nachfolgend dargestellt werden.[10]

Da auch der Rücktritt zur Auflösung des Versicherungsvertragsverhältnisses führt (rückwirkend ab Vertragsbeginn), kann er unter Umständen auch zu den Beendigungsmöglichkeiten gezählt werden. Das Versicherungsvertragsgesetz ermöglicht es Versicherungsnehmern im Bereich der **Massenrisiken** (Versicherungen für Privatpersonen) innerhalb von 14 Tagen, bei Lebensversicherungen innerhalb von 30

[9] *Fenyves* in *Fenyves/Schauer*, VersVG § 2 Rz 1; *Schauer*, Versicherungsvertragsrecht^3 153.

[10] *Schauer*, Versicherungsvertragsrecht^3 160.

Tagen ohne Angabe von Gründen vom Versicherungsvertrag zurückzutreten (§ 5c VersVG). Dieses gesetzliche Rücktrittsrecht ist bei Versicherungsverträgen über Großrisiken nicht gegeben.

Im Übrigen können Versicherungsverträge wie folgt enden:

Versicherungsverträge, die auf **bestimmte Zeit** abgeschlossen werden, enden mit Ablauf der vereinbarten Laufzeit. Eine Kündigung bei befristeten Versicherungsverträgen erübrigt sich. Wenn nichts anders vereinbart wurde, enden solche Versicherungsverträge zu Mittag des letzten Tages der vereinbarten Dauer (§ 7 VersVG).

In der Regel enthalten viele Versicherungsverträge mit einer mehrjährigen Laufzeit eine **Verlängerungsklausel** in den AVB. Dadurch gilt der Versicherungsvertrag stillschweigend als verlängert, wenn er nicht innerhalb einer bestimmten Frist vor Ablauf der vereinbarten Laufzeit gekündigt wird. Unterbleibt die Kündigung, darf sich der Versicherungsvertrag lediglich um ein weiteres Jahr verlängern (§ 8 Abs 1 VersVG). Ist der Versicherungsvertrag ein Verbrauchergeschäft, gilt die Verlängerungsklausel allerdings nur, wenn der Versicherungsnehmer rechtzeitig (vor Beginn der Kündigungsfrist) auf die automatische Verlängerung des Vertrages hingewiesen wurde (§ 6 Abs 1 Z 2 KSchG).

Wenn der Versicherungsnehmer ein Verbraucher ist, kann er den Versicherungsvertrag, den er für eine Dauer von mehr als drei Jahren abgeschlossen hat, gemäß § 8 Abs 3 VersVG nach drei Jahren kündigen (**Verbraucherkündigung**). Der Vertrag ist erstmals zum Ende des dritten Jahres oder jedes darauffolgenden Jahres unter Einhaltung einer Frist von einem Monat formfrei zu kündigen, sofern keine bestimmte Form vertraglich vereinbart wurde. Dem Versicherer steht kein Kündigungsrecht gemäß § 8 Abs 3 VersVG zu.

Verträge, die auf **unbestimmte Zeit** abgeschlossen werden, können von beiden Vertragsparteien zum **Schluss** der jeweiligen **Versicherungsperiode** unter Einhaltung einer vertraglich geregelten Kündigungsfrist durch **ordentliche Kündigung** beendet werden. Gemäß § 8 Abs 2 VersVG hat die Kündigungsfrist für beide Vertragsparteien gleich zu sein und muss zwischen ein und drei Monaten betragen. Die Parteien können auf das Kündigungsrecht einvernehmlich bis zur Dauer von zwei Jahren verzichten.

Für die ordentliche Kündigung ist keine besondere Begründung erforderlich. Sofern keine Formerfordernisse vertraglich vereinbart wurden, kann die Kündigung auch hier formfrei erfolgen. Es empfiehlt sich jedoch aus Beweisgründen die Schriftform. Die Kündigung ist eine empfangsbedürftige Willenserklärung. Sie wird erst mit Zugang beim Empfänger wirksam (§ 862a ABGB) und zwar dann, wenn die Kündigung dem Empfänger noch vor Ablauf der Kündigungsfrist zugeht. Trifft dies nicht zu, ist die Kündigung erst wieder zum nächstmöglichen Termin möglich.[11] Bei fehlerhafter oder unwirksamer Kündigung des Versicherungsnehmers (zB verspätet),

[11] *Schauer*, Versicherungsvertragsrecht[3] 259.

muss ihn der Versicherer nach ständiger Rechtsprechung des Obersten Gerichtshofes auf ihre Unwirksamkeit aufmerksam machen (**Zurückweisungspflicht**).[12]

Das VersVG sieht auch die Möglichkeit der **außerordentlichen Kündigung** vor, die **fristlos** und mit **sofortiger Wirkung** erfolgt. Hierfür muss – unabhängig davon, ob der Versicherungsvertrag auf bestimmte oder unbestimmte Zeit abgeschlossen wurde – ein **wichtiger Grund** vorliegen, der sowohl im Gesetz als auch in den AVB enthalten sein kann.[13]

Ein **wichtiger gesetzlicher** Grund für den **Versicherer** kann zB vorliegen, wenn eine Obliegenheit verletzt wird (§ 6 VersVG), Gefahrerhöhung eintritt (§ 24 VersVG) oder beim Verzug des Versicherungsnehmers mit einer Folgeprämie (§ 39 VersVG). Der **Versicherungsnehmer** seinerseits kann dagegen zB bei Vorliegen einer Doppelversicherung (§ 60 VersVG) kündigen.

In der Feuerversicherung (§ 96 VersVG), in der Hagelversicherung (§ 113 VersVG) und in der Haftpflichtversicherung (§ 158 VersVG) besteht nach Eintritt des Versicherungsfalls ein explizites Kündigungsrecht für beide Parteien (**Schadenfallkündigung**).

Wichtige Gründe können sich auch aus dem Versicherungsvertrag ergeben. Das ist zB beim Betrugsversuch des Versicherungsnehmers oder beim Verzug der Entschädigungsleistung durch den Versicherer der Fall.[14]

Zur Beendigung des Versicherungsvertrages kommt es auch, wenn das **versicherte Risiko** (= versichertes Interesse) während der Vertragsdauer **wegfällt**, wie zB bei Zerstörung des gegen Feuer versicherten Hauses durch ein Erdbeben. In solchen Fällen verliert der Versicherungsvertrag seinen Zweck. Eine Kündigung ist hier nicht erforderlich, da der Vertrag von selbst zerfällt.[15] Dem Versicherer gebührt allerdings die Prämie, die er hätte erheben können, wenn der Versicherungsvertrag nur bis zu dem Zeitpunkt abgeschlossen wäre, zu welchem der Versicherer vom Wegfall des Interesses Kenntnis erlangt hat (§ 68 Abs 2 VersVG). Die Prämie ist demnach bis zu jenem Zeitpunkt zu bezahlen, zu welchem der Versicherer Kenntnis erlangt.

Auch wenn sich keine ausdrücklichen Bestimmungen im VersVG oder selten ausdrückliche AVB-Klauseln über die Wirkung des Todes des Versicherungsnehmers auf den Versicherungsvertrag finden, führt der **Tod** des **Risikoträgers** in der **Personenversicherung** – sofern der Tod nicht als Versicherungsfall zu qualifizieren ist – zum Ende des Versicherungsvertrages, da dadurch das versicherte Interesse dauernd wegfällt. In der **Sachversicherung** geht der Versicherungsvertrag im Todesfall regelmäßig auf die Erben über, die anstelle des Erblassers in den Vertrag eintreten. In der **Vermögensversicherung**, wie etwa in der Haftpflichtversicherung, ist beim

[12] zB OGH 7 Ob 17/94; OGH 7 Ob 10/90; OGH 7 Ob 97/01t.

[13] *Schauer*, Versicherungsvertragsrecht³ 304 f.

[14] *Schauer*, Versicherungsvertragsrecht³ 305.

[15] *Schauer*, Versicherungsvertragsrecht³ 307.

Tod des Versicherungsnehmers wie folgt zu unterscheiden. Geht es um einen versicherten Gefahrenbereich im Versicherungsvertrag, der stärker personenbezogenen ist, führt der Tod des Versicherungsnehmers zur Beendigung des Versicherungsvertrages (zB Berufs- oder Sporthaftpflicht). Handelt es sich dagegen im Versicherungsvertrag um stärker sachbezogene Gefahrenbereiche, wie Kfz-, Tierhalter-, Gebäudehaftpflichtversicherung etc, geht der Vertrag analog zur Sachversicherung auf die Erben über.[16]

Das Versicherungsvertragsgesetz regelt des Weiteren auch die Beendigung des Versicherungsverhältnisses im Falle der **Konkurseröffnung** über das **Vermögen** des **Versicherers** (§ 13 VersVG). Diesbezüglich erlöschen die Versicherungsverträge in der Lebensversicherung von selbst (§ 311 VAG). Bei den übrigen Versicherungsverträgen endet dagegen das Versicherungsverhältnis mit dem Ablauf eines Monats seit der Konkurseröffnung (§ 13 VersVG). Versicherungsforderungen gehen den übrigen Konkursforderungen vor (§ 314 VAG). Erfolgt dagegen die Eröffnung des **Insolvenzverfahrens** über das **Vermögen** des **Versicherungsnehmers**, so bleibt der Versicherungsvertrag grundsätzlich unberührt. Der Versicherer kann sich die Befugnis ausbedingen, das Versicherungsverhältnis mit einer Frist von einem Monat zu kündigen (§ 14 VersVG).

Als eine weitere Möglichkeit der Beendigung des Versicherungsvertrages gilt auch die **Besitzwechselkündigung** im Falle der **Veräußerung der versicherten Sache** (§§ 69 ff VersVG), wobei das Gesetz hier nur die Fälle eines Eigentumsübergangs im Wege der Einzelrechtsnachfolge umfasst (zB Kauf, Schenkung, Tausch, Sacheinlage, Veräußerung im Weg der Zwangsvollstreckung). Die Gesamtrechtsnachfolge, die zB auf dem Erbweg erfolgt, ist dagegen nicht gedeckt. Veräußert demnach der Versicherungsnehmer die versicherte Sache, so tritt an seiner Stelle der **Erwerber** in das Versicherungsvertragsverhältnis ein. Der bisherige Versicherungsnehmer verliert mit der Veräußerung der versicherten Sache seine Versicherungsnehmereigenschaft, was bedeutet, dass der Versicherungsvertrag für ihn erlischt. Für den Erwerber der versicherten Sache erfolgt eine **Vertragsübernahme kraft Gesetzes**, damit ein lückenloser Versicherungsschutz gewährt wird. Es entsteht ein neues Vertragsverhältnis zwischen Erwerber und Versicherer, welches jedoch von beiden neuen Vertragspartnern innerhalb der gesetzlich festgelegten Frist **gekündigt** werden kann (§ 70 VersVG). Gemäß § 71 VersVG ist die Veräußerung der versicherten Sache dem **Versicherer unverzüglich anzuzeigen**.

Praxistipp

Die Kündigung kann grundsätzlich formfrei erfolgen. Um Rechtsstreitigkeiten zu vermeiden, sollten gegebenenfalls vertraglich festgelegte Formerfordernisse beachtet werden. Aus Beweisgründen empfiehlt sich in der Praxis die Schriftform. Zu beachten sind auch die speziellen Kündigungsrechte in der Lebens- und Krankenver-

[16] *Schauer*, Versicherungsvertragsrecht[3] 308 ff.

sicherung (§§ 156 Abs 1, 2 und 178i VersVG). Die Kündigung entfaltet ihre Wirkung erst mit Zugang beim Versicherer und muss vor Ablauf der Kündigungsfrist bei ihm einlangen.

1.1.4. Versicherungsnehmer

Der Versicherungsnehmer ist der Vertragspartner des Versicherers. Der Begriff des Versicherungsnehmers ist nicht im VersVG definiert, sondern wird als bekannt vorausgesetzt (§ 1 VersVG). Gewöhnlicherweise schließt er den Versicherungsvertrag im eigenen Namen und für sein Interesse bzw für seine Person und hat die vereinbarte Prämie für die Inanspruchnahme des Versicherungsschutzes zu entrichten. Im Normalfall erhält er als Vertragspartei die Versicherungsleistung vom Versicherer.

Es besteht jedoch auch die Möglichkeit, dass der Versicherungsnehmer den Versicherungsvertrag zwar im eigenen Namen, aber für ein fremdes Interesse oder eine andere Person versichert (§ 74 bzw § 159 VersVG) oder dass er den Anspruch auf die Versicherungsleistung an einer dritten Person zuwendet (Bezugsberechtige § 166 VersVG). Unabhängig davon bleibt der Versicherungsnehmer der Vertragspartner des Versicherers.

Versicherungsnehmer kann etwa jede natürliche oder juristische Person, eine Personengesellschaft des Unternehmensrechts, Formunternehmer gemäß § 2 UGB, eine Personenmehrheit (zB Versicherung einer Sache, die im Miteigentum mehrerer Personen steht), eine Gruppe oder ein Kollektiv sein.[17]

Es gibt auch andere am Versicherungsvertrag beteiligte Personen, denen ohne gleichzeitig Vertragspartei zu sein, auch Rechte aus dem Vertrag zustehen wie etwa die versicherte Person, der Bezugsberechtigte, der Pfandgläubiger, der Drittgeschädigte, der Zessionar oder der Vinkulargläubiger.

1.1.5. Versicherer

Ein Versicherer ist diejenige Vertragspartei, die den **Versicherungsschutz anbietet** bzw die Übernahme eines bestimmten Risikos zeichnet.[18] Im alltäglichen Sprachgebrauch werden die Bezeichnungen Versicherer, Versicherungsunternehmen, Versicherungsgesellschaft oder Versicherungsgeber verwendet. Der Begriff des Versicherers wird ebenfalls nicht im Versicherungsvertragsgesetz definiert. Er ist im Versicherungsaufsichtsgesetz (VAG) zu finden. Als Versicherer gilt demzufolge jedes **Unternehmen**, das den **Betrieb der Vertragsversicherung** sowie der **Rückversicherung** zum Gegenstand hat (§ 5 Z 1 bis 8 VAG 2016).

Aufgrund der hohen volkswirtschaftlichen Bedeutung der Versicherungswirtschaft wird die Aufnahme und Ausübung der Versicherungstätigkeit von der **Finanz-**

[17] *Schauer*, Versicherungsvertragsrecht³ 64.

[18] *Schauer*, Versicherungsvertragsrecht³ 9.

marktaufsichtsbehörde (FMA) überwacht. Wer im Finanzmarkt tätig sein will, bedarf daher einer entsprechenden **Zulassung** (Konzession) der FMA. Das Versicherungsaufsichtsgesetz unterscheidet zwischen **inländischen** und **aus ländischen** Versicherungsunternehmen (§ 1 Abs 1 iVm § 5 Z 1 bis 8 VAG 2016).

Inländische Versicherungs- oder Rückversicherungsunternehmen haben ihren Sitz im **Inland**. Wie oben erwähnt, bedürfen sie für ihre Geschäftstätigkeit einer Konzession der FMA und dürfen nur in der Rechtsform einer Aktiengesellschaft (AG), einer Europäischen Gesellschaft (SE) oder eines Versicherungsvereins auf Gegenseitigkeit betrieben werden (§§ 6, 8 Abs 1 VAG 2016).

Die erteilte Konzession gilt nach dem **„Single-Licence-Prinzip"** für den gesamten Europäischen Wirtschaftsraum (EWR).[19] Für die Ausübung der Versicherungstätigkeit in einem anderen EWR-Mitgliedstaat bedürfen österreichische Versicherungsunternehmen keiner weiteren Zulassung. Es genügt ein **Anmeldeverfahren** über die FMA (Prinzip der Sitzlandaufsicht).

Ausländische Versicherungs- oder Rückversicherungsunternehmen haben ihren Sitz im **Ausland**. Dabei kann sich der Sitz **außerhalb des EWR** oder **im EWR** befinden.

Wenn der **Sitz des Versicherers außerhalb des EWR** ist, also in einem Drittland, ist für die Aufnahme und Ausübung der Versicherungstätigkeit in Österreich eine **Konzession der FMA** notwendig. Solche Drittland-Versicherungsunternehmen dürfen ihr Versicherungsgeschäft nur über eine Zweigniederlassung betreiben und werden von der FMA beaufsichtigt (§ 5 Z 5, 6 und § 13 VAG 2016).

Ist der **Sitz des Versicherers im EWR**, bedarf es keiner weiteren Zulassung für den Geschäftsbetrieb in Österreich („Single-Licence-Prinzip"). EWR-Versicherer müssen sich nur über ihre zuständige Aufsichtsbehörde des Herkunftsmitgliedstaates zum Betrieb der Vertragsversicherung **anmelden** (§§ 20, 22 VAG 2016) und können sodann ihre Versicherungstätigkeit in Österreich sowohl im Wege der **Niederlassungsfreiheit** (über Zweigniederlassungen) als auch über die **Dienstleistungsfreiheit** ausüben. Nach dem Prinzip der Sitzlandaufsicht werden sie von der jeweiligen Sitzlandaufsichtsbehörde überwacht.

1.2. Grundprinzipien der Versicherung

1.2.1. Prinzip der kollektiven Risikoübernahme

Das Grundprinzip einer Versicherung besteht in der **kollektiven Risikoübernahme** bzw im kollektiven Risikoausgleich. Wie bereits oben dargestellt, verpflichtet sich der Versicherer für den Fall des Eintrittes eines **ungewissen Ereignisses, vertraglich vereinbarte** Leistungen an den Versicherungsnehmer zu erbringen.

---

[19] EU-Mitgliedstaaten und drei Mitgliedstaaten der Europäischen Freihandelsassoziation EFTA (Island, Norwegen und Liechtenstein).

Versicherungsgesellschaften legen durch Kundenerhebungen (Antragsfragen oder digitale Datenerhebung) die Risikomerkmale ihrer Versicherungsnehmer fest. Sie bringen damit in Erfahrung, welche Personengruppen durch die gleiche Gefahr (homogene Einzelrisiken) bedroht werden und bilden demzufolge Risikocluster bzw Risiko- oder Gefahrengemeinschaften (Versicherungskollektiv), woraus statistische Massen entstehen. Aus diesen Informationen und den Erfahrungswerten der Vergangenheit schätzt das Versicherungsunternehmen statistisch die erwarteten Schäden im jeweiligen Versicherungskollektiv, die für die Berechnung der Versicherungsprämie (auch Risikoprämie) herangezogen werden. Dabei bedient sich der Versicherer dem **kollektiven versicherungstechnischen Äquivalenzprinzip**. Nach dem Gesetz der großen Zahlen ist die Ermittlung eines Durchschnittwertes umso zuverlässiger, je größer die Menge der einzelnen Werte ist. Aus der jeweiligen statistischen Masse wird der erwartete Schaden (Eintrittswahrscheinlichkeit des Schadens) für den jeweiligen homogenen Risikocluster geschätzt, der für die Kalkulation der Versicherungsprämie maßgeblich ist. Nach dem Äquivalenzprinzip müssen die Versicherungsprämien den insgesamt erwarteten Schaden decken. Auf diese Weise ist die Versicherung in der Lage, eine Durchschnittsprämie für den jeweiligen Versicherungsnehmer zu kalkulieren. Mit der Verteilung des übernommenen Risikos auf viele Personen, die die berechnete Versicherungsprämie „in einen Topf" einzahlen, bildet das Versicherungsunternehmen ein Kapitalsammelbecken, das dazu dient, Schäden, die ein Versicherungsnehmer bei Eintritt des Versicherungsfalls erleidet, auszugleichen.

Ein anderes Prinzip für die Kalkulation der Versicherungsprämie ist das **individuelle versicherungstechnische Äquivalenzprinzip**. Dieses Prinzip geht von der in dividualisierten Risikoberechnung aus. Die Versicherungsprämie muss den individuell erwarteten Schaden decken, weshalb hier von der individualisierten Prämie gesprochen wird. Dieses Prinzip wird für Versicherungsunternehmen in Zeiten von Big Data zukünftig attraktiv werden. Durch die fortgeschrittene Informations- und Datentechnologie sind exakte Daten, die eine feinere Differenzierung innerhalb der homogenen Einzelrisiken vornehmen, leicht verfügbar. So wird mit Hilfe von Telematiksystemen die Erfassung von neuen Daten ermöglicht, die zur individuellen Risikoerfassung eingesetzt werden. Am Beispiel der Kfz-Haftpflichtversicherung können zB folgende neuen Datentypen erfasst werden: Tag- und Nachtfahrten, Autobahn-, Landstraßen- und Stadtfahrten, gefahrene Geschwindigkeiten, Beschleunigungs- und Bremsverhalten, Kurvenverhalten etc. Mit der Dokumentation des Fehlverhaltens können Versicherungsunternehmen das konkrete Fehlverhalten der Versicherungsnehmer bei der Berechnung der Versicherungsprämie berücksichtigen und dem Kunden ermöglichen, Einfluss auf die Prämie zu nehmen (Telematiktarife). Wer vorsichtig fährt, soll eine niedrigere Versicherungsprämie bezahlen müssen. Gleichzeitig kann davon ausgegangen werden, dass die individuelle verhaltensbasierte Risikoerfassung den Kunden dazu motivieren wird, das eigene Verhalten anzupassen. Da es hier um nutzungs- und verhaltensbasierte Daten geht, ist der Aspekt des Datenschutzes zu beachten.

1.2.2. Vertragsfreiheit

Grundsätzlich wird das Versicherungsvertragsrecht vom Grundsatz der **Vertragsfreiheit** bestimmt, wonach für das Zustandekommen des Versicherungsvertrages der übereinstimmende Wille der Vertragspartner maßgeblich ist und somit die Selbstgestaltung geschützt wird. Die Vertragsfreiheit ist jedoch im Versicherungsrecht eingeschränkt, da in einigen Fällen eine Versicherungspflicht und damit ein Kontrahierungszwang besteht, um die Interessen Dritter oder der Allgemeinheit zu schützen. Dies betrifft zB die Kfz-Haftpflichtversicherung oder die Berufshaftpflichtversicherungen (zB Ärzte, Therapeuten, Anwälte, Notare, Steuerberater).

Zusätzlich gibt es auch einige gesetzliche Bestimmungen des VersVG, die einen zwingenden Charakter haben und durch Vereinbarung zwischen den Parteien nicht abbedungen werden können (zB § 3 Abs 1 VersVG; § 51 Abs 4 VersVG). Handelt es sich um Verbraucherverträge sind auch die Bestimmungen des KSchG zu beachten.

Im Zusammenhang mit den Allgemeinen Versicherungsbedingungen (AVB) ist an dieser Stelle auch die OGH-Kontrolle dieser Klauseln zu erwähnen (siehe dazu näher unter Kapitel 3.).

1.2.3. Treu und Glauben

Ziel des Grundsatzes von **Treu und Glauben** ist es, ein gerechtes Ergebnis innerhalb der Rechtsordnung zu gewährleisten. Im Versicherungsvertragsrecht kommt Vertrauen und damit dem Grundprinzip von „Treu und Glauben" eine besondere Bedeutung zu.[20] Dadurch, dass der Versicherer bereits vor Vertragsschluss für seine Risikobeurteilung auf genaue Tatsachen und Umstände des Versicherungsnehmers angewiesen ist und der Versicherungsnehmer über die entsprechenden Informationen verfügt, die für die Absicherung seiner Risiken relevant sind, pflegen sie eine besondere Rechtsbeziehung. Sie sind im besonderen Maße auf die wechselseitige Unterstützung und Loyalität angewiesen, weshalb ihnen aus diesem Grundsatz auch Pflichten erwachsen. Das Prinzip von Treu und Glauben schützt damit die Vertragsparteien vor Rechtsmissbrauch und sichert das vorausgesetzte Vertrauen zwischen ihnen.

Nach oberstgerichtlichen Urteilen ist zB der Versicherer nach Treu und Glauben verpflichtet, eine unklare Vertragslage möglichst schnell aufzuklären. Er muss den Versicherungsnehmer auf eine allfällige unwirksame Kündigung (zB wegen Formmangel, Verspätung) unverzüglich hinweisen (Rückweisungspflicht).[21] Kommt er dieser Verpflichtung nicht nach und beruft sich aber auf die Fristversäumnis, so

---

[20] *Schauer*, Versicherungsvertragsrecht³ 132; *Hebenstreit*, Zum Grundsatz von „Treu und Glauben" im Versicherungsrecht, Newsletter 2/2016.

[21] *Schauer*, Versicherungsvertragsrecht³ 132, 301; zB OGH 7 Ob 17/94; OGH 7 Ob 10/90; OGH 7 Ob 97/01t.

handelt er treuwidrig. In diesem Fall ist der Versicherungsnehmer durch den Rückgriff auf Treu und Glauben geschützt.

Ein Verstoß gegen Treu und Glauben muss im Einzelfall geprüft werden.

1.2.4. Verbraucherschutz

Sofern ein Versicherungsvertrag als ein Verbrauchergeschäft gilt, unterliegt er ergänzend auch den Schutzbestimmungen des Konsumentenschutzgesetzes. In der Versicherungspraxis trifft dies insbesondere im Bereich der Massenrisiken (Versicherungen für Privatpersonen) zu. Diese Spezialvorschriften haben zum Ziel, Versicherungsnehmer als Verbraucher und damit als die schwächere Vertragspartei zu schützen. Allgemein betrachtet kann festgehalten werden, dass die Rechtsstellung des Versicherungsnehmers in den letzten Jahrzehnten im Einklang mit europarechtlichen Vorgaben, die die Betonung auf einen hohen Schutz der Verbraucher bzw Versicherungsnehmer legen, gesetzgeberisch gestärkt wurde. Der Grundgedanke der Schutzwürdigkeit der Versicherungsnehmer in der Versicherungswirtschaft beruht unter anderem darauf, dass Versicherer durch das vorhandene Fachwissen und die Aufstellung der AVB in einer stärkeren Position gegenüber den Versicherungsnehmern sind. Dadurch, dass Versicherungsnehmer bei der Suche nach dem entsprechenden Versicherungsschutz meistens vor der Wahl „take it or leave it“ stehen, sind sie dem Versicherer unterworfen und gelten als die schutzwürdige schwächere Partei. Aus diesem Grund ist es erforderlich, dass sich der Gesetzgeber vom Prinzip des Verbraucherschutzes leiten lässt und den erforderlichen Schutz gesetzgeberisch gewährleistet.

1.2.5. Versicherungsrechtliches Gleichbehandlungsgebot

Das allgemeine Gleichbehandlungsgebot in der Versicherungswirtschaft, das für Versicherungsvereine auf Gegenseitigkeit **gesetzlich** im § 40 VAG 2016 festgehalten wird, besagt, dass die Beiträge und Leistungen bei gleichen Voraussetzungen nur nach gleichen Grundsätzen bemessen sein dürfen. Für gleiche Risiken sind also gleiche Versicherungsprämien zu zahlen.

In Bezug auf die Geschlechterdiskriminierung war es bis zur Umsetzung der Gleichbehandlungsrichtlinie 2004/113/EG möglich und üblich, unterschiedliche Versicherungsbeiträge, Prämien oder Risikoklassen für Frauen und Männer vorzusehen. Der Gleichbehandlungsgrundsatz betreffend die Geschlechterdiskriminierung ist in Österreich sowohl im Versicherungsvertragsgesetz als auch im Versicherungsaufsichtsgesetz und Gleichbehandlungsgesetz niedergeschrieben (§§ 1b VersVG, 91 Abs 2 VAG 2016 iVm § 30 Abs 4 GlBG[22]). Diese Gesetze halten fest, dass der Faktor Geschlecht nicht zu unterschiedlichen Prämien oder Leistungen für Frauen und Männer führen darf. Die Versicherungsverträge müssen diskriminierungsfrei sein.

---

22 Bundesgesetz über die Gleichbehandlung (Gleichbehandlungsgesetz) BGBl I 2004/66.

Eine Ausnahme besteht nur für die betriebliche Kollektivversicherung (§ 93 Abs 7 VersVG).

1.3. Aufklärungspflichten

Versicherungsverträge sind, wie oben dargestellt, in der Regel **Dauerschuldverhältnisse**. Als solche sind sie von der **Vertragstreue** geprägt, denn sowohl Versicherer als auch Versicherungsnehmer sind während der gesamten Vertragslaufzeit auf **wechselseitiges Vertrauen, Treu und Glauben** sowie einen **Informationsaustausch** angewiesen. Aus diesem Grund nimmt die Vertragstreue der Vertragsparteien einen hohen Stellenwert im Versicherungsvertragsrecht ein.

So ist der Versicherer bereits vor Abschluss des Versicherungsvertrages auf genaue Informationen des zukünftigen Versicherungsnehmers (Antragstellers) angewiesen, um eine möglichst präzise Risikoprüfung vorzunehmen, die Prämie zu berechnen oder eine allfällige Klausel zu vereinbaren. Hier verpflichtet das Versicherungsvertragsgesetz explizit den Versicherungsnehmer, beim Abschluss des Vertrages alle **ihm bekannten Umstände**, die für die Übernahme des Risikos **erheblich** sind, dem Versicherer **anzuzeigen** (§ 16 VersVG). Der Versicherungsnehmer darf also keine unrichtigen Angaben über die Risikolage machen. Die gesetzliche Anzeigepflicht setzt sich auch nach Abschluss des Versicherungsvertrages fort. So hat zB der Versicherungsnehmer eine allfällige **Erhöhung der Gefahrlage** dem Versicherer unverzüglich **anzuzeigen** (§ 23 VersVG). Denn dadurch, dass das vom Versicherer übernommene Risiko im Umfeld des Versicherungsnehmers verbleibt, könnte sich der Versicherungsnehmer verleitet fühlen, die Gefahrensituation eigenmächtig zu ändern, den Versicherungsfall absichtlich herbeizuführen, die Schadenhöhe zu falsch anzugeben etc.

Auf der anderen Seite erwartet auch der Versicherungsnehmer die Vertragstreue seines Vertragspartners. So vertraut er darauf, dass der angebotene Versicherungsschutz seinem Deckungsbedarf entspricht oder dass er von seinem Versicherer ausreichend über den Versicherungsschutz informiert, beraten und aufgeklärt wird, um den Versicherungsschutz nicht etwa durch Unkenntnis seiner Rechte und Pflichten zu verlieren.[23] Dahingehend gibt es verschiedene gesetzliche Informations-, Aufklärungs- und Beratungspflichten des Versicherers. Des Weiteren erwartet der Versicherungsnehmer, dass der Versicherer im Schadenfall den Schaden schnell und korrekt abwickelt, sowie genügend Kapital angesammelt und bereit hat, um die Leistung vertragsgemäß zu erbringen

Zur Vermeidung von Wiederholungen wird hier auf die konkreten Aufklärungspflichten in den Kapitel 5., 6. und 7. verwiesen.

---

[23] Siehe dazu *Schauer*, Versicherungsvertragsrecht[3] 107.

1.4. Gültigkeitsvoraussetzungen

1.4.1. Allgemeines

Um seine Rechtswirkung zu erlangen, darf der Versicherungsvertrag nicht an einem Mangel leiden, der ihn ungültig werden lässt. Es müssen daher bestimmte Gültigkeitsvoraussetzungen vorliegen, die im Folgenden dargestellt werden.

1.4.2. Geschäftsfähigkeit

Eine der Voraussetzungen, die für die Rechtsgültigkeit des Vertrages erfüllt sein muss, ist die **Geschäftsfähigkeit** der Vertragsparteien. Da das VersVG keine Vorschriften zur Geschäftsfähigkeit enthält, sind die allgemeinen Bestimmungen des ABGB heranzuziehen.

Die Geschäftsfähigkeit ist gemäß § 865 ABGB die Fähigkeit einer Person, Verträge rechtswirksam abzuschließen. Die Geschäftsfähigkeit wird bei Volljährigen vermutet. Kinder unter 7 Jahren sind geschäftsunfähig. Unmündige Minderjährige (Personen zwischen 7 und 14 Jahren), psychisch Kranke und geistig behinderte Personen können ohne Einwilligung des gesetzlichen Vertreters keine Verträge wirksam eingehen. Sie sind beschränkt geschäftsfähig. In diesen Fällen ist der Geschäftspartner bis zur Einwilligung des Vertreters an das Geschäft gebunden.[24]

Mündige Minderjährige (Personen zwischen 14 und 18 Jahren) können sich, soweit nichts anderes bestimmt ist, selbständig durch Vertrag zu Dienstleistungen verpflichten. Ausgenommen sind Lehr- oder sonstige Ausbildungsverträge (§ 171 ABGB). Ferner können sie über Sachen, die ihnen zur freien Verfügung überlassen wurden, und über ihr Einkommen aus eigenem Erwerb verfügen und sich verpflichten, soweit dadurch die Befriedigung ihrer Lebensbedürfnisse nicht gefährdet ist (§ 170 ABGB). So können zB Jugendliche ab dem 15. Geburtstag eine KfzHaftpflichtversicherung für das Moped abschließen und die Prämien selbst bezahlen, wenn sie den eigenen Lebensunterhalt nicht gefährden. Die Eltern können allerdings den Vertrag aus wichtigen Gründen (zB Verschlechterung der Schulleistungen) vorzeitig kündigen.[25]

1.4.3. Form

Der Grundsatz der **Formfreiheit** gilt auch für die Versicherungsverträge (§ 883 ABGB). Solange das Gesetz keine bestimmte Form vorschreibt, können Versicherungsverträge **formfrei** abgeschlossen werden.[26] Es genügen die übereinstimmenden Willenserklärungen der Vertragsparteien in irgendeiner Form (auch mündlich). Dies

---

[24] *Schauer*, Versicherungsvertragsrecht³ 66.

[25] *Schauer*, Versicherungsvertragsrecht³ 67.

[26] *Fenyves* in *Fenyves/Schauer*, VersVG § 1a Rz 5. *Schauer*, Versicherungsvertragsrecht³ 91.

gilt auch für nachvertragliche Erklärungen, wie zB Anzeigen, Kündigungen, Abfindungsvergleiche.[27]

Dadurch, dass im Regelfall der Versicherungsnehmer den Antrag schriftlich stellt und der Versicherer diesen ebenso schriftlich annimmt oder im Normalfall dem Versicherungsnehmer die Polizze zusendet, erfolgt der Vertragsschluss in der Versicherungspraxis hauptsächlich schriftlich.[28]

Das Prinzip der Formfreiheit wird jedoch von einigen **gesetzlichen Ausnahmen** durchbrochen, die eine vorgeschriebene Form verlangen.[29] Es gibt Bestimmungen, die die **„geschriebene Form"** nach § 1b Abs 1 VersVG oder die **„Schriftform"** gemäß § 886 ABGB bzw § 4 SVG (Signatur- und Vertrauensdienstegesetz)[30] vorsehen.

Die **geschriebene Form** gilt heutzutage als eine Standardform des VersVG. Diese **versicherungsrechtliche Sonderform** verlangt einen **Text in Schriftzeichen**. Eine Unterschrift oder eine qualifizierte elektronische Signatur sind **nicht** notwendig, wenn die **Person des Erklärenden** aus der Erklärung hervorgeht, wie zB im Kopf des Schreibens oder als letzter Zusatz zu einer E-Mail (§ 1b VersVG).[31] Diese Form liegt sowohl bei Erklärungen auf Papier ohne Unterschrift als auch bei elektronischen Erklärungen via Telefax über Computer oder Server oder bei einer E-Mail ohne elektronische Signatur vor.[32]

Die **geschriebene Form** wird zB in folgenden Bestimmungen des VersVG ver langt:[33]

- § 5 Abs 1, 2 VersVG (Billigungsklausel)
- § 5b Abs 5 VersVG (Rücktrittsrecht des Versicherungsnehmers)
- § 12 Abs 2 VersVG (Verjährungshemmung)
- § 11a Abs 2 Z 4 VersVG (Zustimmung der Betroffenen zur Ermittlung personenbezogener Gesundheitsdaten)

Soweit das VersVG eine **Schriftform** anordnet, sind gemäß § 1b Abs 1 Satz 1 VersVG die Bestimmungen des § 886 ABGB und § 4 SVG anzuwenden. Im Unterschied zur „geschriebenen Form" verlangt die **Schriftform** laut § 886 ABGB die **Unterzeichnung** der schriftlichen Erklärung durch den Erklärenden, wobei die Nachbildung der eigenhändigen Unterschrift nur dort ausreicht, wo sie im Geschäftsverkehr üblich ist. Die qualifizierte elektronische Signatur erfüllt gemäß § 4

27 *Fenyves* in *Fenyves/Schauer*, VersVG § 1a Rz 5; *Schauer*, Versicherungsvertragsrecht³ 94.

28 *Schauer*, Versicherungsvertragsrecht³ 91.

29 *Fenyves* in *Fenyves/Schauer*, VersVG § 1a Rz 5.

30 Bundesgesetz über elektronische Signaturen und Vertrauensdienste für elektronische Transaktionen BGBl I 2019/27.

31 *Fenyves* in *Fenyves/Schauer*, VersVG § 1b Rz 3,4.

32 *Fenyves* in *Fenyves/Schauer*, VersVG § 12 Rz 4.

33 *Fenyves* in *Fenyves/Schauer*, VersVG § 1b Rz 5.

SVG das rechtliche Erfordernis einer eigenhändigen Unterschrift, sofern durch Gesetz oder Parteienvereinbarung nicht anderes bestimmt ist.

Das VersVG hat ein **Schriftformgebot** in folgenden Bestimmungen statuiert:[34]

- § 39 Abs 1 VersVG (Mahnung bei Verzug der Folgeprämie) mit Nachbildungsmöglichkeit der eigenhändigen Unterschrift
- § 100 Abs 2 VersVG (Zustimmung des Hypothekargläubigers in der Gebäudefeuerversicherung)
- § 101 Abs 1 VersVG (Mitteilung des Versicherers an den Hypothekargläubiger in der Gebäudefeuerversicherung)
- § 159 Abs 2 VersVG (Einwilligung des versicherten Dritten [„Gefahrperson"] in der Lebensversicherung)
- § 179 Abs 3 VersVG (Einwilligung der „Gefahrperson" in der Unfallversicherung)

Neben der **gesetzlich** vorgeschriebenen Form gibt es auch eine **vertraglich vorbehaltene Form**. Gemäß § 884 ABGB kann die Anwendung einer bestimmten Form für einen Vertrag, der gesetzlich an keine Form gebunden ist, von den Ver tragsparteien vorbehalten werden. Vertraglich vereinbarte Formen finden sich oft in den AVB.[35] So hat zB in den Allgemeinen Bedingungen für die Sachversicherung der Versicherungsnehmer dem Versicherer die Gefahrerhöhung in geschriebener Form anzuzeigen (Art 2 Abs 1 ABS 2012). In der Rechtschutzversicherung müssen Erklärungen (Rücktrittserklärungen sind ausgenommen) und Anzeigen des Versicherungsnehmers an den Versicherer in geschriebener Form erfolgen (Art 16 ARB 2015). Für die Vereinbarung der Schriftform ist gemäß § 5a Abs 2 und § 15a Abs 2 VersVG die ausdrückliche Zustimmung des Versicherungsnehmers erforderlich. Die Vereinbarung einer strengeren Form als die Schriftform darf für Erklärungen des Versicherungsnehmers, der Verbraucher ist, nicht vereinbart werden (§ 6 Abs 1 Z 4 KSchG).[36]

Praxistipp

Soweit das VersVG keine bestimmte Form vorschreibt, die Vertragsparteien formfrei handeln oder eine zulässige Form vereinbaren können, ist die geschriebene Form grundsätzlich ausreichend. Aus Beweisgründen empfiehlt sich dennoch die Schriftform.

34 *Fenyves* in *Fenyves/Schauer*, VersVG § 1b Rz 5.

35 *Schauer*, Versicherungsvertragsrecht³ 94.

36 *Schauer*, Versicherungsvertragsrecht³ 94; *Straube/Gisch/Berisha*, Österreichisches Versicherungsvertragsrecht³ (2019) 46.

1.4.4. Vertretung

In der Praxis kommt es sehr oft vor, dass sich die Vertragsparteien bei der Abwicklung des Vertrages eines Vertreters bedienen. In diesem Fall ist eine Vertreterbefugnis notwendig, die im Allgemeinen auf **Vollmacht** oder auf **gesetzlicher Grundlage** beruhen kann. Fehlt sie, kommt der Vertrag grundsätzlich nicht gültig zustande, außer die vertretene Partei genehmigt den Vertrag nachträglich oder der Mangel wird geheilt. Finden sich keine speziellen Regelungen zur Stellvertretung im VersVG, kommen die allgemeinen Regeln des Privatrechts zur Anwendung.

Da der Versicherungsmarkt eher ein Verkäufermarkt ist, werden Versicherungsprodukte überwiegend unter Einschaltung von sogenannten **„Versicherungsvermittlern"** „vertrieben". Es handelt sich hierbei grundsätzlich um **Versicherungsmakler** und **Versicherungsvertreter**, die mit der Vermittlung und/oder dem Abschluss des Versicherungsvertrages von ihren Auftraggebern betraut werden und sozusagen als Hilfspersonen fungieren. Vertragspartner bleiben Versicherungsnehmer und Versicherer selbst.

Praxistipp

Werden Versicherungsvermittler eingesetzt, so sind die allgemeinen zivilrechtlichen Regelungen der Stellvertretung, die Sonderregelungen des VersVG und je nach Konstellation auch die Regelungen der GewO, des MaklerG, des Handelsvertretergesetzes oder Dienstnehmerhaftpflichtgesetzes zu beachten.[37]

1.4.4.1. Versicherungsmakler

Der **Versicherungsmakler** ist ein Versicherungsvermittler, der vom potentiellen Versicherungsnehmer/Versicherungskunden auf Grund eines **Maklervertrags** beauftragt wird, um für diesen die **Vermittlung** des Versicherungsvertrags zu übernehmen. Er übt seine Tätigkeit selbständig in Form eines Gewerbes aus. Der Begriff des Versicherungsmaklers ist nicht im VersVG sondern im Maklergesetz definiert (§ 26 MaklerG). Gemäß § 27 MaklerG hat der Versicherungsmakler trotz Tätigkeit für beide Parteien des Versicherungsvertrages (Maklervertrag sowohl mit Versicherungsnehmer als auch Versicherer) **überwiegend** die Interessen seines Auftraggebers, nämlich **des Versicherungsnehmers**, zu wahren. Dies bedeutet, dass er den **bestmöglichen Versicherungsschutz** für die **Bedürfnisse** seines Auftraggebers auf dem Versicherungsmarkt sucht und vermittelt, weshalb er auch als „Bundesgenosse des Versicherungskunden" bezeichnet wird. Der Versicherungsmakler ist von keinem bestimmten Versicherer abhängig und kann grundsätzlich mit mehreren Versicherern zusammenarbeiten, um das passende Versicherungsangebot für seinen

[37] *Straube/Gisch/Berisha*, Österreichisches Versicherungsvertragsrecht[3] 34.

Kunden zu ermitteln.[38] Die Wahrung der Interessen des Versicherungskunden ist im § 28 MaklerG demonstrativ festgehalten. Das Verhalten und das Wissen des Vertreters (Versicherungsmaklers) werden nach dem allgemeinen Zivilrecht dem Vertretenen (Versicherungsnehmer) unmittelbar zugerechnet.[39]

1.4.4.2. Versicherungsvertreter

Wird ein Versicherungsvermittler dagegen vom **Versicherer** beauftragt, ist er ein Erfüllungsgehilfe des Versicherers und tritt als **Versicherungsvertreter** auf. Als Versicherungsvertreter gelten gemäß der **Legaldefinition** des § 43 VersVG **selbständige Versicherungsagenten** oder **Angestellte des Versicherers**.

Selbständige Versicherungsagenten gehen in der Regel einen **Agenturvertrag** mit dem Versicherer ein, während **Angestellte des Versicherers** einen **Dienstvertrag** mit dem Versicherer abschließen. Beide haben kein Rechtsverhältnis zum Versicherungsnehmer. Als Versicherungsagent gilt auch, wer mit nach den Umständen anzunehmender Billigung des Versicherers als solcher auftritt. Hierbei handelt es sich um den sogenannten **Anscheinsagenten**, der durch sein Verhalten den Anschein eines Naheverhältnisses zum Versicherer hervorruft, obwohl er nicht durch einen Versicherer betraut ist. Darunter fällt zB ein Versicherungsmakler, der an seinem Geschäftslokal das Firmenlogo eines Versicherers anbringt.[40]

Versicherungsvertreter können zur **Vermittlung** des Versicherungsgeschäftes (**Vermittlungsvertreter**) oder zum **Abschluss** des Versicherungsvertrages (**Abschlussvertreter**) bevollmächtigt werden (§ 45 Abs 1 und 3 VersVG). In der Regel bedienen sich Versicherer in Österreich der Vermittlungsvertreter.[41] Nach der gesetzlichen **Vollmachtsvermutung** des § 45 VersVG dürfen diese zB Anträge auf Abschluss, Verlängerung oder Änderung eines Versicherungsvertrages entgegennehmen, dürfen allerdings keine Erklärungen des Versicherers abgeben. Der Abschlussvertreter ist dagegen zum Abschluss, Änderung oder Verlängerung der Versicherungsverträge sowie zur Abgabe von Kündigungs- und Rücktrittserklärungen bevollmächtigt (§ 45 Abs 3 VersVG). Da der Versicherer den Umfang der Vertretungsbefugnis festlegen kann, ist es möglich, dass seine Vollmacht von der gesetzlichen Vollmachtsvermutung abweicht. Sie kann enger oder weiter als die Vollmachtsvermutung ausfallen. Eine Einschränkung der Vollmacht ist Dritten gegenüber nur dann wirksam, wenn sie ihnen bekannt ist oder wenn sie diese wegen grober Fahrlässigkeit nicht kannten. Der Versicherer müsste zB dem Versicherungsnehmer die Vollmachtsbeschränkung mitteilen, damit diese ihm gegenüber wirksam ist. Im Verbrauchergeschäft, wenn also der Versicherungsnehmer ein Verbraucher ist, bleibt § 10 KSchG unberührt (§ 47 VersVG).

---

[38] *Gisch* in *Koban (Hrsg)*, Rechte & Pflichten des Versicherungsmaklers³ (2023) 77 ff.

[39] *Schauer*, Versicherungsvertragsrecht³ 105.

[40] *Schauer*, Versicherungsvertragsrecht³ 98; *Gisch* in *Koban (Hrsg)*, Rechte & Pflichten des Versicherungsmaklers³ (2023) 77 ff.

[41] *Straube/Gisch/Berisha*, Österreichisches Versicherungsvertragsrecht³ 35.

Da rechtmäßige Versicherungsvertreter im Rechtsbereich des Versicherers handeln, gelten ihre Handlungen unmittelbar für und gegen den Versicherer. Dieser muss sich das Wissen seiner Vertreter und aller Personen zurechnen lassen, die mit Vertragsabschluss und Vertragsbearbeitung betraut sind.[42]

1.4.5. Willensmängel

Wie bereits dargestellt, bildet die Willenserklärung den Kern eines Vertrags. Es kann in der Praxis durchaus vorkommen, dass beim Vertragsabschluss Störungen in der Willensbildung vorliegen. Liegen Willensmängel vor, kann der Vertrag je nach Art des Willensmangels angefochten und somit ungültig werden. Zu den **erheblichen Willensmängeln** des Zivilrechts gehören **Irrtum**, **Arglist** und **Drohung**. Für die Versicherungsverträge gelten die allgemeinen Regeln des Bürgerlichen Rechts, außer das Versicherungsvertragsgesetz enthält Sonderregelungen, die als lex specialis vorgehen, wie zB § 41a Abs 2 VersVG (Irrtum des Versicherungsnehmers) oder § 5 Abs 4 VersVG (Irrtumsanfechtung).[43]

1.4.5.1. Irrtum

Wenn jemand irrtümlich etwas anderes erklärt, als er erklären möchte, befindet er sich im **Erklärungsirrtum**. Dies kann zB der Fall sein, wenn der Versicherungsnehmer sich in der Angabe der Versicherungssumme irrt. Er verschreibt sich und gibt statt Euro 1 Mio, versehentlich Euro 10 Mio an.

Der Versicherungsnehmer kann auch hinsichtlich des Vertragsinhalts, der Natur des Rechtsgeschäfts oder der Person (iSd Identität des Geschäftspartners) einem Irrtum unterliegen. In diesem Fall befindet er sich in einem **Geschäftsirrtum**. Der Versicherungsnehmer legt zB irrtümlich keinen Widerspruch gegen den vom Antrag abweichenden Versicherungsschein (Polizze), woraus folgt, dass die Abweichung als genehmigt gilt (§ 5 VersVG). Ferner liegt ein Geschäftsirrtum auch vor, wenn zB der Versicherungsnehmer über die Berechnung der Höhe des Rückkaufswerts der Lebensversicherung irrt.[44]

Das VersVG enthält eine lex specialis zum Geschäftsirrtum des Versicherungsnehmers im § 41a Abs 2 VersVG. Dies betrifft die Bemessung einer höheren Prämie vom Versicherer durch irrtümliche Angaben des Versicherungsnehmers.

Für die erfolgreiche Irrtumsanfechtung ist es notwendig, dass der Irrtum **wesent lich** ist. Dies ist gegeben, wenn der Irrende ohne den Irrtum den Vertrag nicht abgeschlossen hätte. Des Weiteren muss eine der drei folgenden Voraussetzungen erfüllt sein:

---

42 *Schauer*, Versicherungsvertragsrecht³ 102; *Straube/Gisch/Berisha*, Österreichisches Versicherungsvertragsrecht³ 36.

43 *Fenyves* in *Fenyves/Schauer*, VersVG § 5 Rz 50.

44 *Schauer*, Versicherungsvertragsrecht³ 136.

- der Irrtum wurde vom Vertragspartner veranlasst,
- dem Vertragspartner hätte der Irrtum auffallen müssen oder
- der Irrtum wurde rechtzeitig aufgeklärt (§ 871 ABGB).

Der Irrtum ist in der Versicherungspraxis vom Vertragspartner veranlasst, wenn zB der Versicherungsnehmer über die Vertragsdauer falsch informiert wird. Wenn sich zB der Versicherungsnehmer bei der Versicherungssumme verschreibt (wie oben statt Euro 1 Mio, irrtümlich Euro 10 Mio), dem Versicherer jedoch die korrekte Summe aufgrund der geführten Gespräche bewusst ist, liegt ein Irrtum vor, der dem Versicherer hätte auffallen müssen. Rechtzeitige Aufklärung des Irrtums würde zB vorliegen, wenn der Versicherungsnehmer den Versicherungsvertreter, dem er das Antragsformular mitgegeben hat, unmittelbar danach im Büro anruft, um ihn über seinen Irrtum aufzuklären.[45]

Im Falle des oben erwähnten Geschäftsirrtums des Versicherungsnehmers, der zu einer höheren Bemessung der Prämie führt, kann der Versicherungsnehmer eine Herabsetzung der künftigen Prämie verlangen (§ 41a Abs 2 VersVG). Da es sich hier um eine Sonderregelung des VersVG handelt, die gegenüber den allgemeinen Irrtumsregeln Vorrang hat, ist das Vorliegen der Voraussetzungen des § 871 ABGB nicht erforderlich (Irrtum vom anderen veranlasst oder Irrtum hätte auffallen müssen oder rechtzeitige Aufklärung des Irrtums).[46]

Auch bei einem Irrtum über die anzeigepflichtigen Gefahrumstände gehen die Sonderregelungen der §§ 16 ff VersVG den allgemeinen Irrtumsregeln des Zivilrechts vor.[47]

Eine Vereinbarung, wodurch der Versicherungsnehmer auf Irrtumsanfechtung des Vertrages verzichtet, ist unwirksam (§ 5 Abs 4 VersVG). Der Irrtum verjährt nach 3 Jahren (§ 1487 ABGB).

Eine weitere Art des Irrtums ist der **Motivirrtum**. Dieser liegt dann vor, wenn über die Beweggründe, die die Vertragspartei zum Abschluss des Vertrages veranlasst haben, geirrt wird. Er betrifft nicht den Inhalt des Vertrages. Ein solcher Irrtum ist zB gegeben, wenn der Versicherungsnehmer einen Versicherungsvertrag eingeht, weil er glaubt, er sei dazu gesetzlich verpflichtet oder er schließt den Versicherungsvertrag, weil er vergessen hat, dass bereits seine Frau die gleiche Versicherung abgeschlossen hat (zB Haushaltsversicherung).[48]

Anders als beim Erklärungs- und Geschäftsirrtum, kann der Vertrag beim Vorliegen eines Motivirrtums grundsätzlich nicht nach § 871 ABGB angefochten werden. Allerdings enthält das VersVG eine **Sondernorm** in Bezug auf den Motivirrtum. Dies betrifft den Fall der **Doppelversicherung**. Hat der Versicherungsnehmer einen

[45] *Schauer*, Versicherungsvertragsrecht³ 137.
[46] *Schauer*, Versicherungsvertragsrecht³ 139.
[47] *Schauer*, Versicherungsvertragsrecht³ 138.
[48] *Schauer*, Versicherungsvertragsrecht³ 137.

Versicherungsvertrag abgeschlossen, ohne zu wissen, dass er einen solchen Vertrag bereits hat und dadurch eine Doppelversicherung entsteht, kann er den später abgeschlossenen Vertrag aufheben oder den Vertrag auf den Teilbetrag anpassen lassen, der durch die erste Versicherung nicht gedeckt ist (§ 60 VersVG).[49]

1.4.5.2. Arglist und Drohung

Wenn der Irrtum listig vom Vertragspartner herbeigeführt wird, liegt **Arglist** vor (§ 870 ABGB). Dies kann zB gegeben sein, wenn der Versicherungsnehmer beim Abschluss der Lebensversicherung verschweigt, dass er an einer schweren Erkrankung leidet (Verletzung der vorvertraglichen Anzeigepflicht) oder wenn der Versicherer den Versicherungsnehmer absichtlich falsch über die steuerlichen Absetzmöglichkeiten informiert, um den Kunden zum Vertragsabschluss zu bewegen.[50]

Arglistiges Verhalten wird in folgenden Bestimmungen des VersVG behandelt. Verletzt der Versicherungsnehmer seine vorvertragliche Anzeigepflicht arglistig, kann der Versicherer wählen, ob er den Rücktritt des Vertrags nach den versicherungsrechtlichen Regeln der §§ 16 ff VersVG erklären oder den Vertrag wegen arglistiger Täuschung nach den allgemeinen Regeln anfechten möchte (§ 22 VersVG).

Wenn der Versicherer beim Abschluss des Versicherungsvertrages weiß, dass der Eintritt des Versicherungsfalls schon ausgeschlossen ist, hat er keinen Anspruch auf die Versicherungsprämie. Weiß der Versicherungsnehmer beim Versicherungsabschluss, dass der Versicherungsfall zu diesem Zeitpunkt bereits eingetreten ist, hat er keinen Anspruch auf die Versicherungsleistung (§ 2 Abs 2 VersVG). Schließt der Versicherungsnehmer den Vertrag in der Absicht ab, sich aus der Überversicherung einen rechtswidrigen Vermögensvorteil zu verschaffen, so ist der Vertrag nichtig (§ 51 Abs 4 VersVG).

Eine **Drohung** liegt dann vor, wenn der Vertragspartner durch ungerechte und begründete Furcht zum Vertrag veranlasst wird und somit nicht aus freiem Willen handelt (§ 870 ABGB).

Wie beim Irrtum ist die Vertragsanfechtung wegen Arglist und Drohung möglich, wenn sie kausal für den Vertragsschluss war (§ 870 ABGB). Die Verjährungsfrist beträgt bei Arglist 30 und bei Drohung 3 Jahre (§§ 1478 und 1487 ABGB).

Der Versicherer muss die Arglist des Versicherungsnehmers beweisen, wenn er den Vertrag wegen arglistiger Täuschung anfechten möchte. Dieser Beweis ist in der Praxis oft schwer zu führen.

---

49 *Schauer*, Versicherungsvertragsrecht[3] 137.

50 *Schauer*, Versicherungsvertragsrecht[3] 140.

1.4.6. Gesetz- und Sittenwidrigkeit

Beruhend auf der Privatautonomie enthält die Vertragsfreiheit auch eine Inhaltsfreiheit, die den Vertragsparteien grundsätzlich ermöglicht, den Inhalt des Vertrags frei zu vereinbaren. Da die Privatautonomie nicht von den Vertragsparteien missbraucht werden darf, ist sie durch einige rechtliche Schranken begrenzt. So ist ein Vertrag, der gegen das **Gesetz** oder die **guten Sitten** verstößt, nichtig (§ 879 ABGB). Nachfolgend werden einige Beispiele angeführt.

Im Zusammenhang mit der Gesetzwidrigkeit ist zB das Thema der Dauerrabattrückforderungen von Versicherungen gegenüber ihren Versicherungskunden bei vorzeitiger Kündigung der langfristigen Versicherungsverträge zu erwähnen. Der Oberste Gerichtshof (OGH) hatte in den vergangenen Jahren in mehreren Fällen konkrete „Dauerrabatt-Rückforderungsklauseln" von Versicherungsgesellschaften als **gesetzwidrig** und **nichtig** qualifiziert, wenn gröbliche Benachteiligung der Versicherungsnehmer im Sinne des § 879 Abs 3 ABGB vorlag, diese Klauseln bei relativ langer Vertragsdauer einerseits den herauszugebenden „Vorteil" überstiegen und andererseits das gesetzliche Kündigungsrecht des Versicherungsnehmers im Verbrauchergeschäft (nach § 8 Abs 3 VersVG zum Ende des dritten Jahres) mit wirtschaftlichen Mitteln untergruben.[51]

Der OGH stellte ferner im Jahre 2014 fest, dass die von Versicherungsgesellschaften eingehobene Zahlscheingebühr unter dem Deckmantel einer „Bearbeitungsgebühr" für Überweisungen der Versicherungsprämie mittels Zahlschein oder Onlinebanking **gesetzwidrig** ist. Sie widerspricht dem Zahlungsdienstegesetz.[52]

Fehlt ein gesetzliches Verbot, so wird **Sittenwidrigkeit** nach der Judikatur dann angenommen, wenn die Interessenabwägung eine grobe Verletzung rechtlich geschützter Interessen oder bei Interessenkollision ein grobes Missverhältnis zwischen den durch die Handlung verletzten und den durch sie geförderten Interessen ergibt.[53]

Für die Beurteilung der Sittenwidrigkeit eines Rechtsgeschäftes kommt es auf die Umstände des Einzelfalls an.

Die Sittenwidrigkeit liegt zB im Bereich der Versicherungen vor, wenn eine Versicherung gegen Geldstrafen Gegenstand des Versicherungsvertrages wäre.[54]

Bei Beurteilung der Sittenwidrigkeit einer Provisionsverzichtsklausel hielt zB der OGH im Jahre 2017 zusammenfassend fest,dass die schon bei Abschluss eines Agenturvertrags mit einem arbeitnehmerähnlichen Versicherungsvertreter getroffene Vereinbarung, die (auch) im Fall der unbegründeten vorzeitigen Beendigung des Agenturvertrags durch den Versicherungsvertreter das Erlöschen der bei der Be-

---

[51] Vgl etwa OGH 7 Ob 118/13y.

[52] OGH 7 Ob 78/14t.

[53] Vgl etwa OGH 5 Ob 185/98m; RS0045886.

[54] *Fenyves* in *Fenyves/Schauer*, VersVG § 1a Rz 6; *Schauer*, Versicherungsvertragsrecht^3 142.

endigung bereits verdienten, aber noch durch die Ausführung der vermittelten Versicherungsverträge bedingten Vermittlungsprovisionen in Gestalt von Folgeprovisionen ohne jede Einschränkung vorsieht, sittenwidrig iSd § 879 Abs 1 ABGB ist.[55]

Sittenwidrig ist auch die Nichtzurückweisung einer unwirksamen Kündigung durch einen Versicherer ohne unnötigen Verzug, wenn dadurch den Versicherungsnehmer die Möglichkeit offen gestanden wäre, den Vertrag formgerecht unter Einhaltung der Frist aufzulösen.

In seiner rechtlichen Beurteilung hält der OGH fest:

Ersehe der Versicherer den Willen des Versicherungsnehmers, den Vertrag zu lösen, habe er ihm den Weg zur wirksamen Kündigung zu weisen, ein gegenteiliges Verhalten widerspreche den guten Sitten.[56]

Im Zusammenhang mit sittenwidrigen Versicherungsprodukten sei zB die Zulässigkeit der Versicherung von Lösegeldzahlungen bei Cybererpressung, die einen typischen Baustein von Cyberpolicen darstelle, fraglich. Das Versichern dieses Risikos könnte als sittenwidrig betrachtet werden, da Zahlungen von Lösegeldern weitere kriminelle und terroristische Aktionen provozieren und finanzieren könnten.[57] Lösegeldversicherungen werden im Allgemeinen nicht als gesetz- bzw sittenwidrig angesehen.[58]

---

[55] OGH 9 Ob A19/17k.

[56] OGH 3 Ob 221/55: *„Der Versicherer ist gehalten, unvollständige oder formunwirksame oder aus anderen Gründen ungültige Kündigungen zurückzuweisen. Weist er sie nicht zurück, muss er sich so behandeln lassen, als sei wirksam gekündigt worden“.*

[57] *Bracher*, Rechtliche Stolpersteine bei der Versicherung von Cyberrisiken, in Schulthess Manager Handbuch (2017) 191.

[58] *Fenyves* in *Fenyves/Schauer*, VersVG § 1a Rz 6.

2. Formen der Versicherungsverträge (Berisha)

2.1. Allgemeines

Im Laufe der Zeit haben sich aufgrund der Verschiedenheit der versicherbaren Risiken zahlreiche und vielfältige Versicherungsverträge herausgebildet. In Anbetracht der rasanten Entwicklung der Informationsgesellschaft, in der neue Risiken entstehen und sich die Kundenbedürfnisse laufend ändern, steigt auch der Bedarf nach neuen Versicherungslösungen. Versicherungsunternehmen müssen mit ihrer Produktentwicklung laufend sicherstellen, dass Versicherungsprodukte dem Marktbedarf entsprechen.

Eine Einteilung bzw Gliederung der Versicherungsverträge kann nach unterschiedlichen Kriterien erfolgen. So kann sie zB nach der Leistungserbringung des Vesicherers, nach dem Gegenstand der Versicherung, nach dem Grund des Vertragsabschlusses, nach dem Versicherungsvertragsgesetz vorgenommen werden. In der Praxis kommen im Zusammenhang mit der Einteilung der Versicherungsverträge verschiedene Begriffe wie Versicherungszweige, Versicherungssparten, Versicherungsarten oder Versicherungsformen vor.

2.2. Schadenversicherung und Summenversicherung

Wenn das Kriterium der Einteilung nach der Leistungserbringung durch den Versicherer erfolgt, welche Geldleistung er im Versicherungsfall erbringen muss, wird zwischen der **Schadens- und Summenversicherung** unterschieden.

Bei der **Schadenversicherung** ist der Versicherer, wie im § 1 VersVG konkretisiert wird, verpflichtet, dem Versicherungsnehmer im Versicherungsfall den **tatsächlich eingetretenen Vermögensschaden** nach Maßgabe des Versicherungsvertrages zu ersetzen. Hier geht es also um die **konkrete Bedarfsdeckung**. Höchstgrenze der Entschädigung bildet hier die vereinbarte Versicherungssumme (§ 50 VersVG). Das Versicherungsvertragsgesetz enthält in den §§ 49–80 VersVG Vorschriften, die für die gesamte Schadenversicherung gelten.

In der Summenversicherung zahlt hingegen der Versicherer im Versicherungsfall den **vereinbarten** Betrag an Kapital oder Rente oder bewirkt die sonst **vereinbarte** Leistung (§ 1 VersVG). Deshalb wird hier von der **abstrakten Bedarfsdeckung** gesprochen. Dies gilt gemäß Versicherungsvertragsgesetz für die Lebensversicherung, Unfallversicherung sowie bei den anderen Arten der Personenversicherung (§ 1 VersVG). Das Gesetz verwendet hier die Begriffe der Schadenversicherung und der Personenversicherung. Die Bezeichnung der „Summenversicherung" ist als solche nicht im Versicherungsvertragsgesetz zu finden. Sie wird terminologisch dem Begriff der Personenversicherung gleichgesetzt. Die Summenversicherung ist immer Personenversicherung.

2.3. Personenversicherung und Nichtpersonenversicherung

Die Einteilung nach dem versicherten Risiko ergibt folgende Gliederung der Versicherungen. Je nachdem, welchen Versicherungsschutz der Versicherungsnehmer beanspruchen möchte, kann das zu versichernde Risiko entweder in der **Person** des Versicherungsnehmers (**Personenversicherung**), im **Vermögen** des Versicherungsnehmers (**Vermögensversicherung**) und/oder in **Objekten** des Versicherungsnehmers (**Sachversicherung**) liegen.

In der **Personenversicherung** tritt der Versicherungsfall in den **Rechtsgütern der Person** (zB Krankheit, Unfall, Tod) ein. Wie oben erwähnt, leistet hier der Versicherer das vereinbarte Kapital oder die vereinbarte Rente oder erbringt die sonst vereinbarte Leistung (§ 1 VersVG). Die Personenversicherung ist nicht immer eine Summenversicherung. Sie kann als Summen- oder als Schadenversicherung vorkommen (zB ist die Krankenversicherung als Krankheitskostenversicherung eine Schadenversicherung, als Taggeldversicherung ist sie allerdings eine Summenversicherung). Für Personenversicherungen, die in der Gestalt der Schadenversicherung vorkommen, sind die Vorschriften des Versicherungsvertragsgesetzes für die gesamte Schadenversicherung zu beachten (§§ 49–80 VersVG).[59]

Den Gegensatz zur Personenversicherung bildet die **Nichtpersonenversicherung**. Darunter fallen alle versicherten Risiken, die **nicht an** eine **natürliche Person** gebunden sind, wie die **Sachversicherung** und die **Vermögensversicherung**. Als Beispiel der Sachversicherung gelten die Haushaltversicherung, die Kraftfahrzeugversicherung, die Feuerversicherung, die Hagelversicherung etc. Zur Vermögensversicherung zählen zB die Haftpflichtversicherung, Rechtsschutzversicherung, Kreditversicherung.

Die Nichtpersonenversicherung kann nur in Form der Schadenversicherung betrieben werden.

2.4. Freiwillige Versicherung und Pflichtversicherung

Wie bereits im ersten Kapitel angedeutet, kann das Versicherungsverhältnis nach dem Versicherungsvertragsgesetz sowohl freiwillig als auch von Gesetzes wegen entstehen.

Eine gesetzliche Verpflichtung (Pflichtversicherung) besteht zB für die Kfz-Haftpflichtversicherung oder für bestimmte Berufshaftpflichtversicherungen (Notare, Rechtsanwälte, Ärzte, Wirtschaftstreuhänder etc). Für die Pflichtversicherung sieht das Versicherungsvertragsgesetz besondere Vorschriften vor (§ 158b–158p VersVG).

Wo keine Pflichtversicherung vorgeschrieben ist, obliegt es dem Versicherungsnehmer freiwillig zu entscheiden, gegen welche Gefahren er sich versichern möchte.

---

[59] *Fenyves*, Versicherungsvertragsrecht, Skriptum Wien/Graz 16.

2.5. Erstversicherung und Rückversicherung

Ist das Versicherungsverhältnis zwischen einem **Versicherungsunternehmen** und einem **Versicherungsnehmer** begründet, spricht man von einer **Erstversicherung** (auch Direktversicherung). Das Versicherungsunternehmen, das eine solche Versicherung betreibt, ist der **Erstversicherer**.

Da die Gefahr besteht, dass die finanzielle Kapazität von einem Erstversicherer wegen eventuellen Großschäden (Umweltrisiken, wie zB Naturschäden) erschöpft werden kann, lassen sich auch Erstversicherer ihrerseits bei einem anderen Versicherungsunternehmen **rückversichern**. Solche Versicherungsunternehmen, die anderen Versicherungsunternehmen Versicherungsschutz anbieten, heißen **Rückversicherungsunternehmen** bzw **Rückversicherer**.

Die Rückversicherung ist vom Geltungsbereich des Versicherungsvertragsgesetzes ausgenommen (§ 186 VersVG).

3. Standardisierungen bei Versicherungsverträgen (Berisha)

Um die Geschäftsabläufe zu **rationalisieren und zu bewältigen,** ist es auch in der Versicherungsbranche üblich, mit **Standardmusterbedingungen** zu arbeiten. Es sind dies die Allgemeinen Geschäftsbedingungen des Versicherungsgeschäfts, die zumeist als **Allgemeine Versicherungsbedingungen (AVB)** bekannt sind. Diese werden vor allem als gleiche Grundlage für den Versicherungsvertragsabschluss im Massengeschäft, also im standardisierten Privatkundengeschäft eingesetzt, wo es gerade nicht um einmalige und individuelle Sachverhalte, sondern um eine Vielzahl von gleichartig gelagerten Fällen geht. In der gewerblichen und industriellen Versicherung, wo dagegen spezielle Versicherungslösungen nötig sind, werden die Versicherungsverträge auch individuell ausgehandelt und vereinbart.

3.1. Allgemeine Versicherungsbedingungen (AVB)

3.1.1. Allgemeines

Die Allgemeinen Versicherungsbedingungen sind **vorformulierte** und **standardisierte Vertragsbestimmungen des Versicherers** für eine Vielzahl von Verträgen, die der Versicherer im Rahmen des Abschlusses der Versicherungsverträge seinen Versicherungsnehmern zugrunde legt. Sie werden vom Versicherer aufgestellt und dienen als **„Vertragsschablone"** für Versicherungsverträge, die nicht im Einzelnen ausgehandelt werden, um das alltägliche Geschäft zu vereinfachen.[60] Wie die Allgemeinen Geschäftsbedingungen (AGB) sind auch die Allgemeinen Versicherungsbedingungen in Österreich – anders als in Deutschland – nicht gesetzlich definiert.[61] Ihr Begriff wird vorausgesetzt.[62] Die AVB, die ihrer Gestaltung nach, Gesetzestexten ähnlich sind, haben **keine Gesetzeskraft**. Sie sind in dem Umfang, in dem sie vereinbart werden **Bestandteil** des abgeschlossenen Versicherungsvertrages und ergänzen die Bestimmungen des Versicherungsvertragsgesetzes, das grundsätzlich den dispositiven rechtlichen Rahmen für Versicherungsverträge zur Verfügung stellt.[63]

Den Allgemeinen Versicherungsbedingungen kommt allerdings in der Versicherungsbranche eine besondere Bedeutung zu. Im Unterschied zu den Allgemeinen Geschäftsbedingungen anderer Wirtschaftsbranchen, die für gewöhnlich nur vertragliche Nebenpunkte beinhalten und die Hauptleistung einer individuellen Vereinbarung überlassen wird, regeln die AVB die **eigentliche Hauptleistung des Versicherers**. Da Gegenstand des Versicherungsvertrages die **Übernahme eines**

---

60 *Fenyves in Fenyves/Schauer*, VersVG Vor § 1 Rz 20.
61 *Fenyves* in *Fenyves/Schauer*, VersVG Vor § 1 Rz 20.
62 *Fenyves/Koban*, Allgemeine Versicherungsbedingungen[5] (2015) 1.
63 *Schauer*, Versicherungsvertragsrecht[3] 9.

bestimmten Risikos durch den Versicherer ist und diese Leistung für den Versicherungsnehmer unkörperlich bzw unsichtbar ist, wird der **Umfang des konkret übernommenen Risikos** durch die AVB im Vertrag beschrieben. Welches konkrete Risiko also tatsächlich der Versicherer trägt, wird in den AVB festgelegt (Risikoumschreibung).[64] Aus diesem Grund bilden sie das wesentliche Gestaltungsmerkmal bzw den **Kern** des Versicherungsvertrages, in dem sie das unsichtbare Rechtsprodukt „Versicherung" bzw „Versicherungsschutz" zum Leben erwecken.[65] Für den Versicherer sind die AVB sowohl ein wichtiges Instrument zur Risikobegrenzung als auch eine wichtige Hilfe für die wirtschaftliche Kalkulation. Es ist deshalb wichtig für den Versicherer, bei der Ausformulierung der AVB möglichst präzise und klar zu sein, um unterschiedliche Interpretationsmöglichkeiten zu vermeiden.

In der Versicherungspraxis kommt es oft vor, dass auch andere Bezeichnungen verwendet werden, wie Besondere Bedingungen, Ergänzende Allgemeine Bedingungen, Zusatzbedingungen, Polizzenklauseln etc. Sofern sie der oben erwähnten Beschreibung entsprechen und den Inhalt des Vertrages, die Risikoumschreibung, betreffen, gelten sie als AVB. Auf die Bezeichnung kommt es nicht an.[66]

Seit der Deregulierung des Versicherungsrechts in den EU-Mitgliedstaaten im Jahre 1994 gibt es keine Vorabgenehmigungspflicht von Versicherungsbedingungen (allerdings Vorlagepflicht bei Pflichtversicherungen[67]) durch die staatliche Aufsichtsbehörde. Damit haben die Versicherungsunternehmen im Rahmen ihrer Konzession sowie in Beachtung der maßgebenden gesetzlichen Normen und der guten Sitten eine grundsätzliche Gestaltungsfreiheit ihrer AVB bzw ihrer Versicherungsprodukte. Diese Freiheit birgt jedoch auch die Gefahr, dass in der Praxis Versicherer verleitet sein könnten, die einseitigen AVB zu ihrem Vorteil und zu Ungunsten der Versicherungsnehmer zu formulieren, sowie im Geschäftsverkehr zu verwenden. Damit wäre der Kundenschutz, der früher durch die Kontrolle der Aufsichtsbehörde (Vorabgenehmigungspflicht) wahrgenommen wurde, gefährdet. Um den Schutz des durchschnittlichen Versicherungsnehmers weiterhin zu gewährleisten, wurden seit dem Wegfall der AVB-Kontrolle die Informations-, Beratungs- und Aufklärungspflichten der Versicherungsunternehmen nach und nach ausgedehnt, sowie der gerichtlichen Kontrolle dieser Klauseln eine wichtige Rolle zugesprochen. Die Gerichte können allerdings die Klauseln nicht von Amts wegen überprüfen. Es handelt sich vielmehr um eine ex-post-Kontrolle der AVB, die die Gerichte erst im Falle eines Rechtsstreites zwischen Versicherungsnehmer und Versicherer vornehmen

64 *Schauer*, Versicherungsvertragsrecht³ 9 f.;80 f.

65 *Schauer*, Versicherungsvertragsrecht³ 9.

66 *Fenyves* in *Fenyves/Schauer*, VersVG Vor § 1 Rz 21; *Schauer*, Versicherungsvertragsrecht³ 10; *Straube/Gisch/Berisha*, Versicherungsvertragsrecht³, 25.

67 zB § 18 zweiter Satz KHVG: *„Die Versicherungsbedingungen dürfen erst nach Ablauf von drei Monaten, nachdem sie der FMA mitgeteilt worden sind, verwendet werden"*.

und über Fragen der Einbeziehung, Auslegung, Geltung, Inhalt und Transparenz der AVB urteilen.[68] In dieser Hinsicht kommt auch dem Versicherungskunden heutzutage eine wichtige Rolle zu, da auch er durch die Prozessführung dazu beitragen kann, dass die AVB der gerichtlichen Prüfung unterzogen werden.

Betreffend die Einbeziehung der AVB in den Versicherungsvertrag, ihre Auslegung, die Geltungskontrolle, die Inhaltskontrolle und die Transparenzkontrolle unterliegen sie denselben Regeln wie Allgemeine Geschäftsbedingungen (AGB), sofern ihre Eigenart nicht anderes erfordert.[69]

Praxistipp

Um Interpretationsspielräume und eventuelle gerichtliche Streitigkeiten zu vermeiden, sollten die AVB vom Versicherer möglichst präzise und klar ausformuliert werden.

3.1.2. Einbeziehung in den Vertrag

Da AVB keine Gesetzeskraft entfalten, werden sie Bestandteil des zustande gekommenen Versicherungsvertrages, wenn sie **vertraglich vereinbart** werden. Sie sind also durch **Willensäußerungen der Parteien** wirksam in den Vertrag **einzu beziehen.**[70] Die Parteien müssen somit zu erkennen geben, dass

a) der Versicherer zu seinen AVB kontrahieren will und
b) der Versicherungsnehmer damit einverstanden ist.

Die Vereinbarung, dass konkrete AVB für den abzuschließenden Versicherungsvertrag gelten, kann sowohl **ausdrücklich** als auch **konkludent** erfolgen. Eine **konkludente Zustimmung** des Versicherungsnehmers, die in der Praxis üblicherweise aus seiner „Unterwerfung“ bzw bloßen Hinnahme/Akzeptierung der AVB resultiert, kann allerdings nur dann angenommen werden, wenn der Versicherer einen **deutlichen Hinweis** (zB in seinem Antragsformular) auf seine AVB macht und der Versicherungsnehmer die **Möglichkeit** hat, vom Inhalt der AVB **Kenntnis zu erlangen.**[71] Unter diesen Voraussetzungen reicht für die Einbeziehung der AVB in den Versicherungsvertrag die Anführung der maßgebenden AVB auf den vom Kunden unterfertigten Antragsformular aus.

[68] *Schauer*, Versicherungsvertragsrecht³ 83 f; *Berisha*, Niederlassungs- und Dienstleistungsfreiheit für Versicherungsunternehmen in der Lebens- und Nichtlebensversicherung im Europäischen Binnenmarkt (2017) 136.

[69] *Fenyves in Fenyves/Schauer*, VersVG Vor § 1 Rz 17.

[70] *Fenyves/Koban*, Allgemeine Versicherungsbedingungen⁵ 1.

[71] *Fenyves in Fenyves/Schauer*, VersVG Vor § 1 Rz 23; *Schauer*, Versicherungsvertragsrecht³ 84 f; OGH 7 Ob 31/03i; OGH 7 Ob 1/05; OGH 7 Ob 231/06f; OGH 221/06k; OGH 7 Ob 31/11t.

Trifft dies nicht zu, so kommt der Versicherungsvertrag ohne AVB zustande, sofern die **essentiellen Punkte** des Versicherungsvertrages, wie **Art der Versicherung**, das **versicherte Risiko** und die **Prämie** feststehen.[72] In der Versicherungspraxis erbringt der Versicherer in seinen standardisierten und vorformulierten Antragsformularen, die der Versicherungsnehmer unterzeichnet, regelmäßig den Hinweis auf die maßgebenden AVB.

3.1.3. Auslegung

Der OGH vertritt nun seit mehreren Jahren die Auffassung, dass AVB **wie Verträge** nach den §§ 914, 915 ABGB auszulegen sind.[73] Der **individuelle Parteiwille** hat nach den Auslegungsregeln der §§ 914 f ABGB Vorrang vor allfälligen abweichenden Formularerklärungen.[74] Maßgebend bei der Auslegung von unklar aufzufassenden Klauseln ist, wie ein **unbefangener durchschnittlicher Versicherungsnehmer** im **redlichen Verkehr** ihren **Wortlaut objektiv** verstehen muss.[75] Unklare bzw mehrdeutige Formulierungen des Versicherers gehen gemäß § 915 ABGB (Unklarheitenregel) zu seinen Lasten.[76] Die Unklarheitenregel, die nur im Individualprozess gilt, kommt nur dann zur Anwendung, wenn die Auslegungsgrundsätze des § 914 ABGB (Wortlaut, Parteiwille, redliche Verkehrsübung) zu keinem handfesten Ergebnis führen bzw Auslegungszweifel (mehrdeutige Klausel) vorhanden sind. Es gilt somit ein stufiges Prüfverfahren, in dem dasjenige Auslegungsergebnis heranzuziehen ist, das den Versicherungsnehmer am meisten begünstigt (sogenannte kundenfreundliche Auslegung). Bei einer eventuell nachgefolgten Inhaltskontrolle wird vom kundenfreundlichen Auslegungsergebnis ausgegangen. Die Auslegung ist somit ein Teil der Kontrollverfahren und stellt einen Vorgriff auf die Inhaltskontrolle dar. Im Verbandsklageverfahren (§§ 28 ff KSchG) gilt dagegen die kundenfeindlichste Auslegung.[77] Hier findet die Unklarheitenregel keine Anwendung.

In Bezug auf den Maßstab eines verständigen durchschnittlichen Versicherungsnehmers ist gemäß OGH auf den Verkehrskreis, dem der Versicherungsnehmer angehört, abzustellen. So ist zB die Auslegung der AVB in der Berufshaftpflichtversicherung für Notare durchaus am Maßstab eines Juristen vorzunehmen, da als Versicherungsnehmer dieser Versicherung nur Juristen in Frage kommen.[78]

---

[72] *Fenyves* in *Fenyves/Schauer*, VersVG Vor § 1 Rz 26; OGH 7 Ob 31/03i.

[73] *Fenyves/Koban*, Allgemeine Versicherungsbedingungen[5] 2; *Fenyves* in *Fenyves/Schauer*, VersVG Vor § 1 Rz 27 f. Bis zum Entscheid OGH 7 Ob 3/89 vertrat der OGH die Auffassung, AVB seien wie Gesetze auszulegen.

[74] *Fenyves* in *Fenyves/Schauer*, VersVG Vor § 1 Rz 29; zB OGH 7 Ob 147/00v.

[75] ZB OGH 2 Ob 278/98s; OGH 7 Ob 83/04p.

[76] *Fenyves* in *Fenyves/Schauer*, VersVG Vor § 1 Rz 30, 42; zB OGH 7 Ob 268/01i.

[77] zB OGH 7 Ob 170/98w.

[78] OGH 7 Ob 83/04p.

3.1.4. Geltungskontrolle

Die Vorformulierung von AVB durch den Versicherer könnte naturgemäß die Gefahr in sich bergen, dass die Bedingungen trotz rechtswirksamer Vereinbarung einseitig formuliert und für den Versicherungsnehmer **ungewöhnlich** sowie **nachteilig** sind. Um den Versicherungsnehmer, als die schwächere Partei zu schützen, ist durch eine sinngemäße Anwendung des für AGB konzipierten § 864a ABGB eine **Geltungskontrolle** für AVB gewährleistet. Diese Regelung sorgt dafür, dass Bestimmungen **ungewöhnlichen Inhaltes** von Gesetzes wegen **nicht Bestandteil** des Vertrages werden, wenn sie für den anderen Teil **nachteilig** sind und dieser mit ihnen auch nach den Umständen, vor allem nach dem äußeren Erscheinungsbild der Urkunde, **nicht zu rechnen brauchte**, es sei denn, er wurde darauf **besonders** hingewiesen.[79] Es geht also um **überraschende**, **unerwartete** oder **versteckte** Klauseln aus der Sicht des durchschnittlichen Versicherungsnehmers (derselbe Grundsatz wie bei der Auslegung). Diese Norm bezweckt, dass der Versicherungspartner bei **objektiver** Betrachtungsweise nicht überrumpelt wird. Hier kommt es nicht darauf an, ob die Klausel einen ungewöhnlichen Inhalt hat, sondern dass sie sich an einer Stelle befindet, mit welcher der Versicherungsnehmer nicht rechnet. Objektive Ungewöhnlichkeit kann sich aber auch aus dem ungewöhnlichen Inhalt der Klausel ergeben. In diesem Fall befindet sie sich an der formal richtigen Stelle, sie weist aber für das typische Versicherungsgeschäft einen **verkehrsunüblichen Inhalt** auf, den der redliche Versicherungsnehmer **nicht erwartet**.[80] Ferner kann auch vorkommen, dass eine durchaus objektiv „gewöhnliche" Klausel in AVB durch die konkreten Umstände des Einzelfalls für den Versicherungsnehmer subjektiv „ungewöhnlich" wird, wenn etwa durch den Gang und den Inhalt der Vertragsverhandlungen bestimmte Erwartungen des Versicherungsnehmers erweckt wurden, die durch die AVB enttäuscht werden.[81] Als Maßstab gilt hier die „berechtigte Erwartung" des Vertragspartners.

Benachteiligend ist eine Klausel im Sinne des § 864a ABGB, wenn sie vom üblichen Standard deutlich abweicht.[82] Dies ist dann der Fall, wenn zB die Klausel der AVB zum Nachteil des Versicherungsnehmers vom dispositiven Recht abweicht.

Wie § 864a ABGB normiert, kommt die Geltungskontrolle nicht zur Anwendung, wenn der Versicherer auf die Klausel besonders hingewiesen hat, zB durch Fettdruck oder farbliche Hervorhebung. Hier fehlt der Überraschungseffekt.[83]

Ungewöhnliche und nachteilige Klauseln im Sinne des § 864a ABGB sind vom Versicherungsnehmer geltend zu machen. Der Versicherer trägt sodann die Beweislast, dass die beanstandete ungewöhnliche Klausel dem Versicherungsnehmer be-

[79] *Fenyves/Koban*, Allgemeine Versicherungsbedingungen[5] 3; *Huber*, Die Kontrolle der allgemeinen Versicherungsbedingungen durch den OGH, ZVers 2020, 63.

[80] *Fenyves* in *Fenyves/Schauer*, VersVG Vor § 1 Rz 49.

[81] *Fenyves* in *Fenyves/Schauer*, VersVG Vor § 1 Rz 52; OGH 7 Ob 250/01t.

[82] *Fenyves* in *Fenyves/Schauer*, VersVG Vor § 1 Rz 50.

[83] *Fenyves* in *Fenyves/Schauer*, VersVG Vor § 1 Rz 54.

kannt sein musste.[84] Die gerichtliche Geltungskontrolle führt dazu, dass lediglich die überraschenden und nachteiligen Klauseln nicht als vereinbart gelten und damit nicht Vertragsinhalt werden. Die übrigen AVB-Klauseln bleiben nach wie vor Bestandteil des Vertrages.[85] Die Gerichte haben bei ihrer Urteilsfindung regelmäßig alle Umstände des Einzelfalls zu berücksichtigen.

Der OGH hatte eher selten über Fragen der Geltungskontrolle zu urteilen. Hierbei ging es meistens um Beschränkungen des Risikos in den AVB, ob sie ungewöhnlich seien.[86] Als Beispiel einer bejahenden ungewöhnlichen Klausel ist OGH 7 Ob 11/84 zu nennen. Dieser Fall betraf eine AVB-Klausel aus einer Reisegepäckversicherung, die festhielt, dass wertvolle Gegenstände nur dann versichert seien, wenn sie in einem mit Schloss gesicherten und versperrten Kofferraum des Fahrzeugs aufbewahrt werden („Kofferraumklausel"). Konkret wurden wertvolle Gegenstände aus einem angemieteten Wohnmobil, das keinen verschließbaren Kofferraum hatte, gestohlen. Der OGH urteilte, dass die an sich nicht ungewöhnliche Klausel unter Berücksichtigung der besonderen Umstände dieses Falls nicht Vertragsbestandteil geworden sei, da aus den Begleitumständen der Versicherungsnehmer bei Vertragsabschluss nicht mit der Klausel rechnen musste.[87]

3.1.5. Inhaltskontrolle

Einen weiteren Schutz für den Versicherungsnehmer bietet § 879 Abs 3 ABGB, der eine in den AGB oder Vertragsformblättern enthaltene Vertragsbestimmung, die **nicht** eine der **beiderseitigen Hauptleistungen** festlegt, für **nichtig** erklärt, wenn sie **unter Berücksichtigung aller Umstände** des Falls einen Teil **gröblich benachteiligt**. Diese Norm verankert eine Inhaltskontrolle, welche eine Konkretisierung der Sittenwidrigkeitskontrolle des § 879 Abs 1 ABGB darstellt. Dieses Schutzkonzept bewirkt, dass einzelne AVB-Bestimmungen aus inhaltlichen Gründen für ungültig erklärt werden, trotz der Tatsache, dass sie gültig vereinbart wurden.[88] Die Inhaltskontrolle betrifft allerdings nur die Prüfung von AVB-Klauseln, die nur bzw eindeutig **Nebenbestimmungen** betreffen, wie zB Kündigungsklauseln.[89] Der Begriff der „Hauptleistung" im § 879 Abs 3 ABGB ist eng zu verstehen, was zur Folge hat, dass auch bei der Risikoumschreibung des Versicherers in seinen AVB ein enger Begriff der Hauptleistung gilt.[90] **Kontrollfrei** ist nach herrschender Meinung und Rechtsprechung nur der „Kernbereich", dh Bestimmungen, die die Parteien vereinbaren müssen, damit ein hinreichend bestimmter Vertrag zustande kommt.[91]

---

84 *Fenyves* in *Fenyves/Schauer*, VersVG Vor § 1 Rz 54; OGH 7 Ob 20/86.

85 *Schauer*, Versicherungsvertragsrecht³ 85.

86 OGH 7 Ob 11/84; OGH 7 Ob 18/00y; OGH 7 Ob 6/95 etc.

87 *Schauer*, Versicherungsvertragsrecht³ 86; OGH 7 Ob 11/84.

88 *Schauer*, Versicherungsvertragsrecht³ 86; *Fenyves/Koban*, Allgemeine Versicherungsbedingungen⁵ 4.

89 *Fenyves* in *Fenyves/Schauer*, VersVG Vor § 1 Rz 64; *Schauer*, Versicherungsvertragsrecht³ 87.

90 *Fenyves* in *Fenyves/Schauer*, VersVG Vor § 1 Rz 63, 65.

91 Beispielhaft OGH 7 Ob 179/05g; OGH 7 Ob 216/05y; OGH 7 Ob 1/05f; OGH 7 Ob 14/90; OGH 7 Ob 12/94; OGH 7 Ob 311/04t.

Außerhalb dieses Kernbereichs ist die Risikoumschreibung der Inhaltskontrolle zur Gänze zugänglich.[92] In der Praxis betrifft die Inhaltskontrolle meistens den Bereich der Risikoausschlüsse.[93] Die Gerichte berücksichtigen auch im Rahmen der Inhaltskontrolle regelmäßig die Gesamtumstände des konkreten Falls.[94]

Im Unterschied zur Geltungskontrolle, die auf die inhaltliche Nachteiligkeit und dem „Überraschungseffekt" abstellt, kommt es bei der Inhaltskontrolle der Klauseln allein auf die **gröbliche Benachteiligung** an.[95] Dieser Begriff ist nicht gesetzlich definiert. Maßgebend ist in erster Linie das dispositive Recht. Dieses geht nämlich von einem ausgewogenen und gerechten Interessenausgleich aus und hat daher eine „Leitbildfunktion". Dieser Kontrollmaßstab gilt auch bei risikoumschreibenden AVB-Klauseln. So ist in erster Linie die der Inhaltskontrolle unterliegende AVB-Klausel mit dispositivem Recht zu vergleichen. Fehlt eine dispositive Rechtsnorm ist nach herrschender Meinung eine AVB-Klausel für den Versicherungsnehmer „gröblich benachteiligt", wenn daraus ein „auffallendes Missverhältnis" zwischen den Rechtspositionen der Vertragspartner resultiert. Dies trifft zB im Bereich der Risikoumschreibung bereits dann zu, wenn eine **wesentliche Einschränkung gegenüber dem Standard** gegeben ist, den der Versicherungsnehmer von einer bestimmten Versicherungsart **erwarten** kann.[96] Eine risikoumschreibende AVB-Klausel ist bereits dann gröblich benachteiligend, wenn sie die **Erreichung des Vertragszweckes gefährdet.**[97]

Der OGH verwendet folgende Prüfungskriterien bei der Inhaltskontrolle:[98]

- Vertragszweck (verfolgter Vertragszweck darf nicht vereitelt werden zB OGH 7 Ob 25/85);
- umfassende Interessenabwägung und Vergleich der Rechtspositionen der Vertragspartner (zB OGH 7 Ob 16/88; 7 Ob 12/90; 7 Ob 179/05g);
- berechtigte Deckungserwartungen (zB OGH 7 Ob 14/90; 7 Ob 12/94; 7 Ob 227/12a);
- sachliche Rechtfertigung der zu prüfenden Klausel aufgrund der Interessenabwägung (zB OGH 7 Ob 12/90; 7 Ob 1/05f; 7 Ob 250/07a).

Die **gröbliche Benachteiligung** wurde vom OGH beispielhaft in folgenden Fällen bejaht:

- Selbstbehalt von 20% in der Rechtsschutzversicherung bei Ausübung des Rechts auf die freie Anwaltswahl (zB OGH 7 Ob 32/02k);

[92] *Fenyves* in *Fenyves/Schauer*, VersVG Vor § 1 Rz 65.

[93] *Fenyves* in *Fenyves/Schauer*, VersVG Vor § 1 Rz 66.

[94] *Schauer*, Versicherungsvertragsrecht³ 87.

[95] *Schauer*, Versicherungsvertragsrecht³ 87.

[96] *Fenyves in Fenyves/Schauer*, VersVG Vor § 1 Rz 86; zB OGH 7 Ob 194/11x., OGH 7 Ob 113/19x.

[97] *Fenyves in Fenyves/Schauer*, VersVG Vor § 1 Rz 70, 86.

[98] *Faber*, Die Inhaltskontrolle Allgemeiner Versicherungsbedingungen (2003), 103 ff.; *Fenyves* in *Fenyves/Schauer*, VersVG Vor § 1 Rz 73.

- Überweisung auf den Empfangsberechtigten in der Lebensversicherung auf dessen Kosten (zB OGH 7 Ob 23/07v; OGH 7 Ob 4/07z);
- Berechnung der Unterversicherung auf Basis der Quadratmeteranzahl (zB OGH 7 Ob 227/12a).

Zu erwähnen ist, dass im Bereich der Verbrauchergeschäfte das Konsumentenschutzgesetz im § 6 Abs 1 ausdrücklich unzulässige Vertragsbestandteile aufzählt, die gemäß § 879 ABGB nichtig sind.

3.1.6. Transparenzkontrolle

Ferner ist im Geschäftsverkehr mit **Verbrauchern** auch eine **Transparenzkontrolle** möglich.[99] § 6 Abs 3 KSchG definiert in Umsetzung des Transparenzgebots der Klauselrichtlinie (Art 5 Satz 1), dass eine in Allgemeinen Geschäftsbedingungen oder Vertragsformblättern enthaltene Vertragsbestimmung **unwirksam** ist, wenn sie **unklar** oder **unverständlich** abgefasst ist. Diese im Jahre 1997 eingeführte Bestimmung des KSchG gilt auch für die Allgemeinen Versicherungsbedingungen.[100] Es geht bei der Transparenzprüfung um die Kontrolle, ob Klauseln transparent sind, ob sie also für den Verbraucher **„durschaubar"** und zwar im Sinne der **„Sinn- und Wirkungsverständlichkeit"** sind.[101] Im Verhältnis zur Unklarheitenregel des § 915 ABGB gilt, dass diese Vorrang gegenüber dem Transparenzgebot genießt. Dies bedeutet allerdings nicht, dass die Anwendung der Unklarheitenregel die Transparenzkontrolle der AVB verhindern kann.[102] Denn nach der Unklarheitenregel ist der Sinn einer unklaren Klausel unter Anwendung aller Auslegungsregeln inklusive des § 915 2. Halbsatz ABGB zu ermitteln.[103] Nach dem Transparenzgebot müssen für den Verbraucher jedoch sowohl der **Inhalt** als auch die **Tragweite** der Klausel durschaubar sein. Es müssen ihm also die Rechtsfolgen des Vertragsabschlusses bzw einer Klausel klar sein. Auslegung und Transparenzgebot verfolgen andere Ziele und führen nicht immer zum gleichen Ergebnis.[104] Aus dem Transparenzgebot lassen sich ferner einzelne Ausprägungen wie das **Verständlichkeitsgebot**, das **Bestimmtheitsgebot**, das **Täuschungs- bzw Irreführungsgebot** ableiten, die bei der Gestaltung der AVB zu beachten sind.[105] Zu betonen ist, dass § 6 Abs 3 KSchG auch Klauseln prüft, die sich auf die Hauptleistung beziehen. Zudem verlangt das Transparenzgebot lediglich eine **ausreichende** und keine ideale Transparenz der Klauseln.[106] Ähnlich wie bei der Auslegung ist auch betreffend die Transparenzprü-

[99] *Fenyves*, Versicherungsvertragsrecht, Skriptum Wien/Graz 11.

[100] *Fenyves* in *Fenyves/Schauer*, VersVG Vor § 1 Rz 113.

[101] *Fenyves/Koban*, Allgemeine Versicherungsbedingungen^5 5; *Fenyves* in *Fenyves/Schauer*, VersVG Vor § 1 Rz 96; Beispielhaft OGH 7 Ob 216/05y.

[102] *Fenyves* in *Fenyves/Schauer*, VersVG Vor § 1 Rz 97, 98.

[103] *Fenyves* in *Fenyves/Schauer*, VersVG Vor § 1 Rz 98.

[104] *Fenyves* in *Fenyves/Schauer*, VersVG Vor § 1 Rz 110.

[105] *Fenyves* in *Fenyves/Schauer*, VersVG Vor § 1 Rz 102 ff., 112.

[106] *Fenyves* in *Fenyves/Schauer*, VersVG Vor § 1 Rz 112.

fung auf den Maßstab des **durchschnittlich verständigen** Versicherungsnehmers der jeweiligen Versicherungsart abzustellen.[107]

Der OGH bedient sich seiner entwickelten Grundsätze bei der Rechtsprechung, wonach er das Ziel des Transparenzgebotes darin sieht, eine durchschaubare, möglichst klare und verständliche Formulierung der AGB sicherzustellen, um zu verhindern, dass der für die jeweilige Vertragsart typische Verbraucher von der Durchsetzung seiner Rechte abgehalten wird oder ihm unberechtigt Pflichten abverlangt werden, ohne dass er sich zur Wehr setzt, oder dass er über Rechtsfolgen getäuscht oder ihm ein unzutreffendes oder unklares Bild seiner vertraglichen Position vermittelt wird.[108]

In den folgenden Fällen hat er beispielsweise Intransparenz im Sinne des § 6 Abs 3 KSchG festgestellt:

- unnötig kompliziert und verwirrend gestaltete Klauseln (zB OGH 7 Ob 13/10 b);
- unbestimmte Begriffe in den Klauseln (zB OGH 7 Ob 4/07 z);
- Salvatorische Klauseln (zB OGH 7 Ob 233/06z).
- Eine Klausel, die sich wie eine Risikobeschränkung liest, in der Tat aber eine Obliegenheit des Versicherungsnehmers ist, die einen Kausalitätsgegenbeweis zulässt (verhüllte Obliegenheit), ist intransparent, weil sie den Versicherungsnehmer im Unklaren über seine Rechte lässt. Hier liegt ein Verstoß gegen das Täuschungs- und Irreführungsverbot vor (OGH 7 Ob 201/12b).

3.2. Musterbedingungen

Musterbedingungen im Sinne von Allgemeinen Versicherungsbedingungen werden von nationalen Versicherungsverbänden als Orientierungshilfe für Versicherungsunternehmen und Versicherungsnehmer erarbeitet sowie unverbindlich zur Verfügung gestellt und empfohlen. In Österreich werden sie vom Verband der Versicherungsunternehmen Österreichs (VVO) auf seiner Website veröffentlicht und können somit von Versicherern übernommen werden.[109] Ein Vorteil von solchen Musterbedingungen ist unter anderem, dass sie bestimmten Standards des Versicherungsnehmerschutzes entsprechen und somit als eine gute Basis für Versicherer bei der Ausformulierung der eigenen AVB dienen können. Ferner bieten sie auch dem Versicherungsnehmer eine gute Vergleichsmöglichkeit in Bezug auf die Angebotsvielfalt der Versicherungsprodukte auf dem Versicherungsmarkt.[110]

---

[107] *Fenyves* in *Fenyves/Schauer*, VersVG Vor § 1 Rz 109.

[108] Beispielhaft OGH 7 Ob 216/05y.

[109] Verband der Versicherungsnehmer Österreichs, https://www.vvo.at/vvo/vvo.nsf/sysPages/musterbedingungen.html.

[110] *Berisha*, Niederlassungs- und Dienstleistungsfreiheit für Versicherungsunternehmen 174 f.

Praxistipp

Versicherer können die Musterbedingungen des VVO übernehmen. Sie haben dabei die Möglichkeit, abweichende Bedingungen zu vereinbaren. In diesem Fall ist darauf Bedacht zu nehmen, dass Versicherer nicht verpflichtet sind, auf Abweichungen zu den Musterbedingungen des VVO hinzuweisen. Zu beachten ist die Ausnahme in der Kfz-Haftpflichtversicherung, § 18 Abs 4 KHVG.

Im Anhang werden einige Musterbedingungen des VVO dargestellt.

4. Internationale Aspekte des Versicherungsvertragsrechts (Reisinger)

4.1. Allgemeines

Eine ausführliche Darstellung der internationalen Aspekte würde den Rahmen dieses Werkes sprengen. Das folgende Kapitel beschäftigt sich daher nur mit einem für die Praxis wichtigen Teilaspekt, nämlich dem Verkehrsunfall mit Auslandsbezug. Dabei sind zwei Möglichkeiten denkbar, nämlich entweder ein Unfall in Österreich mit einem Ausländer oder ein Unfall eines Österreichers im Ausland.[111]

Die insbesondere nach 1945 zunehmende Internationalisierung des Kfz-Verkehrs zwang die betroffenen Länder (in erster Linie jene Europas) zur Ergreifung legislativer Maßnahmen zum Schutz von Schädiger und Geschädigten bei Verkehrsunfällen mit Ausländerbeteiligung. Dabei zu berücksichtigende grundsätzliche Forderungen sind einerseits die **Gleichstellung des durch ein ausländisches Fahrzeug Geschädigten** mit dem von einem inländischen Fahrzeug Betroffenen, andererseits der Schutz eines ausländischen Schädigers, der so behandelt werden muss, wie wenn sich der Verkehrsunfall in seinem Land ereignet hätte.

Der UNO-Unterausschuss für Straßenverkehr beschloss 1949 eine Empfehlung, von den Versicherern der jeweiligen Länder den Abschluss von Abkommen zu verlangen, wonach die Kfz-Lenker im Falle eines Schadens im besuchten Land ausreichend versichert sind. Dadurch wurden die Grundlagen für ein internationales System geschaffen, das unter dem Namen „System der Grünen Karte“ bekannt ist.

4.2. Londoner Abkommen/Internal Regulations

Um das System der Grünen Karte praktikabel zu gestalten, musste eine Organisation zur Koordinierung der Tätigkeit der nationalen Büros gegründet werden, das **Council of Bureaux** (ursprünglicher Sitz in London, aktuell in Brüssel). Eine seiner ersten Maßnahmen war die Schaffung eines Musterabkommens, an das sich die einzelnen nationalen Büros bei bilateralen Abkommen halten mussten. Dieses Abkommen hieß „Musterabkommen zwischen den Büros“ (uniform agreement between bureaux), war aber allgemein als „Londoner Abkommen“ bekannt. Da im Laufe der Zeit die Mitglieder die Möglichkeit hatten, darüberhinausgehende Abkommen zu schließen, wurde mit Wirkung vom 1.7.2003 das Londoner Abkommen durch die „**Internal Regulations**“ ersetzt, um alle Bestimmungen, welche die Beziehungen zwischen den Büros regeln, in einem einzigen Dokument zusammenzuführen. Mitglieder des Council of Bureaux sind die nationalen Büros (in Österreich der Verband der Versicherungsunternehmen Österreichs, www.vvo.at).

---

[111] Ausführlich *N. Reisinger*, Internationale Verkehrsunfälle, 2011.

Das **Behandelnde Büro** übernimmt die Behandlung eines Verkehrsunfalls, wenn daraus resultierende Schadenersatzansprüche gegen den Lenker eines ausländischen Fahrzeugs mit gültiger Grüner Karte gestellt werden. Bei der Bearbeitung des Schadenfalls ist das Behandelnde Büro vollkommen selbständig. Im besuchten Land übernimmt das Behandelnde Büro für den Gebrauch des in der Grünen Karte bezeichneten Fahrzeugs die Pflichten eines Haftpflichtversicherers in Übereinstimmung mit den Gesetzen über die Haftpflichtversicherung in diesem Land. Somit wird der ausländische Lenker so behandelt, wie wenn er einen Versicherungsvertrag mit einem Versicherer des besuchten Landes abgeschlossen hätte.

Damit richtet sich aber auch das Verhältnis zwischen ausländischem Versicherer und dessen VN nach dem **Recht des besuchten Landes**. Eine Garantie dem Geschädigten gegenüber besteht nur bis zur gesetzlich vorgeschriebenen Mindestversicherungssumme. Der Umfang des Deckungsschutzes richtet sich im Regulierungsfall in jeder Beziehung nach den Kriterien, die die Versicherungsgesetze im besuchten Land aufstellen. Dies gilt auch für die versicherungsrechtlichen Anspruchsbeschränkungen, wie etwa die verhältnismäßige Kürzung der Schadenersatzansprüche, wenn die Mindestversicherungssumme nicht alle Schäden deckt.

Aufgaben des **Zahlenden Büros** sind im Wesentlichen die Ausgabe der Grünen Karten an die Versicherer, die sie ausfüllen und an ihre VN weitergeben, sowie der Ersatz der vom Behandelnden Büro aufgewendeten Beträge. Außer der Entschädigungsleistung hat das Zahlende Büro die mit der Schadenbearbeitung entstandenen Kosten (zB Sachverständigengebühren) sowie eine Bearbeitungsgebühr zu zahlen. Das Zahlende Büro ist nicht berechtigt, dem Behandelnden Büro irgendwelche Weisungen zur Schadenerledigung zu geben.

Beispiel

Ein österreichisches Kfz wird bei einem Verkehrsunfall in Österreich durch ein serbisches Kfz beschädigt. Der Österreicher kann sich an den VVO als Behandelndes Büro wenden, der die Ansprüche im Auftrag des serbischen Zahlenden Büros erledigt. Dabei wird österreichisches Recht angewendet.

Sowohl Behandelndes als auch Zahlendes Büro können ihre Funktionen selbst übernehmen oder sie einem **Mitgliedsunternehmen** überlassen. Letzteres geschieht ungleich häufiger, weil die Büros meist nicht über die erforderliche Infrastruktur zur Behandlung von Schadenfällen verfügen. Die Übertragung der Schadenbearbeitung kann entweder nach dem Territorialprinzip erfolgen oder (so in Österreich) nach einem Turnusplan, wonach jeder Versicherer verpflichtet ist, die in einer bestimmten Periode eingetretenen Schäden zu bearbeiten.

Mitgliedsunternehmen können aber mit Zustimmung der nationalen Büros auch **Korrespondenzabkommen** schließen. Durch einen solchen Vertrag verpflichtet sich ein Mitglied des Zahlenden Büros zur Überlassung der Bearbeitung und Regulierung aller Schadenersatzansprüche durch ein Mitglied des Behandelnden Büros, die gegen seinen VN bei einem Verkehrsunfall im Land des Behandelnden Büros erhoben werden. Beim einseitigen Korrespondenzabkommen übernimmt die Schadenbearbeitung nur ein Versicherer, es ist jedoch auch der Abschluss von gegenseitigen Abkommen möglich. Die nationalen Büros müssen die Öffentlichkeit über bestehende Korrespondenzverträge informieren, damit im Schadenfall die Ansprüche direkt beim Korrespondenten des ausländischen Versicherers geltend gemacht werden können.

Beispiel

Ein österreichisches Kfz wird bei einem Verkehrsunfall in Österreich durch ein serbisches Kfz beschädigt. Der Korrespondenzpartner des serbischen Haftpflichtversicherers ist die österreichische Versicherung XY, die dem Geschädigten vom VVO genannt wird. Der Geschädigte kann sich an die Versicherung XY wenden, die den Schadenfall im Namen und auf Rechnung des serbischen Versicherers bearbeitet. Dabei wird österreichisches Recht angewendet.

4.3. Grüne Karte

Die **Grüne Karte** wird auf Grund einer Bevollmächtigung durch das Zahlende Büro von den Versicherern ausgegeben und dem VN ausgefolgt. Die Ausgabe erfolgt entweder kostenlos oder gegen Bezahlung einer Bearbeitungsgebühr. Sieht die obligatorische Haftpflichtversicherung keine uneingeschränkte Deckung außerhalb der Landesgrenzen vor, wird die Grüne Karte nur gegen Abschluss einer entsprechenden Auslandsversicherung ausgefertigt (zB für die asiatische Türkei). Die Grüne Karte bestätigt das Vorliegen einer gültigen Versicherung für alle Risken, die nach den gesetzlichen Bestimmungen des besuchten Landes zu decken sind. Der Inhalt der Versicherungsdeckung ändert sich daher von Staat zu Staat.

Eine ausgegebene Grüne Karte verfolgt ihr eigenes Schicksal **bis zum Ablauf der angegebenen Gültigkeitsdauer** unabhängig vom Verhältnis zwischen VN und Versicherer. Die Büros haben ihre Abkommensverpflichtungen auch dann zu erfüllen, wenn sich herausstellt, dass die Grüne Karte, auf Grund derer reguliert wurde, nur angeblich vom Zahlenden Büro ausgegeben war. Weder kann das Behandelnde Büro mit dem Argument der Kartenfälschung die Regulierung verweigern noch kann ein Zahlendes Büro mit demselben Argument die Erstattungsleistung einstellen. Auch eine gefälschte Grüne Karte gewährleistet den nach den Bestimmungen des Besuchslands notwendigen Deckungsschutz, es sei denn, dass die Unechtheit der Grünen Karte im Zeitpunkt der Einreise bei Anwendung üblicher Sorgfalt von Grenzbeamten hätte erkannt werden müssen, was bei fehlenden Grenzkontrollen im Schengenraum wohl kaum der Fall sein wird. Das Zahlende Büro hat jedoch einen Schadenersatzanspruch gegen denjenigen, der eine gefälschte Grüne Karte verwendet hat.

Praxistipp

Bei einem Verkehrsunfall soll das Doppel der Grünen Karte vom VN dem Geschädigten übergeben werden. Diese Übergabe bedeutet kein Schuldanerkenntnis, sondern dient nur zur Information über den VN und seinen Versicherer und erleichtert dem Schadenbehandler seine Arbeit. Ist das Doppel nicht vorhanden (zB bei mehreren Verkehrsunfällen), kann eine Ablichtung des Originals hergestellt und ausgefolgt werden.

Durch **Zusatzabkommen** über den Verzicht der Grenzkontrolle der Grünen Karte wurde das Londoner Abkommen ergänzt bzw geändert. Grundgedanke war dabei, dass alle Fahrzeuge, die sich in bestimmten Ländern aufhalten und dort verkehren, ohnehin pflichtversichert sind und daher die Kennzeichen dieser Länder die Grüne Karte ersetzen. Das Büro jenes Landes, in dem das Fahrzeug regelmäßig in Verkehr bzw zugelassen ist, haftet dem Büro des besuchten Landes für die dort verursachten Schäden unabhängig davon, ob für das Fahrzeug eine Versicherung besteht.

Kann das ausländische Kennzeichen nicht oder nicht vollständig ermittelt werden (zB weil der Kfz-Lenker **Fahrerflucht** begeht), geht diese Unsicherheit zu Lasten des jeweiligen nationalen Versicherungsbüros. Die Beteiligung und die nationale Identität des ausländischen Kfz müssen aber vom Geschädigten nachgewiesen werden, was wohl nur im Rahmen der freien Beweiswürdigung lösbar ist.[112]

Der **Ersatz der Grünen Karte** durch das Fahrzeugkennzeichen hat naturgemäß viele Vorteile, aber unbestrittenermaßen auch manche Nachteile. Da die Grüne Karte beim Grenzübertritt in den meisten Fällen nicht notwendig ist, führen sie die Kfz-Lenker auch nicht mit sich (insbesondere wenn die Ausstellung mit Kosten verbunden ist). Damit wird die Informationsaufnahme nach einem Verkehrsunfall erschwert und die Abwicklung möglicherweise verlängert. Weiters ist bei der optischen Ähnlichkeit der meisten Kennzeichen in Europa die Anbringung von Landeskennzeichen am Kfz unumgänglich notwendig, um zumindest das Land, aus dem das Fahrzeug stammt, festzustellen. Nicht zuletzt wiegt das Problem der gefälschten Kennzeichen schwerer als jenes der gefälschten Grünen Karten.

Praxistipp

Obwohl das Mitsichführen der Grünen Karte nur in wenigen Ländern Vorschrift ist, gehört sie bei Auslandsreisen unbedingt in das Reisegepäck. Nicht nur, dass in manchen Ländern die Polizei nach einem Unfall einen Versicherungsnachweis verlangt,

[112] OGH 7 Ob 103/03b.

ist sie insgesamt von großem Nutzen, da sie wesentliche Angaben über Fahrzeughalter und dessen Haftpflichtversicherer enthält und daher die Abwicklung von Schadenersatzansprüchen erleichtert.

4.4. KH-Richtlinien der Europäischen Union

Um die Regulierung von Kfz-Schäden innerhalb der Europäischen Union, des Europäischen Wirtschaftsraums (Norwegen, Island und Liechtenstein) sowie der Schweiz zu vereinfachen, wurde vom Europäischen Parlament im Jahr 2000 die 4. Kraftfahrzeughaftpflicht-Richtlinie (in der Folge 4. KH-Richtlinie[113]) verabschiedet, die am 20. Juli 2000 in Kraft getreten ist und von den Mitgliedsstaaten bis längstens 20. Jänner 2003 in nationales Recht umgesetzt wurde. Während das Grüne-Karte-Abkommen für Unfälle im Inland gilt, ist Ziel der KH-Richtlinien die Verbesserung des Verkehrsopferschutzes bei unverschuldet im Ausland erlittenen Unfällen durch Verlagerung der Schadenerledigung in das Wohnsitzland des Geschädigten. Diesem wird ein Ansprechpartner im eigenen Land zur Verfügung gestellt, wodurch Sprachprobleme vermieden werden. Zudem soll die Abwicklung des Schadenfalls beschleunigt werden.

Jeder Mitgliedstaat muss eine Auskunftsstelle und eine Entschädigungsstelle einrichten, zudem müssen alle Kfz-Haftpflichtversicherer in jedem Mitgliedsstaat einen **Schadenrepräsentanten** als Schadenregulierungsbeauftragten benennen. Die Auskunftsstelle gibt vor allem jene Daten bekannt, die zur Ermittlung des verantwortlichen Versicherers dienen. Kontaktaufnahme und Auskunft können auch über das Internet erfolgen (www.vvo.at). Die Entschädigungsstelle ist zuständig, wenn kein Repräsentant benannt wurde, das Fahrzeug oder der verantwortliche Versicherer nicht ermittelt werden konnten sowie in den Fällen, in denen Repräsentant oder Versicherer trotz Fristablaufes nicht geantwortet haben. Der Schadenrepräsentant (Schadenregulierungsbeauftragter) ist Hauptansprechpartner des Geschädigten. Er soll dessen Ansprüche regulieren und übernimmt somit die Aufgaben eines Korrespondenten. Er muss binnen einer Frist von drei Monaten dem Anspruchsteller entweder ein Angebot oder eine begründete ablehnende Antwort zukommen lassen.

Die 4. KH-Richtlinie gilt primär bei Unfällen, die sich in einem **Mitgliedstaat** zwischen in einem Mitgliedstaat versicherten Fahrzeugen ereignen. Der Anwendungsbereich gilt aber auch bei Unfällen in Staaten, die dem Grüne-Karte-System angehören, wenn die geschädigte Person ihren Wohnsitz in einem Mitgliedstaat hat und der gewöhnliche Standort des den Unfall verursachenden Kfz in einem Mitgliedstaat liegt und das Kfz auch in diesem Land versichert ist. Hinsichtlich des anwendbaren Rechtes schafft die 4. KH-Richtlinie keine neuen Regelungen, sodass nach wie vor im Regelfall das Recht des Unfallortes gilt (lex loci delicti).

[113] RL 2000/26/EG des Europäischen Parlaments und des Rates vom 16. Mai 2000 zur Angleichung der Rechtsvorschriften der Mitgliedstaaten über die Kraftfahrzeug-Haftpflichtversicherung, und zur Änderung der Richtlinien 73/239/EWG und 88/357/EWG des Rates, ABL L 2000/181, 65.

Beispiel

Ein österreichisches Kfz wird bei einem Verkehrsunfall in Deutschland durch ein belgisches Kfz beschädigt. Nach der Rückkehr möchte der österreichische Geschädigte seine Ansprüche gegen den Belgier in Österreich geltend machen. Ist ihm der Versicherer des belgischen Kfz nicht bekannt, wendet er sich an den österreichischen Versicherungsverband als Auskunftsstelle in Österreich. Dieser nennt ihm nicht nur den belgischen Versicherer, sondern auch dessen österreichischen Repräsentanten. Mit diesem kann sich der Geschädigte in Verbindung setzen und dieser ist auch befugt, die Ansprüche des Geschädigten unter Zugrundelegung deutschen Rechts zu entschädigen.

Zur Ergänzung der 4. KH-Richtlinie wurde am 11.5.2005 die **5. KH-Richtlinie**[114] in Kraft gesetzt, die in den Mitgliedstaaten bis nach spätestens zwei Jahren in nationales Recht umgewandelt wurde. Hauptpunkt ist die Einführung eines inländischen Gerichtsstandes bei einem Unfall in einem Mitgliedstaat. Nach der 4. KHRichtlinie ist zwar eine Schadenerledigung im Land des Geschädigten möglich, nicht jedoch eine gerichtliche Geltendmachung, da ein Klagerecht gegen den Repräsentanten nicht vorgesehen ist. Da dies zunehmend als unbefriedigend angesehen wurde, kann nach der 5. KH-Richtlinie die Klage gegen den ausländischen Versicherer im Heimatland des Geschädigten eingebracht werden.

Beispiel

Ein österreichisches Kfz wird bei einem Verkehrsunfall in Deutschland durch ein belgisches Kfz beschädigt. Mit dem österreichischen Schadenregulierer des belgischen Versicherers ist keine außergerichtliche Einigung möglich. Der österreichische Geschädigte kann seine Ansprüche gegen den belgischen Versicherer in Österreich einklagen. Das österreichische Gericht muss deutsches Recht anwenden.

Zu beachten ist allerdings, dass das dem Unfall zugrundeliegende materielle Schadenersatzrecht sich noch immer primär nach dem **Unfallort** richtet. Da eine Vereinheitlichung des Schadenersatzrechtes innerhalb der EU in absehbarer Zeit nicht erfolgen wird, kann dies zu erheblichen Problemen führen, weil Kenntnis des ausländischen Rechtes bei den beteiligten Personen (zB Richter, Sachverständige und Rechtsanwälte) nicht automatisch vorausgesetzt werden kann.

[114] RL 2005/14/EG des Europäischen Parlaments und des Rates vom 11.5.2005 zur Änderung der Richtlinien 72/166/EWG, 84/5/EWG, 88/357/EWG und 90/232/EWG des Rates sowie der Richtlinie 2000/ 26/ EG des Europäischen Parlaments und des Rates über die Kraftfahrzeug-Haftpflichtversicherung,ABl 2005/149, 14.

Praxistipp

Durch den neuen Gerichtsstand nach der 5. KH-Richtlinie werden der Gerichtsstand des Unfallortes und der Gerichtsstand des Schädigers nicht aufgehoben, wodurch der Geschädigte zwischen mehreren Gerichtsständen frei entscheiden kann. Vor allem bei schweren Personenschäden oder bei Unfällen mit mehreren Beteiligten ist sehr genau abzuwägen, welcher Gerichtsstand die besseren Chancen auf Rechtsdurchsetzung bietet, wobei auch die Dauer der Prozesse sowie die Höhe der Prozesskosten und die Möglichkeit des Prozesskostenersatzes berücksichtigt werden sollten („forum shopping"). Die Beiziehung eines auf diese Materie spezialisierten Rechtsanwaltes ist jedenfalls anzuraten.

5. Besonderheiten bei Schadenversicherungsverträgen (Reisinger)

5.1. Allgemeines

Der Begriff der Schadenversicherung findet sich im VersVG insbesondere in der Überschrift des ersten Kapitels des zweiten Abschnitts („Vorschriften für die gesamte Schadenversicherung“, §§ 49–80). Die Schadenversicherung ist durch die Regelung geprägt, dass im Versicherungsfall die Versicherungsleistungen, die das Versicherungsunternehmen an den VN zu zahlen hat, **abhängig von der konkreten Schadenhöhe** bestimmt wird (siehe oben unter Kapitel 2.2.). Im VersVG sind sechs Sparten ausdrücklich geregelt:

- §§ 81–108: Feuerversicherung
- §§ 109–115a: Hagelversicherung
- §§ 116–128: Tierversicherung
- §§ 129–148: Transportversicherung
- §§ 149–158h: Haftpflichtversicherung
- §§ 158j–158p: Rechtsschutzversicherung

Daraus erkennt man, dass diese Regelungen historisch geprägt sind, weil einerseits die heute weniger bedeutende Tierversicherung enthalten ist, andererseits viele **moderne Versicherungen fehlen**, wie zB die Sturm-, die Einbruch-, die Leitungswasser- oder die Haushaltsversicherung. Die Rechtsschutzversicherung wurde überhaupt erst 1995 kodifiziert.

Besser als die eher willkürliche Reihenfolge im VersVG ist eine wirtschaftliche Unterscheidung:

- Schadenversicherung
  - Sachversicherung
  - Vermögensversicherung
    - Haftpflichtversicherung
    - Rechtsschutzversicherung

Der erste Abschnitt des VersVG („Vorschriften für sämtliche Versicherungszweige“, §§ 1–48) gilt naturgemäß auch für die Schadenversicherung.

5.2. Bereicherungsverbot

5.2.1. Allgemeines

Gemäß **§ 55 VersVG** ist der Versicherer nicht verpflichtet, dem VN mehr als den Betrag des Schadens zu ersetzen, auch wenn die Versicherungssumme höher ist als der Versicherungswert zur Zeit des Eintrittes des Versicherungsfalls. Dies gilt sinngemäß auch für die Haftpflichtversicherung, obwohl es hier keinen Versicherungswert gibt. Diese Bestimmung beruht bereits auf der ursprünglichen Fassung des VersVG und ist eine Ergänzung zu § 1 Abs 1 VersVG, wonach bei der Schadenversicherung der Versicherer verpflichtet ist, dem VN den durch den Eintritt des Versicherungsfalls verursachten Vermögensschaden nach Maßgabe des Vertrages zu ersetzen. Nach Ansicht des historischen Gesetzgebers soll die Ersatzpflicht des Versicherers auch dann auf den eingetretenen Schaden beschränkt sein, wenn die Versicherungssumme diesen übersteigt.[115]

§ 55 VersVG ist **beidseitig zwingend**, dh er kann durch Parteienwillen nicht wirksam abgeändert werden. Dies entspricht dem Grundsatz, wonach der VN durch die Leistung des Versicherers nicht bessergestellt werden soll, als er ohne den Versicherungsfall war, dh die Vermögenslage des VN soll nach dem Schadenfall ident mit jener vor dem Schadenfall sein. Ob es ein absolutes Bereicherungsverbot gibt, ist in der Lehre strittig. Der versicherte Schaden unterliegt nämlich der vertraglichen Regelung, und was der Versicherer versprochen habe, müsse er halten, solange sich aus dem Gesetz keine Leistungsbeschränkungen ergeben.[116] Für das Bereicherungsverbot gibt es aber viele Gründe: Die Abgrenzung der Versicherung von Spiel und Wette, das öffentliche Interesse oder das Interesse der Gefahrengemeinschaft.[117] Diese Gründe sind allerdings nicht unbedingt zwingend, weshalb § 55 in das dVVG 2007 nicht mehr übernommen wurde.

Österreich ist einen anderen Weg gegangen. Da bei den Kunden ein großes Bedürfnis nach Neuwertversicherungen besteht, enthalten die AVB idR eine **strenge Wiederherstellungsklausel** bzw Wiederbeschaffungsklausel (zB „Der Versicherungsnehmer erwirbt den Anspruch auf Zahlung des die Zeitwertentschädigung übersteigenden Teiles der Entschädigung nur insoweit, als die Verwendung der Entschädigung zur Wiederbeschaffung oder Wiederherstellung von Gebäuden innerhalb drei Jahre nach dem Schadenfall sichergestellt ist.“). Strenge Wiederherstellungsklauseln lassen den Anspruch auf die Versicherungsleistung mit Eintritt des Versicherungsfalls zunächst nur zu einem Teil entstehen. Der Restanspruch entsteht erst, wenn die Wiederherstellung tatsächlich durchgeführt oder sichergestellt wird.[118] Vorerst erhält der VN – wenn alle Anspruchsvoraussetzungen gegeben sind – den Zeitwert. Die Differenz auf den Neuwert („Neuwertspanne“) erhält der VN erst dann, wenn die Entschädigung zur Gänze zur Wiederherstellung bzw Wiederbeschaffung verwendet wird. Dadurch ist der VN zwar auch bereichert, weil er anstelle einer gebrauchten Sache eine neue erhält, die Bereicherung erfolgt aber in Sachwerten und nicht in Geld.

---

115 *Schauer* in *Fenyves/Schauer*, VersVG, § 55 Rz 1.

116 *Kath* in *Kath/Kronsteiner/Kunisch/Reisinger/Wieser*, Versicherungsvertragsrecht Bd 1 (2019), Rz 1305.

117 *Schauer* aaO Rz 31 mwN.

118 Gabler Versicherungslexikon.

Dem entspricht auch **§ 97 VersVG**: „Ist der Versicherer nach den Versicherungsbestimmungen nur verpflichtet, die Entschädigungssumme zur Wiederherstellung des versicherten Gebäudes zu zahlen, so kann der Versicherungsnehmer die Zahlung erst verlangen, wenn die bestimmungsgemäße Verwendung des Geldes gesichert ist.“ Diese Bestimmung gilt zwar nur für die Feuerversicherung, wird kraft Analogie aber auf alle Sparten der Sachversicherung angewendet, die nicht ausdrücklich im VersVG angeführt sind, dh in der Praxis meist Sturm-, Leitungswasser- und Einbruchversicherung.

Die Wiederherstellungsklausel ist gemäß OGH 7 Ob 45/15s **weder gröblich benachteiligend** nach § 879 ABGB **noch intransparent** gemäß § 6 Abs 3 KSchG. Überlegungen zu § 6 Abs 3 KSchG und § 879 ABGB scheiden schon deshalb aus, weil die Wiederherstellungsklausel der gesetzlichen Regelung in § 97 VersVG zur Feuerversicherung entspricht. Auch vermögenslose Personen haben die Möglichkeit, fristgemäß bindende Aufträge an Unternehmen für den Fall der Zahlung durch die Versicherung zu erteilen. Vor diesem Hintergrund ist auch eine Verfassungswidrigkeit der entsprechenden Regelung des § 97 VersVG für die Feuerversicherung infolge Verstoßes gegen den Gleichheitsgrundsatz ausgeschlossen. Damit sieht sich der OGH auch nicht veranlasst, die Bestimmung des § 97 VersVG vor dem Verfassungsgerichtshof anzufechten.

Nebenkosten wie etwa Architekten-, Planungs-, Baukoordinations- und Bauaufsichtskosten teilen das Schicksal der Hauptsache, dh sie sind nur dann zu bezahlen, wenn die Wiedererrichtung des Gebäudes rechtzeitig erfolgt (OGH 7 Ob 32/22i).

Die **Fälligkeit der Neuwertspanne** ist nicht schon deshalb zu verneinen, weil das neue Gebäude nicht vom VN, sondern von einem Dritten errichtet wurde. Sofern die AVB nichts anderes vorsehen, ist nämlich die Errichtung durch den VN selbst nicht Anspruchsvoraussetzung, sodass es etwa in Fällen der Veräußerung der versicherten Liegenschaft genügt, dass die Wiederherstellung durch den Grundstückserwerber sichergestellt ist bzw erfolgt.[119]

Fremdleistungen muss sich der VN anrechnen lassen. In 7 Ob 28/92 hat der OGH ausgesprochen, dass der tatsächliche Aufwand maßgebend sei und der Versicherer einen Abzug vornehmen kann, wenn die Wiederbeschaffung weniger gekostet hat als ursprünglich geschätzt. In OGH 7 Ob 7/84 hat der OGH entschieden, dass im Umfang der durch einen „Selbsthilfeverein nach Brandfällen“ erbrachten Leistungen keine Entschädigung zusteht, weil sich der VN einen Aufwand erspart und sich sein tatsächlicher Aufwand verringert. In OGH 7 Ob 230/07k war die Frage strittig, ob der Versicherer dem VN auch seine „Eigenleistungen“ nach Professionistenpreisen zu entschädigen habe oder ob ihm nur sein tatsächlicher Aufwand zu ersetzen sei. Der Zweck von Wiederherstellungsklauseln sei nach Ansicht des OGH darin zu erblicken, dass der Versicherer dadurch die bestimmungsgemäße Verwendung des Geldes sichern und gleichzeitig eine (generell verpönte) Bereicherung des VN hint-

[119] OGH 7 Ob 67/06p; OGH 7 Ob 18/10p.

anhalten will. Nach Wortlaut, Sinn und Zweck könne die Versicherungsklausel nicht anders verstanden werden als dass der VN nur seinen tatsächlichen Aufwand erhält.

Die Vereinbarung der Klausel ermöglicht es dem Versicherer nicht, den Wiederaufbau zu erzwingen. Es wird lediglich **mittelbarer Zwang** auf den VN ausgeübt, der erst bei Sicherung des Wiederaufbaues an die Neuwertspanne gelangt. Die Fälligkeit der Entschädigungsforderung ist bis dahin aufgeschoben. Falls der Versicherer unter der Bedingung der Wiederherstellung innerhalb der vereinbarten Frist die Deckung anerkennt, hat der VN keine Möglichkeit auf Einbringung einer Deckungsklage (vom unwahrscheinlichen Fall abgesehen, dass der Versicherer trotz Anerkenntnis den Zeitwert nicht bezahlt). Auf Leistung der Neuwertspanne kann er **mangels Fälligkeit** nicht klagen, für eine Feststellungsklage fehlt ihm das Feststellungsinteresse, weil der Versicherer ohnehin anerkannt hat.[120] Werden andere leistungsbefreiende Gründe vom Versicherer geltend gemacht (zB Obliegenheitsverletzungen, Erhöhung der Gefahr, grobe Fahrlässigkeit), ist je nach Fälligkeit natürlich eine Leistungs- oder eine Feststellungsklage möglich.

Die **Anerkennung der Deckung** durch den Versicherer muss keinen bestimmten Wortlaut haben, sondern nur zu erkennen geben, dass der Versicherer die Neuwertspanne erst nach Sicherstellung der Wiederherstellung leisten wird. In OGH 7 Ob 127/11v gab der Versicherer eine Erklärung ab, in den Schadenfall einzutreten bzw stellte fest, dass die Restentschädigung in dem Umfang zur Auszahlung gebracht werde, als die Wiedererrichtungskosten die Summe der Erstentschädigung übersteigen. Dies bedeute nichts anderes, als dass nach Sicherung der bestimmungsgemäßen Wiedererrichtung nur die Differenz zwischen Zeitwert und Neuwert im nachgewiesenen, sichergestellten Umfang bezahlt werde und auch die Erstentschädigung zur Wiederherstellung zu verwenden sei.

Praxistipp

IdR funktioniert das tadellos. Ein Sachverständiger bestimmt Zeitwert und Neuwert. Der VN erhält unabhängig von der Wiederherstellung bzw Wiederbeschaffung den Zeitwert und kann damit machen, was er will. Möchte er wiedererrichten, so hat er mit der Zeitwertentschädigung vorerst ausreichend Geldmittel zur Verfügung. Besteht kein Zweifel an der Wiederherstellung, zahlt der Versicherer die Neuwertspanne. Bei großen Schäden können zwischen Zahlung des Zeitwertes und Zahlung der Neuwertspanne Zwischenschritte erfolgen wie zB eine neuerliche Einschätzung durch einen Sachverständigen und eine darauf fußende Akontierung der Neuwertspanne durch den Versicherer. Innerhalb einer im Vertrag genannten Frist (bei Gebäudeversicherungen meist drei Jahre, bei Haushaltsversicherungen meist ein Jahr) muss die Wiederherstellung bzw Wiederbeschaffung gesichert sein. Die Frist kann einvernehmlich beliebig oft verlängert werden. Im Falle eines Deckungsprozesses wird für dessen Dauer die Wiederherstellungsfrist gehemmt, soferne die AVB das

[120] OGH 7 Ob 123/08a.

vorsehen. Probleme gibt es dann, wenn sich einer der Vertragspartner nicht vertragskonform verhält. Meistens ist es der VN, der die Neuwertspanne auch dann zur freien Verfügung erhalten möchte, wenn er nicht wiedererrichtet.

Die **Frist für die Wiedererrichtung** beträgt idR bei Gebäuden 3 Jahre und in der Haushaltsversicherung 1 Jahr, was bei einem Totalschaden des Haushalts knapp werden kann. Die einjährige Frist verstößt aber weder gegen § 864a ABGB noch gegen § 879 Abs 3 ABGB, zumal die Frist für die Anschaffung von Wohnungsinventar und Fahrnissen ausreichend bemessen ist und mit dem Schadensereignis zu laufen beginnt, sodass dem VN die Ausübung seiner Rechte nicht praktisch unmöglich gemacht oder übermäßig erschwert wird (OGH 7 Ob 134/22i).

5.2.2. Sicherstellung der Wiedererrichtung

Natürlich stellt sich in der Praxis die Frage, was unter „Sicherstellung der Wiedererrichtung" zu verstehen ist bzw was geschieht, wenn trotz angeblicher Sicherstellung die Wiedererrichtung nicht erfolgt. Nach der ständigen Judikatur kann eine **100%ige Sicherheit der Wiederherstellung** nicht verlangt werden, sondern es muss ausreichen, wenn angesichts der getroffenen Vorkehrungen keine vernünftigen Zweifel an der Durchführung der Wiederherstellung bestehen. Was darunter zu verstehen ist, hängt von den Umständen des Einzelfalls ab.

In OGH 7 Ob 125/99d wurde am 18.2.1993 das Wirtschaftsgebäude des VN durch einen Brand weitgehend zerstört. Ein Wiederaufbau hat innerhalb von drei Jahren ab dem Schadenereignis nicht einmal ansatzweise stattgefunden. Mit Schreiben vom 13.2.1996 (also knapp vor Ende der 3-Jahres-Frist) erklärte der VN, die noch zu erbringende Versicherungsleistung ausschließlich zur Wiederherstellung der zerstörten Gebäudesubstanz zu verwenden, worauf der Versicherer darlegte, dass seinem Dafürhalten nach diese Verpflichtungserklärung nicht den Voraussetzungen für den Erwerb des Anspruches auf Zahlung der Neuwertspanne entspreche. Dies wurde von allen Instanzen geteilt. Die bloße Erklärung des VN, wiedererrichten zu wollen, bedeute keine die Fälligkeit der Entschädigungszahlung auslösende Sicherstellung des Wiederaufbaues.

Die **Vorlage von Kostenvoranschlägen** reicht für die Sicherstellung der Wiedererrichtung idR nicht aus. Dasselbe gilt für eine Auftragsbestätigung, in der festgehalten ist, dass mit den Arbeiten „umgehend nach Deckungszusage" durch die Versicherung begonnen werde.[121] Auch das Eventualbegehren, die Zahlung des Neuwertes zu Handen der vom VN mit der Sanierung des Schadens beauftragten Firma durchzuführen, kann daran nichts ändern.[122] Analoges gilt, wenn sich der VN zwar mit dem Gedanken trägt, das Gebäude komplett abreißen und ein neues errichten zu lassen, die Erteilung eines verbindlichen Auftrages an ein Fachunter-

[121] OGH 7 Ob 65/05t.

[122] OGH 7 Ob 217/10b.

nehmen zum Abriss des bestehenden Gebäudes und zur Neuerrichtung hingegen nicht feststeht.[123]

Ähnliches gilt für bloße **Absichtserklärungen des VN** („er habe den unbeugsamen Willen der Wiederherstellung und ein absolutes Interesse daran"; OGH 7 Ob 46/22y) oder wenn nicht festgestellt werden kann, ob eine Landwirtschaft fortgeführt wird bzw welche baulichen Maßnahmen im Hinblick auf eine zukünftige Bewirtschaftung ausgeführt werden (OGH 7 Ob 132/22w) oder wenn keine bindenden Aufträge bezüglich der Wiedererrichtung vorliegen (OGH 7 Ob 162/21f).

In einer besonders schlechten Situation ist ein VN, der die ganze oder Teile der Zeitwertentschädigung für **andere Zwecke** als die Wiedererrichtung verwendet, zB zur Abdeckung von im Schadenfall bereits bestehenden Krediten.[124] In OGH 7 Ob 144/12w hat der VN zwar bereits einen Vertrag über die Errichtung eines Fertigteilhauses abgeschlossen, der Ausführung stand aber entgegen, dass es ihm aufgrund seiner finanziellen Verhältnisse nicht möglich war, die für die Lieferung geforderte Bankgarantie zu erlegen, was insbesondere auch darauf zurückzuführen war, dass er einen beträchtlichen Teil der bereits erhaltenen Zeitwertentschädigung gerade nicht für die Wiederherstellung, sondern für andere Zwecke verwendete. Damit ist die Verwendung der Entschädigung für eine (einigermaßen gleichwertige) Wiederherstellung nicht gesichert.

In OGH 7 Ob 153/06k wurde die Frage geklärt, ob ein **Ankauf unter Eigentumsvorbehalt** die Wiederherstellung bzw Wiederbeschaffung sichert. Wird eine Sache unter Eigentumsvorbehalt vom VN gekauft, so sei dieser durch den Vertrag bereits zur vollständigen Kaufpreiszahlung verpflichtet. Sein Eigentumserwerb hänge nur mehr von der vollständigen Bezahlung des Kaufpreises ab. Damit sei aber der Eigentumserwerb und damit die Wiederbeschaffung ausreichend gesichert. Die Situation stelle sich nicht anders dar, als hätte der VN die Sache auf Raten gekauft oder zur Finanzierung des Ankaufes einen Kredit aufgenommen oder die Sache nach dem Kauf zur Besicherung eines Kredites verpfändet, da auch in diesem Fall wirtschaftlich gesehen der Wert der wiederbeschafften Sache nicht unmittelbar im Vermögen des VN verbleibt. Wesentlich sei, dass der Vorbehaltskäufer durch die Vollzahlung bedingt schon Eigentümer der Sache ist.

Die Frage, ob durch **Leasing** entsprechender Gegenstände dem Erfordernis der Wiederbeschaffung entsprochen werde, wird von Judikatur und Schrifttum ganz überwiegend bejaht.[125] Dies wird vor allem damit begründet, dass der mit der Wiederherstellungsvereinbarung verbundene Zweck – Koppelung der Entschädigung an die Erhaltung bzw Wiederherstellung der bisherigen Nutzungsmöglichkeit – dafürspreche. Argumentiert wird auch, dass der Begriff der Wiederbeschaffung in den betreffenden Klauseln nicht auf rechtsgeschäftlichen Eigentumserwerb beschränkt

[123] OGH 7 Ob 12/15p.
[124] OGH 7 Ob 103/01z.
[125] OGH 7 Ob 125/08w mwN.

sei. Betont wird auch, dass es auf eine wirtschaftliche Betrachtungsweise ankomme. Dies gelte auch für sale-and-lease-back-Verträge.

Praxistipp

Wenn trotz angeblich gesicherter Wiederherstellung diese unterbleibt, braucht der VN die Neuwertspanne nicht zurückzuzahlen. Auch eine bereicherungsrechtliche Rückabwicklung ist nach Ansicht des OGH nicht möglich.[126] Es gibt daher ein gewisses Restrisiko für den Versicherer, trotz unterbliebener Wiederherstellung die Neuwertspanne bezahlen zu müssen.

5.2.3. Sachen gleicher Art und Güte

Eine Wiederherstellung im Sinne der üblichen Klauseln liegt vor, wenn ein dem zerstörten Gebäude nach Lage, Gesamtgröße und Zweck **vergleichbares neues Gebäude** errichtet wird, wobei es allerdings nicht erforderlich ist, dass sich die beiden Gebäude in allen Einzelheiten gleichen. Es genügt jedoch nicht, dass nur einzelne Räume eines insgesamt für einen anderen Zweck errichteten Neubaus auch für den früheren Zweck verwendbar wären.[127] Die Wiederherstellungsklausel soll insbesondere verhindern, dass ein Schaden dazu genutzt wird, das Grundstück mit Hilfe der Neuwertvergütung einem einträglicheren Betriebszweck zuzuführen. Eine solche Möglichkeit würde nach Ansicht der Gerichte überdies auch die Versuchung bei manchem Unternehmen in unerwünschter Weise verstärken, ein Gebäude, das unwirtschaftlich genutzt werde, selbst in Brand zu setzen und dann mit Hilfe der Neuwertvergütung den Betriebszweck zu ändern. Das ist zwar etwas überspitzt, hat aber einiges für sich, weil jede Neuwertentschädigung die Versuchung für den VN in sich birgt, ein unerwünschtes Objekt zu verbessern.

In OGH 7 Ob 167/10z begehrte der VN die Neuwertspanne mit dem Argument, im vorliegenden Fall müsse nicht wiederum eine Tischlerei und ein Zeichenbüro errichtet werden. Die geplante Wiedererrichtung als Wohnhaus entspreche dem **Gleichwertigkeitsgebot**, wenn im versicherten Gebäude seit 2001 keine Tischlerei und kein Zeichenbüro mehr betrieben worden seien. Dieses Argument wurde von den Gerichten nicht akzeptiert. Der VN setze sich darüber hinweg, dass das Gebäude zum Zeitpunkt des Brandes nach wie vor im Rahmen der Betriebsschutzversicherung versichert war und eine andere als eine gewerbliche Nutzung dem Versicherer auch nicht angezeigt wurde. Der VN hatte auch die auf diesen Standort lautende Gewerbeanmeldung nicht zurückgelegt. Dem Klagebegehren auf Zahlung der „Neuwertspanne“ komme demnach mangels beabsichtigter (und gesicherter) Wiederherstellung eines gleichwertigen, dem gleichen Betriebszweck dienenden Gebäudes keine Berechtigung zu.

[126] OGH 7 Ob 153/06k; OGH 7 Ob 59/17b.

[127] OGH 7 Ob 67/06p.

Auch wenn der VN behauptet, einen versicherten und durch Brand zerstörten Stadel an gleicher Stelle wieder aufbauen zu wollen, hat er keinen Anspruch auf Leistung der Neuwertspanne, wenn sich eine vorgelegte Auftragsbestätigung auf den „Bau einer Maschinenhalle“ bezieht.[128] Analog wurde entschieden, wenn statt einem durch eine Lawine zerstörten Schlepplift eine Kabinenseilbahn errichtet wird. Unter Berücksichtigung der Errichtungskosten geht das weit über eine (bloße) Modernisierung der Schleppliftanlagen hinaus. Angesichts dieser gravierenden Unterschiede vermag an dieser Beurteilung auch der Umstand nichts zu ändern, dass sich die Zweckbestimmung (Beförderung von Wintersportlern) und die Lifttrasse durch die Neuerrichtung der Seilbahn nicht geändert haben (OGH 7 Ob 162/22g).

Probleme kann es bei Einbruchschäden geben. AVB sehen meist eine Wiederbeschaffung der „zu Schaden gekommenen versicherten Sachen“ vor. Die deutsche Lehre[129] versteht darunter Sachen **„gleicher Zweckbestimmung, Art und Güte“**. Dies müsse allerdings nicht exakt, aber doch „ziemlich genau“ der Fall sein, eine Formulierung, die immer noch interpretationswürdig ist. Etwas Klarheit brachte der OGH in 7 Ob 169/03h. Mangels einer verschiedenartigen individuellen Zweckbestimmung von einzelnen gestohlenen **Schmuckstücken** müsse vom Sammelbegriff „Schmuck“, wie er entweder zur Verschönerung des Trägers dient oder als Wertanlage ganz allgemein, ausgegangen werden. Es schade daher einem VN etwa nicht, anstelle eines Armbandes sich eine Halskette gekauft zu haben. Das Verbot der Bereicherung des VN werde bei solchen Gegenständen primär durch das Wert- und nicht durch das Gleichartigkeitserfordernis verwirklicht.

Praxistipp

Bei Individualstücken ist eine idente stück- und fertigungsbezogene Wiederherstellung ohnehin kaum bzw überhaupt nicht möglich. Man wird von einem VN aber verlangen können, eine gewisse Gleichartigkeit einzuhalten, also Schmuck für Schmuck, Bekleidung für Bekleidung, Haushaltsgegenstände für Haushaltsgegenstände. Auch beim Diebstahl von Kunstwerken kann die Wiederbeschaffung eines Kunstwerkes gefordert werden, wobei zB Skulptur für Bild (oder umgekehrt) toleriert werden kann. Analoges gilt auch für Antiquitäten. Der lediglich geplante Ankauf von (nicht näher spezifizierten) Antiquitäten kann allerdings die Voraussetzungen zum Ersatz der Neuwertspanne schon mangels Erfüllung des Gleichartigkeitsgebotes nicht begründen.[130]

Zusammenfassend kann festgehalten werden, dass der logische Widerspruch zwischen Bereicherungsverbot und Neuwertklausel durch die strenge Wiederherstellungsklausel abgemildert wird, weil die Bereicherung **nicht in Geld, sondern in**

[128] OGH 7 Ob 190/11h.
[129] *Martin*, Sachversicherung.
[130] OGH 7 Ob 51/12v.

Sachwerten erfolgt. Eine hundertprozentige Sicherheit der Wiederherstellung bzw Wiederbeschaffung ist nicht gefordert. Die Vorlage von Kostenvoranschlägen, Absichtserklärungen des VN, die bloße Bauplanung oder eine bloß behelfsmäßige Reparatur sind für die Sicherung der Wiederherstellung jedoch nicht ausreichend. Bei der Beschaffung von Sachen gleicher Art und Güte ist kein allzu strenger Maßstab anzulegen. Es liegt im freien Ermessen des VN, ob er sich mit dem Zeitwert begnügt oder ob er wiedererrichtet bzw wiederbeschafft. Sofern sich beide Vertragspartner vertragskonform verhalten, wird es in der Praxis keine Probleme geben.

5.3. Vorvertragliche Anzeigepflicht

Die vorvertragliche Anzeigepflicht (zu den allgemeinen Regeln siehe Kapitel 7.1.1.) spielt in der Schadenversicherung zwar nicht so eine große Rolle wie in der Summenversicherung, dennoch müssen zur Erhaltung des Versicherungsschutzes einige Punkte beachtet werden.

Vor allem bei Verträgen, die von Maklern vermittelt werden, wird idR eine sogenannte **Anerkennungsklausel** vereinbart, wie zB „Der Versicherer erkennt an, dass ihm bei Abschluss des Vertrages alle Umstände bekannt waren, die für die Beurteilung des Risikos erheblich sind, es sei denn, dass irgendwelche Umstände arglistig verschwiegen wurden“. Damit werden viele Fälle, bei denen quasi etwas „vergessen“ wurde, auch für die Zukunft saniert. Die Klausel findet aber nur Anwendung bei vom VN nicht bekanntgegebenen Umständen, nicht aber bei Falschbeantwortung von Umständen, nach denen der Versicherer ausdrücklich gefragt hat. In solchen Fällen tritt nicht die Rechtsfolge des § 18 VersVG (Rücktritt nur im Fall arglistiger Verschweigung) ein, vielmehr bleibt es bei der allgemeinen Rücktrittsregelung des § 16 VersVG.[131]

Zu den Fragen, die jedenfalls wahrheitsgetreu zu beantworten sind, gehören jene nach **gekündigten Versicherungsverträgen** und nach **Vorschäden**. Der Zusammenhang besteht darin, dass Verträge oft deshalb vom Versicherer gekündigt werden, weil sie besonders schadenträchtig sind. Der Versicherer möchte vor Vertragsabschluss einschätzen, ob es sich beim künftigen VN in Bezug auf den abzuschließenden Vertrag um eine Risikoperson handelt, die sich von einer Durchschnittsperson unterscheidet und in Hinblick auf die Vielzahl von Schadenfällen vor Abschluss eines Vertrages mit einem Durchschnittsversicherungsnehmer nicht vergleichbar ist.[132]

Fragen nach dem **Bestehen von weiteren Versicherungen** zum selben Risiko sind ebenfalls wahrheitsgetreu zu beantworten. Einerseits ist in der Sachversicherung das Vorliegen von Doppelversicherungen unerwünscht und sinnlos, weil der VN seinen Schaden ohnehin nur einmal ersetzt bekommt, andererseits hat auch in der Vermögensversicherung, wo Doppelversicherungen durchaus vorkommen können,

[131] OGH 7 Ob 130/18w.

[132] OGH 7 Ob 54/17t.

der Versicherer ein Interesse an der Kenntnis einer anderen Versicherung. Der Regelungszweck des § 58 VersVG („Wer für ein Interesse gegen dieselbe Gefahr bei mehreren Versicherern Versicherung nimmt, hat jedem Versicherer von der anderen Versicherung unverzüglich Mitteilung zu machen.") besteht darin, das aus einer **Mehrfachversicherung** resultierende Informationsinteresse des jeweiligen Versicherers durch eine Mitteilungspflicht des VN zu schützen. Die beteiligten Versicherer sollen über die nebeneinander bestehenden Versicherungen informiert werden, um entscheiden zu können, ob sie auf Dauer mehrere Versicherungsverhältnisse akzeptieren wollen und um gegebenenfalls ihr Regressrecht nach § 59 VersVG geltend machen zu können. Auch wegen des möglicherweise erhöhten subjektiven Risikos ist die Kenntnis der mehreren Versicherungen für den Versicherer unerlässlich.[133]

Praxistipp

Die Rechtsprechung ist nachvollziehbar der Ansicht, dass Versicherungen keine sinnlosen Fragen stellen bzw es nicht Aufgabe des zukünftigen VN ist, über die Sinnhaftigkeit von Fragen zu urteilen. Es ist daher dringend anzuraten, alle Fragen des Versicherers wahrheitsgetreu zu beantworten, um den Versicherungsschutz nicht zu gefährden.

5.4. Ausschlüsse

Die allgemeine Umschreibung des versicherten Risikos erfolgt durch die primäre Risikobegrenzung. Durch sie wird in grundsätzlicher Weise festgelegt, welche Interessen gegen welche Gefahr und für welchen Bedarf versichert sind. Auf der zweiten Ebene (**sekundäre Risikobegrenzung**) kann durch einen Risikoausschluss ein Stück des von der primären Risikoabgrenzung erfassten Deckungsumfangs ausgenommen und für nicht versichert erklärt werden. Der Zweck liegt darin, dass ein für den Versicherer nicht überschaubares und kalkulierbares Teilrisiko ausgenommen und eine sichere Kalkulation der Prämie ermöglicht werden soll.

Mit dem Risikoausschluss begrenzt der Versicherer von vornherein den Versicherungsschutz; ein bestimmter Gefahrenumstand wird von Anfang an von der versicherten Gefahr ausgenommen. Ob den VN ein **Verschulden** am Vorliegen eines ausgeschlossenen Tatbestandes trifft, ist im Gegensatz zu den Obliegenheiten und zur Erhöhung der Gefahr nicht relevant. Den Beweis für das Vorliegen eines Risikoausschlusses als Ausnahmetatbestand hat der Versicherer zu führen.

Als Ausnahmetatbestände, die die vom Versicherer übernommene Gefahr einschränken oder ausschließen, dürfen Ausschlüsse nicht weiter ausgelegt werden, als es ihr Sinn unter Betrachtung ihres wirtschaftlichen Zwecks und der gewählten Ausdrucksweise sowie des Regelungszusammenhangs erfordert. Sie dürfen den

[133] OGH 7 Ob 112/19z.

Versicherungsschutz nicht aushöhlen und unterliegen daher sowohl der Geltungskontrolle nach § 864a ABGB („Bestimmungen ungewöhnlichen Inhaltes … werden nicht Vertragsbestandteil, wenn sie dem anderen Teil nachteilig sind und er mit ihnen auch nach den Umständen, vor allem nach dem äußeren Erscheinungsbild der Urkunde, nicht zu rechnen brauchte.“) als auch der Inhaltskontrolle nach § 879 Abs 3 ABGB („Eine in Allgemeinen Geschäftsbedingungen oder Vertragsformblättern enthaltene Vertragsbestimmung … ist jedenfalls nichtig, wenn sie unter Berücksichtigung aller Umstände des Falles einen Teil gröblich benachteiligt.“).

In nahezu allen Sparten sind Sachverhalte ausgeschlossen, die man unter dem Titel **„Höhere Gewalt“** zusammenfassen könnte. Darunter fallen zum Beispiel Krieg und kriegerische Handlungen, innere Unruhen, Terroranschläge oder Gewalttätigkeiten anlässlich einer öffentlichen Ansammlung, aber auch hoheitsrechtliche Anordnungen, die aufgrund einer Ausnahmesituation an eine Personenmehrheit gerichtet sind. Ebenso nicht gedeckt sind solche Schäden, die durch den Einfluss ionisierender Strahlen im Sinne des Strahlenschutzgesetzes in der jeweils geltenden Fassung entstehen. Durch solche Ausschlüsse möchte der Versicherer Kumulschäden von der Deckung ausnehmen, die unter Umständen die Finanzkraft eines Versicherers übersteigen könnten.

5.4.1. Kfz-Haftpflichtversicherung

Die Ausschlüsse sind in § 4 KHVG **taxativ aufgezählt**, dh wegen des besonderen Charakters der Kfz-Haftpflichtversicherung, die auch im Interesse des Verkehrsopfers gesetzlich vorgeschrieben ist, soll der Ausschlusskatalog sehr klein und der Disposition der Vertragsparteien entzogen sein.

Von der Versicherung sind ausgeschlossen:

a. Ersatzansprüche des Eigentümers, des Halters und – bei Vermietung des Fahrzeugs ohne Beistellung eines Lenkers – des Mieters und der Personen, denen der Mieter das Fahrzeug überlässt, **gegen mitversicherte Personen** wegen Sach- oder bloßer Vermögensschäden. Personenschäden sind daher vom Ausschluss nicht umfasst. Dieser Ausschluss bezieht sich nicht nur auf das versicherte Fahrzeug, sondern umfasst alle Gegenstände und das gesamte Vermögen des Anspruchstellers.[134] Der VN ist grundsätzlich eine vom Mitversicherten verschiedene Person. Weil dem VN als Vertragspartner des Versicherers grundsätzlich Versicherungsschutz gewährt werden soll, erstreckt sich diese Ausschlussbestimmung weder auf Ansprüche mitversicherter Personen gegen den VN[135] noch auf Ansprüche von mehreren VN untereinander.[136]

[134] OGH 7 Ob 137/08k.
[135] OGH 7 Ob 41/76.
[136] OGH 7 Ob 137/08k.

b. Ersatzansprüche wegen Beschädigung, Zerstörung oder Abhandenkommen des versicherten Fahrzeuges und von mit dem Fahrzeug **beförderten Sachen** mit Ausnahme jener, die mit Willen des Halters beförderte Personen üblicherweise an sich tragen oder, sofern die Fahrt überwiegend der Personenbeförderung dient, als Gegenstände des persönlichen Bedarfs mit sich führen; dies gilt nicht für das nicht gewerbsmäßige Abschleppen betriebsunfähiger Fahrzeuge im Rahmen üblicher Hilfeleistung. Unter diesen Ausschluss fallen die Beschädigung oder Zerstörung nicht bloß während der (fahrtmäßigen) Beförderung, sondern auch schon bei der Bebzw Entladung als weitere Teile des Beförderungsvorganges.[137] Der Risikoausschluss beschränkt sich nicht nur auf unmittelbare Schäden am Ladegut des versicherten Fahrzeuges selbst, sondern umfasst auch Folgekosten solcher Schäden, wie etwa Entsorgungskosten und Bergungskosten.[138]

Praxistipp

Mit dem Fahrzeug beförderte Sachen fallen nur dann unter Versicherungsschutz, wenn sie die beförderten Personen üblicherweise an sich tragen oder als Gegenstände des persönlichen Bedarfs mit sich führen, letztere aber nur dann, wenn die Fahrt überwiegend der Personenbeförderung dient. Die Beschränkung auf das Übliche kann zu Abgrenzungsschwierigkeiten führen, weil dieses in unterschiedlichen Lebenssituationen nicht immer gleich beurteilt werden kann. Es empfiehlt sich eher ein objektiver als ein subjektiver Maßstab; auf die unterschiedlichen Lebenssituationen ist aber stets Rücksicht zu nehmen. Nicht mehr in den Rahmen des Üblichen fällt, was der gewissermaßen zum Transportmittel gewordene Mensch (zB ein Bote mit Geld oder Wertpapieren) an sich trägt, mag es für ihn auch noch so üblich sein.

c. Ersatzansprüche aus der Verwendung als **ortsgebundene Kraftquelle** oder zu ähnlichen Zwecken. Eine ortsgebundene Kraftquelle liegt vor, wenn das Kfz vor seiner Inbetriebnahme durch das Ausfahren von Stützen oder Betätigung ähnlicher Einrichtungen auf dem Boden fixiert und seine Bewegungsfähigkeit dadurch vorübergehend aufgehoben wurde und wenn die Betätigung der Motorkraft einem Arbeitsvorgang außerhalb des Kfz gedient hat. Die Voraussetzungen der Fixierung und der artfremden Tätigkeit müssen kumulativ vorhanden sein, damit ein Kfz als ortsgebundene Kraftquelle angesehen werden kann. Für die Beurteilung der Frage, ob ein Fahrzeug als ortsgebundene Kraftquelle benützt wird, darf nur von der vorgesehenen und zulässigen Verwendung ausgegangen werden. Sieht die Betriebsanleitung des Kfz für bestimmte Arbeitsvorgänge eine Fixierung durch Stützen vor, ist der Deckungsausschluss auch dann gegeben, wenn im konkreten Fall eine derartige Fixierung des Kfz unzulässigerweise nicht vorgenommen wurde.

[137] OGH 7 Ob 161/05k.

[138] OGH 7 Ob 197/08h.

Praxistipp

Nach einer Empfehlung des VVO soll immer dann, wenn ein behördlich zugelassenes Fahrzeug im aufgebockten Zustand einen Schaden verursacht, dieser der allgemeinen Haftpflichtversicherung zugeordnet werden. Ausgenommen ist lediglich der Fall, dass die Be- oder Entladung des eigenen Fahrzeuges durchgeführt wird.

d. Ersatzansprüche aus der Verwendung bei einer **kraftfahrsportlichen Veranstaltung**, bei der es auf die Erzielung einer Höchstgeschwindigkeit ankommt, oder ihren Trainingsfahrten. Handelt es sich um eine grundsätzlich jedermann zugängliche freie Veranstaltung zur Verbesserung der Fahrtechnik und Fahrsicherheit (ohne Zeitnehmung), kommt dieser Ausschlussgrund nicht zur Anwendung.[139]

e. Ersatzansprüche, die besonderen Bestimmungen über die Haftung für Nuklearschäden unterliegen.

5.4.2. Haftpflichtversicherung

Sowohl in der Privathaftpflichtversicherung als auch in der Betriebshaftpflichtversicherung herrscht weitgehende Vertragsfreiheit. Die folgende Darstellung beschränkt sich daher auf eine Aufzählung der Ausschlüsse nach den **Musterbedingungen AHVB/EHVB**. Es sei aber festgehalten, dass viele Ausschlüsse vertraglich abbedungen werden können (meist gegen Mehrprämie).

a. Nach Art 7 Abs 2 AHVB erstreckt sich die Versicherung nicht auf Schadenersatzverpflichtungen der Personen, die den Schaden, für den sie von einem Dritten verantwortlich gemacht werden, **rechtswidrig und vorsätzlich** herbeigeführt haben. § 152 VersVG ist nicht zwingend und wurde in den AHVB modifiziert. Aus dieser Formulierung ergibt sich, dass vorsätzliches Handeln nicht schlechthin Leistungsfreiheit des Versicherers zur Folge hat, sondern nur jenen Personen gegenüber, die den Schaden rechtswidrig und vorsätzlich herbeigeführt haben. Dem Vorsatz wird gleichgehalten eine Handlung oder Unterlassung, bei welcher der **Schadeneintritt mit Wahrscheinlichkeit erwartet** werden musste, jedoch in Kauf genommen wurde (zB im Hinblick auf die Wahl einer kosten- oder zeitsparenden Arbeitsweise). Der Vorsatz des VN braucht sich nur auf das Zuwiderhandeln, im Gegensatz zum Wortlaut des § 152 VersVG nicht aber auch auf die damit möglicherweise verbundenen Schadenfolgen zu erstrecken. Selbst wenn der VN den Eintritt des Schadens also nicht billigt, sondern im Gegenteil hofft, dass er nicht eintreten wird, reicht der bewusste Verstoß für sich allein schon aus, um die Leistungsfreiheit des Versicherers zu bewirken.[140]

[139] OGH 7 Ob 136/03f.

[140] OGH 7 Ob 9/95; OGH 7 Ob 204/04g.

Dem Vorsatz wird ebenfalls gleichgehalten die **Kenntnis der Mangelhaftigkeit oder Schädlichkeit** von hergestellten oder gelieferten Waren oder geleisteten Arbeiten. Auch hier reicht für die Leistungsfreiheit des Versicherers aus, dass der VN den Eintritt des Schadens zwar nicht billigt, sondern im Gegenteil hofft, dass er nicht eintreten werde, jedoch trotzdem bewusst Handlungsbzw Unterlassungspflichten zuwiderhandelt und ihm dieses Zuwiderhandeln als Vorsatz anzulasten ist. Kenntnis der Mangelhaftigkeit oder Schädlichkeit wird dem Vorsatz gleichgehalten.[141] Wer die Mangelhaftigkeit oder Schädlichkeit der von ihm hergestellten Ware kennt und sie dennoch liefert (hier kommen zB die Vorschriften des Lebensmittelgesetzes in Betracht), hat damit die Schädigung des Dritten in Kauf genommen, weshalb daraus entstehende Schadenersatzverpflichtungen vom Versicherungsschutz ebenfalls ausgenommen sind. Gemeinsam ist den beiden Ausschlussbestimmungen, dass sich das Bedenken und der Beschluss des VN **nicht auf den Schadenerfolg** selbst, sondern nur auf einen diesem Erfolg vorgelagerten Umstand beziehen muss, der im Fall von Art 7 Abs 2 Z 1 AHVB eine gewisse Wahrscheinlichkeit dafür begründet, dass es wirklich zum Eintritt des Schadens kommen kann, wobei bei Art 7 Abs 2 Z 2 AHVB nicht die Inkaufnahme des Schadeneintrittes durch den VN erforderlich ist, da für den Risikoausschluss bereits das positive Wissen von der Mangelhaftigkeit und Schädlichkeit der von ihm erbrachten Leistung ausreicht.[142]

b. Nach Art 7 Abs 6 Z 2 AHVB besteht kein Versicherungsschutz aus Schäden, **die Angehörigen des VN** zugefügt werden. Als Angehörige gelten der Ehegatte, Verwandte in gerader aufsteigender und absteigender Linie, Schwieger-, Adoptiv- und Stiefeltern sowie im gemeinsamen Haushalt lebende Geschwister. Eine außereheliche Gemeinschaft ist ihrer Auswirkung der ehelichen Gemeinschaft gleichgestellt.

Praxistipp

Der Begriff des gemeinsamen Haushaltes lässt sich nicht genau abgrenzen. Voraussetzung wird jedoch sein, dass die betreffenden Geschwister beim Versicherten wohnen. Soweit sie eine Wohnung im selben Haus haben, genügt dies nicht, sondern es muss an einer selbständigen, getrennten Wohnung fehlen und die betreffenden Geschwister müssen in die Haushaltsgemeinschaft des Versicherten eingegliedert sein.

c. Nach Art 7 Abs 5 Z 3 AHVB erstreckt sich die Versicherung nicht auf Schadenersatzverpflichtungen aus Schäden, die der VN oder die für ihn handelnden Personen verursachen durch **Haltung oder Verwendung von Kfz** oder Anhängern, die nach ihrer Bauart und Ausrüstung oder ihrer Verwendung im Rahmen des versicherten Risikos ein behördliches Kennzeichen tragen müssen oder tat-

[141] OGH 7 Ob 204/04g.

[142] OGH 7 Ob 286/04s; OGH 7 Ob 124/16k.

sächlich tragen (Kfz-Ausschluss). Kfz oder Anhänger müssen ein Kennzeichen tragen, wenn sie auf Straßen mit öffentlichem Verkehr verwendet werden. Das sind solche, die von jedermann unter den gleichen Bedingungen benützt werden können (§ 1 StVO). Dieser Ausschluss dient der Abgrenzung zur Kfz-Haftpflichtversicherung und soll Doppelversicherungen vermeiden. Einen gleichartigen Ausschluss gibt es für Schäden durch **Haltung oder Verwendung von Luftfahrzeugen** und Luftfahrtgeräten, worunter zB auch Drohnen ab einer bestimmten Größe fallen. Für Luftfahrzeuge und Luftfahrtgeräte muss eine Haftpflichtversicherung nach dem Luftfahrgesetz abgeschlossen werden.

d. Nach Art 7 Abs 1 Z 1 AHVB sind Ansprüche aus **Gewährleistung für Mängel** ausgeschlossen. Ebenfalls von dieser Ausschlussbestimmung erfasst sind auch Schadenersatzansprüche, die an die Stelle der Gewährleistung treten, wenn zB die Gewährleistungshandlung durch einen anderen als den dazu Verpflichteten erfolgt und dafür Kosten anfallen („**Erfüllungssurrogat**"). Neben dem Anspruch auf Gewährleistung kann aber auch ein Anspruch auf Schadenersatz bestehen, wenn infolge des Mangels ein Schaden bei einem Dritten eingetreten ist („**Mangelfolgeschaden**"). Dabei handelt es sich um Schäden, die sich nicht unmittelbar auf die Leistung beziehen, sondern daraus resultieren, dass die mangelhafte Leistung an anderen Vermögenswerten Schäden hervorruft. Diesbezüglich leistet der Versicherer Versicherungsschutz, wenn es sich bei dem eingetretenen Schaden um einen Personenschaden, Sachschaden oder um einen solchen Vermögensschaden handelt, der aus einem versicherten Personen- oder Sachschaden entstanden ist („abgeleiteter Vermögensschaden").
Die mangelhafte Herstellung einer Sache ist grundsätzlich keine Sachbeschädigung. Ist nämlich die Sache noch nicht fehlerfrei hergestellt, kann sie nicht durch die Leistung des VN beschädigt werden.[143] Allfällige Kosten, die aus der mangelhaften Werkleistung des VN resultieren, sind „reine" Vermögensschäden, dh solche, die weder durch einen versicherten Personenschaden noch durch einen versicherten Sachschaden entstanden sind. **Reine Vermögensschäden** fallen nur bei Abschluss einer Sondervereinbarung unter den Versicherungsschutz. Besteht eine derartige Sondervereinbarung, sind Mangelfolgeschäden auch dann gedeckt, wenn es sich um reine Vermögensschäden handelt (zB Mehrkosten wegen verspäteter Übergabe eines Objektes bedingt durch einen nicht gedeckten Gewährleistungsschaden,[144] Verlust von elektrischem Strom[145]).

e. Nach Art 7 Abs 9 AHVB erstreckt sich die Versicherung nicht auf Schadenersatzverpflichtungen wegen Schäden, die an den vom VN (oder in seinem Auftrag oder für seine Rechnung von Dritten) hergestellten oder gelieferten Arbeiten oder Sachen infolge einer in der **Herstellung oder Lieferung** liegenden Ursache entstehen. Ansprüche wegen Schäden dieser Art werden innerhalb der gesetzlichen

143 OGH 7 Ob 65/15g.
144 OGH 7 Ob 147/07d.
145 OGH 7 Ob 69/15w.

Gewährleistungsfristen schon durch die Bestimmung des Art 7 Abs 1 Z 1 ausgeschlossen sein (siehe lit d). Der gegenständliche Ausschluss stellt jedoch klar, dass auch etwaige Schadenersatzansprüche wegen Schäden an vom VN gelieferten Sachen oder Arbeiten vom Versicherungsschutz ausgeschlossen sind, sofern sie ihre Ursache in der Herstellung oder Lieferung haben. Ausgeschlossen sind auch **Mängelbeseitigungsnebenkosten**. Es handelt sich dabei um den gesamten Aufwand, der erforderlich ist, um den Mangel zu finden und zu beseitigen, wie etwa die zur Mangelfeststellung erforderlichen Gutachterkosten, die Kosten, um die Schadenstelle zugänglich zu machen (einschließlich aller Vor- und Nacharbeiten) sowie Nutzungsausfall und entgangener Gewinn.[146] Mangelfolgeschäden sind jedoch auch hier versichert. Wenn also das Ursachenereignis (der Mangel) und das Folgeereignis (der Schaden) zwei verschiedene Sachen betreffen, besteht Versicherungsschutz für das Folgeereignis.

f. Der Versicherer ist gemäß Abschnitt A Z 3 EHVB leistungsfrei, wenn der Versicherungsfall **grob fahrlässig** herbeigeführt wurde und bewusst – insbesondere im Hinblick auf die Wahl einer kosten- oder zeitsparenden Arbeitsweise – den für den versicherten Betrieb oder Beruf geltenden Gesetzen, Verordnungen oder behördlichen Vorschriften **zuwidergehandelt** wurde, und zwar durch einen VN oder dessen gesetzlichen Vertreter oder dessen leitenden Angestellten im Sinne des Arbeitsverfassungsgesetzes in der jeweils geltenden Fassung bzw über Veranlassung oder mit Einverständnis einer dieser Personen. Die Vorschrift kann in einem Gesetz, einer Verordnung oder einem Erlass festgehalten sein, ihre Grundlage aber auch in einem individuellen Verwaltungakt (Bescheid, einstweilige Verfügung) haben. Der Hinweis „insbesondere im Hinblick auf die Wahl einer kosten- oder zeitsparenden Arbeitsweise“ hat nur demonstrativen Charakter. Das Motiv des Zuwiderhandelns ist nicht relevant.[147] Die Voraussetzung der grob fahrlässigen Herbeiführung des Versicherungsfalls und das bewusste Zuwiderhandeln gegen für den versicherten Betrieb oder Beruf geltende Gesetze, Verordnungen oder Vorschriften müssen kumulativ vorhanden sein.[148]
Ein **Verstoß gegen behördliche Vorschriften** führt zum Verlust des Versicherungsschutzes für Schäden, die durch diesen Verstoß verursacht worden, also kausal sind. Hierbei kommt es nur auf das Bewusstsein der Rechtswidrigkeit der Handlungsweise an, nicht aber darauf, ob der VN die Verbotsvorschrift in ihrem Wortlaut und ihrem gesamten Umfang nach kannte, solange er sich nur dessen bewusst war, dass er gegen eine Vorschrift verstößt. „Bewusst“ zuwiderhandeln kann man aber nur gegen Vorschriften, die man kennt. Ein bloßes Kennen-Müssen genügt nicht.[149]

[146] OGH 7 Ob 128/08m.
[147] OGH 7 Ob 126/15b.
[148] OGH 7 Ob 142/14d.
[149] OGH 7 Ob 108/14d.

Praxistipp

Die Beweislastverteilung ist für den VN günstig. Der Versicherer muss vorerst das objektive Faktum nachweisen, dass im Versicherungsfall Gesetze, Verordnungen oder behördliche Verfügungen verletzt wurden, die für den Betrieb oder Beruf des VN gelten, und deren Verletzung den Haftpflichtschaden kausal herbeigeführt hat. Weiters obliegt ihm aber auch der subjektive Nachweis, dass der VN die übertretene Norm kannte und bewusst übertreten hat. Die Beweissituation des Versicherers ist umso ungünstiger, je unbekannter die Vorschrift ist, auf deren Verletzung er sich beruft. Auf der anderen Seite ist davon auszugehen, dass der VN, der behauptet, eine in seiner Branche allseits bekannte Schutznorm nicht gekannt zu haben, den Beweis dafür antreten wird müssen.

g. Nach Art 7 Abs 10 Z 4 und Z 5 AHVB erstreckt sich die Versicherung nicht auf Schadenersatzverpflichtungen wegen Schäden an beweglichen Sachen, die bei oder infolge ihrer Benützung, Beförderung, Bearbeitung oder einer sonstigen **Tätigkeit** an oder mit ihnen entstehen. Ausgeschlossen sind auch Schadenersatzverpflichtungen wegen Schäden an jenen Teilen von unbeweglichen Sachen, die unmittelbar Gegenstand der Bearbeitung, Benützung oder einer sonstigen Tätigkeit sind.
Benützung, Beförderung und Bearbeitung sind die Hauptanwendungsfälle des übergeordneten Begriffes der Tätigkeit. Eine Tätigkeit ist jede Einwirkung auf eine Sache, die nicht zufällig, sondern bewusst und gewollt erfolgt. Tätigkeit setzt ein auf einen bestimmten Zweck abgestelltes Verhalten voraus. Die Tätigkeit muss an oder mit der fremden Sache vorgenommen werden. Wenn bei der Einwirkung auf die zu bearbeitende Sache zwangsläufig auf eine andere eingewirkt werden muss, dann ist die andere Sache ebenfalls dann Ausschlussobjekt, wenn diese Zwangsläufigkeit oder Unvermeidbarkeit für den verständigen Bearbeiter objektiv klar zutage tritt.[150] Subjektiv ist eine bewusste und gewollte Einwirkung auf die zu bearbeitende Sache erforderlich und ausreichend. Die schadenstiftende Handlung selbst braucht nicht bewusst und gewollt vorgenommen zu werden, wenn sie nur in den Rahmen der Tätigkeit fällt.

h. Nach Art 7 Abs 10 Z 1 AHVB erstreckt sich die Versicherung nicht auf Schadenersatzverpflichtungen wegen Schäden an Sachen, die der VN oder die für ihn handelnden Personen **entliehen, gemietet, geleast oder gepachtet** haben. Die genannten Vertragstypen haben gemeinsam, dass der VN über die betreffenden Sachen Verfügungsgewalt erlangt. In risikotechnischer Hinsicht entspricht die Stellung des Besitzers von Sachen weitgehend der ihres Eigentümers. Ob Sachen kraft Eigentums oder kraft einer der oben aufgezählten Vertragstypen in der Verfügungsgewalt des VN stehen, ändert nichts daran, dass sie der Willkür des Gebrauchs und den mit dem Gebrauch verbundenen erhöhten Gefahren ausgesetzt sind.

[150] OGH 7 Ob 160/03k.

Nach Art 7 Abs 10 Z 2 AHVB erstreckt sich die Versicherung nicht auf Schadenersatzverpflichtungen wegen Schäden an Sachen, die der VN oder die für ihn handelnden Personen in Verwahrung genommen haben, wobei dies auch im Zuge der **Verwahrung als Nebenverpflichtung** gilt (zB Übergabe einer Sache zur Reparatur und/oder Servicearbeiten). Auch für den Verwahrer gilt das oben gesagte, dass er nämlich über die betreffende Sache Verfügungsgewalt erlangt. Nach Art 7 Abs 10 Z 3 AHVB erstreckt sich die Versicherung nicht auf Schadenersatzverpflichtungen wegen Schäden an Sachen, deren Besitz dem VN oder den für ihn handelnden Personen im Rahmen von bloßen **Gefälligkeitsverhältnissen** überlassen wurde. Bei einer Gefälligkeitszusage liegt eine jederzeit widerrufliche Vereinbarung vor, bei der den Parteien erkennbar das Bewusstsein fehlt, mit dieser Vereinbarung Rechtsfolgen auszulösen. Im Unterschied dazu liegt ein Leihvertrag vor, wenn die Parteien mit ihrer Regelung rechtliche Wirkungen auslösen wollen, die erforderlichenfalls auch durch behördlichen Zwang durchgesetzt werden könnten.[151] Der Zweck der Risikoausschlüsse nach Abs 10 Z 1 und Z 2 trifft in gleicher Weise auch auf Sachen zu, die sich im Besitz des VN befinden, wenn sie ihm außerhalb eines der genannten Vertragsverhältnisse aus bloßer Gefälligkeit überlassen wurden. Deshalb wird die Überlassung von Sachen im Rahmen von bloßen Gefälligkeitsverhältnissen der Überlassung von Sachen aus dem Titel der Leihe, Miete, Leasing, Pacht oder Verwahrung gleichgestellt.

5.4.3. Rechtsschutzversicherung

Kein Versicherungsschutz besteht für die Wahrnehmung rechtlicher Interessen im Zusammenhang mit der Errichtung bzw baubehördlich genehmigungspflichtigen Veränderung von Gebäuden, der Planung derartiger Maßnahmen und der Finanzierung des Bauvorhabens einschließlich des Grundstückerwerbs (**Bauherrenausschluss**). Wirtschaftlicher Zweck des Ausschlusses ist es, die Rechtsschutzdeckung nicht nur für erfahrungsgemäß aufwendige und deshalb teure Bauprozesse auszunehmen, sondern auch für Streitigkeiten, die hohe Streitwerte zum Gegenstand haben. Darunter fallen Probleme im Zusammenhang mit der Finanzierung wie etwa Fälligstellungen wegen Zahlungsrückständen, Uneinigkeit über die Zinsenberechnung und Schlechtberatung bei der Wahl und konkreten Gestaltung der Finanzierung[152] und die Schwierigkeiten bei der Abwicklung eines Fremdwährungskredites, der zur Finanzierung eines Hauses aufgenommen wurde.[153]

Der Risikoausschluss beschränkt sich nicht auf die Wahrnehmung rechtlicher Interessen nur aus Finanzierungsvereinbarungen, sondern dehnt seinen Anwendungsbereich **auch auf andere Streitfragen** aus, wie etwa Streitigkeiten über die vereinbarungsgemäße Übertragung eines Mietrechtes[154] oder die Inanspruchnahme

---

151 OGH 7 Ob 233/03w.
152 OGH 7 Ob 130/10h.
153 OGH 7 Ob 110/16a.
154 OGH 7 Ob 41/16d.

eines Bauherren wegen eines Unfalls auf der Baustelle und die damit verbundenen Deckungsprobleme mit seinem Haftpflichtversicherer.[155]

Der Bauherrenausschluss ist **weder überraschend** nach § 864a ABGB **noch gröblich benachteiligend** nach § 879 Abs 3 ABGB. Die in Rechtsschutzverträgen übliche Klausel findet sich unter der Überschrift „Was ist vom Versicherungsschutz ausgeschlossen?“. Allgemeine Rechtsschutzbedingungen decken wegen der schweren Überschaubarkeit und Kalkulierbarkeit sowie der Größe des Rechtskostenrisikos im gesamten Bereich des privaten wie auch öffentlichen Rechts nur Teilgebiete ab. Eine universelle Gefahrenübernahme, bei der der Versicherer jeden beliebigen Bedarf des VN nach Rechtsschutz decken müsste, ist im österreichischen Recht nicht gebräuchlich. Vor diesem Hintergrund liegt keine gröbliche Benachteiligung der Baurisikoklausel mit dem Hinweis auf eine mögliche Deckungslücke vor. Dies gilt umso mehr, als ohnedies die Möglichkeit der Vereinbarung eines Bauherren-Rechtsschutzes besteht (OGH 7 Ob 172/21a).

Es besteht kein Versicherungsschutz für die Wahrnehmung rechtlicher Interessen in ursächlichem Zusammenhang mit Rechtsschutzversicherungsverträgen mit dem **eigenen Rechtsschutzversicherer**. Dabei handelt es sich um einen Standardausschluss, mit dem vermieden werden soll, dass der Rechtsschutzversicherer Prozesse gegen sich selbst finanzieren muss. Deckungsprozesse gegen einen anderen Rechtsschutzversicherer desselben VN fallen nicht unter den Ausschluss.[156]

Kein Versicherungsschutz besteht für die Wahrnehmung rechtlicher Interessen in unmittelbarem oder mittelbarem Zusammenhang mit Ereignissen, die in außergewöhnlichem Umfang Personen- oder Sachschäden bewirken (**Katastrophen** im Sinne der Katastrophenhilfegesetze). Nach Ansicht des OGH[157] bedeutet „Katastrophe“ schweres Unglück, Zusammenbruch, Naturereignis mit verheerender Wirkung und charakterisiert der Begriff im allgemeinen Sprachgebrauch ein besonders schweres Schadenereignis, ohne nach dessen Ursachen zu differenzieren. Der Katastrophenausschluss ist **weder intransparent noch gröblich benachteiligend**, was auch für die Begriffsfolge „in unmittelbarem oder mittelbarem Zusammenhang“ oder den Begriff „in ursächlichem Zusammenhang“ gilt. Der durchschnittlich verständige VN versteht darunter, dass die Katastrophe eine typische Folge für die Wahrnehmung der entsprechenden rechtlichen Interessen sein muss, also eine adäquat kausale Verknüpfung zwischen der Katastrophe und der Wahrnehmung rechtlicher Interessen bestehen muss. Auch die Covid-19-Pandemie wurde vom OGH als Katastrophe angesehen (OGH 7 Ob 196/22g).

[155] OGH 7 Ob 75/18g.
[156] OGH 7 Ob 212/18d.
[157] OGH 7 Ob 243/08y.

Praxistipp

In Österreich existiert kein einheitlicher Katastrophenbegriff. Jedes Bundesland definiert den Begriff der „Katastrophe" anders. Allen landesgesetzlichen Bestimmungen ist jedoch gemeinsam, dass nicht nur Elementarereignisse, sondern auch durch technische Vorgänge ausgelöste Ereignisse als Katastrophe definiert werden, sofern im großen Umfang Leben, Gesundheit oder Eigentum gefährdet werden.

5.4.4. Sachversicherung

Vorbemerkung: In der Sachversicherung besteht weitgehende Vertragsfreiheit, die von VN und Versicherer auch weidlich ausgenutzt wird. Die in der Folge dargestellten Beispiele beschränken sich auf typische Ausschlüsse oder solche, die bereits Gegenstand eines Deckungsprozesses beim OGH waren. Bitte beachten Sie auch die Musterbedingungen des VVO im Anhang. Im Zweifel fragen Sie Ihren Versicherungsmakler oder Betreuer.

5.4.4.1. Betriebsunterbrechungsversicherung

Kein Versicherungsschutz besteht für Unterbrechungsschäden infolge von Krankheiten, die aufgrund eines missbräuchlichen Genusses von **Alkohol oder Suchtgiften** eintreten oder verschlechtert werden oder deren Heilbehandlung infolge eines missbräuchlichen Genusses von Alkohol oder Suchtgiften wesentlich erschwert ist, sowie Entziehungsmaßnahmen und Entziehungskuren. Unterbrechungsschäden aufgrund von Entziehungsmaßnahmen und Entziehungskuren bilden jedenfalls einen Risikoausschlussgrund, gleichgültig, ob der Genuss von Alkohol oder Suchtgift, der die Maßnahme/Kur notwendig machte, missbräuchlich war oder nicht.[158]

Maßnahmen der **Rehabilitation** sind ausgeschlossen, wenn diese nicht in unmittelbarem Anschluss an eine Heilbehandlung erfolgt. Unter Rehabilitation versteht man in der Medizin allgemein die Wiederherstellung der physischen und/oder psychischen Fähigkeiten eines Patienten im Anschluss an eine Erkrankung, ein Trauma oder eine Operation. Als Sekundärziel soll die Wiedereingliederung in das Sozial- und/oder Arbeitsleben erreicht werden. Wenn Maßnahmen der Rehabilitation unmittelbar im Anschluss an eine Heilbehandlung erfolgen, sind sie gedeckt, nicht jedoch, wenn zwischen Heilbehandlung und Rehabilitation ein längerer Zeitraum liegt.[159]

Kein Versicherungsschutz besteht für Unterbrechungsschäden bei **psychischen und psychosomatischen Erkrankungen und Störungen**. Dies gilt auch dann, wenn diese Erkrankungen die Folge einer gedeckten Krankheit sind, dh unabhängig davon, ob es sich um eine Primär- oder eine Folgeerkrankung handelt. Unter-

[158] OGH 7 Ob 115/01i.

[159] OGH 7 Ob 131/17s.

brechungsschäden aufgrund eingetretener Arbeitsunfähigkeit als Folge von psychischen und auch psychosomatischen Erkrankungen und Störungen sind generell vom Versicherungsschutz ausgeschlossen.[160] In manchen AVB sind derartige Erkrankungen gedeckt, wenn sie nach Ablauf einer vertraglich vereinbarten Watefrist eintreten.

5.4.4.2. Feuerversicherung

Nicht versichert sind **Abbruchobjekte** ab Beantragung des Abbruches oder bei amtswegiger Verfügung ab Erhalt des Abbruchbescheides. Nach Wortlaut, Sinn und Zweck der Klausel kommt es nur darauf an, dass ein allfälliger Willensentschluss, das Gebäude abzureißen, durch einen entsprechenden Antrag des VN bei der Baubehörde objektiv zum Ausdruck gebracht wurde. Weil der Begriff „Abbruchobjekt" mehrdeutig ist, bezieht sich der Ausschluss auf zwei objektiv leicht feststellbare und auch beweisbare Zeitpunkte, nämlich entweder auf den Zeitpunkt der Beantragung des Abbruches oder (bei amtswegiger Verfügung) den Erhalt des Abbruchbescheides.[161]

5.4.4.3. Kfz-Kaskoversicherung

Nach Art 6 AKKB (Musterbedingungen des VVO) sind Schäden ausgeschlossen, die bei der Verwendung des Kfz bei einer **kraftfahrsportlichen Veranstaltung**, bei der es auf die Erzielung einer Höchstgeschwindigkeit ankommt, oder ihren Trainingsfahrten entstehen. Dieser Ausschluss entspricht zwar der Kfz-Haftpflichtversicherung, wird in vielen AVB aber verschärft auf die Verwendung des Kfz bei einer kraftfahrsportlichen Veranstaltung schlechthin, also auch ohne Erzielung einer Höchstgeschwindigkeit. Was eine „kraftfahrsportliche Veranstaltung" ist, hängt von den Umständen des Einzelfalls ab.[162]

Praxistipp

Vereinzelt sind auch Schäden anlässlich Perfektions- und Übungsfahrten ausgeschlossen. Darunter fallen nach Ansicht des OGH[163] auch Übungsfahrten nach § 122 KFG, Ausbildungsfahrten (§ 19 Abs 2 FSG) und Perfektionsfahrten (§ 4b Abs 1 Z 1 und 3 FSG). Es ist dringend anzuraten, vor Durchführung derartiger Fahrten die Kasko-AVB zu prüfen, ob ein derartiger Ausschluss besteht oder nicht.

160 OGH 7 Ob 137/14v.
161 OGH 7 Ob 79/10h.
162 OGH 7 Ob 171/18z
163 OGH 7 Ob 164/03y.

5.4.4.4. Leitungswasserversicherung

IdR sind Schäden durch Grundwasser, Hochwasser, Überschwemmung, Vermurung, Wasser aus Witterungsniederschlägen und dadurch verursachten Rückstau ausgeschlossen. Dies dient vor allem zur Abgrenzung zu diversen „Nat-KatDeckungen", die derartige Schäden decken, wenn auch meist nur mit einem Sublimit. Schwierigkeiten kann der Begriff „**Rückstau**" bereiten. Bei Rückstau dringt Wasser bestimmungswidrig durch gebäudeeigene Ableitungsrohre und damit verbundene Einrichtungen in das Gebäude ein. Der Risikoausschluss umfasst nicht nur den Rückstau infolge außergewöhnlicher oder langanhaltender Niederschläge, sondern jeglichen Schaden eines aus Witterungsniederschlägen resultie renden Wasserrückstaus.[164]

Für Lagerhäuser, Magazine, Geschäfte und dgl wichtig ist der Ausschluss, dass Schäden an unter Erdniveau befindlichen Waren, die nicht **mindestens 12 cm über dem Fußboden** lagern, ausgeschlossen sind. Die Höhe von 12 cm ist nicht willkürlich gewählt, sondern hängt mit der Höhe handelsüblicher Paletten zusammen (Europalette 14,4 cm). Damit ist sichergestellt, dass Waren, die auf einer Palette gelagert werden, von ausgetretenem Wasser nicht beschädigt werden können. Das Wort „lagern" verlangt ein Verhalten des VN. Man könnte daher die Meinung vertreten, bei dieser Bestimmung handle es sich um eine verhüllte Obliegenheit . Diese Meinung wurde vom OGH[165] zwar nicht geteilt, doch ist in manchen AVB dieser Ausschluss als Obliegenheit formuliert, was ihn dem Regime des § 6 VersVG unterwirft (insbesondere was das Verschulden des VN und die mangelnde Repräsentantenhaftung betrifft). Näheres dazu siehe Kapitel 7.2.1.

5.4.4.5. Sturmschadenversicherung

Ausgeschlossen sind Schäden an den versicherten Sachen durch **Baufälligkeit und mangelhafte Errichtung oder Instandhaltung** des Gebäudes und seiner Bestandteile. Auch hier lassen die Wörter „instandhalten" und „errichten" an eine verhüllte Obliegenheit denken. Der OGH ist aber der Ansicht, dass sich die Versicherungsbedingung nicht vordergründig auf ein Verhalten des VN bezieht, sondern auf den Zustand der Sache.[166] Baufälligkeit und mangelhafte Errichtung müssen nicht kumulativ vorhanden sein, sondern es handelt sich um zwei unterschiedliche Tatbestände, die jeweils zu einem das Schadenrisiko erhöhenden Zustand des Gebäudes insoweit führen, als dem versicherten Risiko ein geringerer Widerstand entgegengesetzt wird als bei einem Gebäude in einem ordnungsgemäßen Zustand.[167]

164 OGH 7 Ob 5/15h.
165 OGH 7 Ob 227/15f.
166 OGH 7 Ob 274/06d.
167 OGH 7 Ob 48/15g.

Praxistipp

Was unter dem Begriff „baufällig“ zu verstehen ist, ist nicht näher definiert. Legt man den Begriff nach § 914 ABGB aus, so wird ein Gebäude allgemein als „baufällig“ bezeichnet, das sich in einem äußerst schlechten baulichen Zustand befindet, also durch geringste Anlässe vom Einsturz bedroht ist. Das wird etwa dann der Fall sein, wenn bereits eine relativ geringe Schneemenge zum Einsturz eines Gebäudes geführt hat.

Besondere Vorsicht ist bei **Umbauarbeiten** an einem Objekt geboten. Ausgeschlossen sind nämlich auch Schäden, die dadurch entstehen, dass im Zuge von Neu-, Zu- oder Umbauten versicherter Bauwerke Baubestandteile nicht oder noch nicht entsprechend fest mit einem sonstigen Bauwerk verbunden waren und Bestandteile aus der üblichen Verbindung mit dem Bauwerk gelöst wurden. Das ist etwa dann der Fall, wenn ein Gebäude kein Dach und keinen Dachstuhl hat, sondern nur mit Planen provisorisch abgedeckt ist.[168]

5.5. Vertragliche Obliegenheiten

Vorbemerkung: Eine ausführliche Darstellung über das Recht der vertraglichen Obliegenheiten befindet sich im Kapitel 7.2. In diesem Kapitel werden nur jene vertraglichen Obliegenheiten dargestellt, die für die Praxis von besonderer Bedeutung sind.

5.5.1. Obliegenheiten vor Eintritt des Versicherungsfalls

5.5.1.1. Kfz-Haftpflichtversicherung

In dieser wichtigen Sparte gibt es wegen des Charakters als Pflichtversicherung einige **Besonderheiten**:

- Gemäß den Bestimmungen des § 7 KHVG ist die Leistungsfreiheit des Versicherers grundsätzlich mit Euro 11.000,– pro Obliegenheitsverletzung und maximal Euro 22.000,– bei mehreren Obliegenheitsverletzungen beschränkt.
- Gemäß § 24 Abs 1 KHVG kann eine Obliegenheitsverletzung des VN einem geschädigten Dritten nicht eingewendet werden. Der Versicherer muss daher den Dritten entschädigen und kann danach gemäß § 24 Abs 4 KHVG (Legalzession) seine Aufwendungen beim VN regressieren.
- Die vorbeugenden Obliegenheiten sind im KHVG taxativ aufgezählt. Weitere vorbeugende Obliegenheiten können nicht rechtswirksam vereinbart werden und sind daher nichtig.

[168] OGH 7 Ob 190/17t.

5.5.1.1.1. Verwendungsklausel

Nach Art 9 Abs 1 Z 1 AKHB sind **Vereinbarungen über die Verwendung** des Fahrzeuges einzuhalten. Auf Grund der Angaben des VN im Versicherungsantrag wird die Prämie für das zu versichernde Fahrzeug tarifmäßig berechnet. Durch die Verwendungsklausel soll verhindert werden, dass eine gefahrenträchtigere Verwendung des Fahrzeuges verschwiegen wird, um eine geringere Prämie zu zahlen (entgegen der Vertragsvereinbarung wird etwa ein LKW statt im Werksverkehr im gewerblichen Güterverkehr oder ein PKW als Taxi oder als Mietwagen verwendet). Die Verwendungsklausel ist eine Obliegenheit gemäß § 6 Abs 1 und 1a VersVG, dh der Kausalitätsgegenbeweis ist nicht zulässig.

Ein Verstoß gegen die Verwendungsklausel liegt vor allem dann vor, wenn ein **Probefahrtkennzeichen** vereinbarungswidrig benutzt wird. Dazu gehört auch die schuldhafte Ermöglichung des Missbrauchs eines Probefahrtkennzeichens durch den VN. Probefahrten sind gemäß § 45 KFG Fahrten zur Feststellung der Gebrauchsfähigkeit oder der Leistungsfähigkeit von Fahrzeugen oder von deren Teilen oder Ausrüstungsgegenständen oder Fahrten, um das Fahrzeug vorzuführen (zB einem Kaufinteressenten). Als Probefahrten gelten auch Fahrten zur Überführung eines Fahrzeugs an einen anderen Ort im Rahmen des Geschäftsbetriebs, Fahrten zum Ort der Begutachtung oder Überprüfung des Fahrzeugs und das Überlassen eines Pkw oder Kombi an einen Kaufinteressenten für die Dauer von maximal 72 Stunden.

Praxistipp

Die Verwendung von Probefahrtkennzeichen zu privaten Zwecken ist auch dann unzulässig, wenn mit dieser Fahrt ein geschäftlicher Zweck verbunden ist (zB an den Privatzweck anschließende Vorführung des Fahrzeuges beim Kunden).[169]

5.5.1.1.2. Zulassungsbeförderungsklausel

Gemäß Art 9 Abs 2 Z 3 AKHB darf mit dem Fahrzeug keine größere Anzahl von Personen befördert werden, als nach den **kraftfahrrechtlichen Vorschriften zulässig** ist. Die Obliegenheit wird idR auch dann verletzt, wenn Personen sich in einem Teil des Fahrzeugs befinden, der für die Beförderung von Fahrgästen weder konstruiert noch gebaut ist (zB beim „Autosurfen“[170]).

Der Versicherer ist jedoch nur für jenen Teil der Entschädigung leistungsfrei, der sich aus dem Verhältnis der Anzahl der zu Unrecht beförderten Personen zur Anzahl der insgesamt beförderten Personen ergibt (**Aliquotierungsbeschränkung**). Der Lenker zählt nicht zu den beförderten Personen, weil er aus einem selbstverschulde-

[169] OGH 7 Ob 81/15k.

[170] OGH 7 Ob 196/99w.

ten Unfall grundsätzlich keine Ansprüche gegen den Haftpflichtversicherer geltend machen kann. Die Leistungsfreiheit nach der Aliquotierungsregel ist bezogen auf die konkrete Entschädigung zu berechnen, darf aber keinesfalls Euro 11.000,bzw bei mehreren Obliegenheitsverletzungen Euro 22.000,übersteigen.

5.5.1.1.3. Alkoholklausel

Nach Art 9 Abs 2 Z 2 AKHB ist der Versicherer leistungsfrei, wenn sich der Lenker in einem durch Alkohol oder Suchtgift beeinträchtigten Zustand **im Sinne der Straßenverkehrsvorschriften** befindet. Die Leistungsfreiheit kann jedoch nur geltend gemacht werden, wenn der Lenker im Zusammenhang mit dem Schadenereignis durch rechtskräftige Entscheidung eines Strafgerichtes oder rechtskräftigen Bescheid einer Verwaltungsbehörde einer solchen Beeinträchtigung schuldig erkannt wurde und im Spruch oder in der Begründung dieser Entscheidung der angeführte Umstand festgestellt wird.

Praxistipp

Es gilt das Recht des Unfallortes. Wenn in einem Land beim Betrieb eines Kfz jeder Alkoholkonsum verboten ist („0,0-Promille-Regelung"), liegt bereits bei einem geringen Alkoholkonsum ein „beeinträchtigter Zustand im Sinne der Straßenverkehrsvorschriften" vor, der zur Leistungsfreiheit des Versicherers führen kann.

Ein durch **Alkohol beeinträchtigter Zustand** ist ohne Rücksicht auf die Höhe des Blutalkoholspiegels immer dann anzunehmen, wenn sich der Lenker infolge seines Alkoholgenusses nicht mehr in einer solchen körperlichen und geistigen Verfassung befindet, in der er ein Fahrzeug beherrschen und bei dessen Lenkung von ihm zu beachtende Vorschriften zu befolgen vermag.

Eine Obliegenheitsverletzung liegt nicht vor, wenn die Beeinträchtigung durch Alkoholisierung zwar festgestellt werden könnte, aber eine **Entscheidung der oben angeführten Art nicht vorliegt**. Daraus darf aber nicht der Gegenschluss gezogen werden, dass bereits aus der Tatsache einer positiven Entscheidung auf das Vorliegen einer Obliegenheitsverletzung geschlossen werden kann. Die Leistungsfreiheit des Versicherers ist von der doppelten Voraussetzung eines Nachweises der Alkoholisierung und überdies der rechtskräftigen Entscheidung eines Strafgerichtes oder einer Verwaltungsbehörde abhängig. Das Gericht muss die tatsächliche Alkoholbeeinträchtigung feststellen und ist dabei an den zusätzlich erforderlichen Verwaltungsbescheid nicht gebunden. Die Beweislast für die tatsächliche Beeinträchtigung des Lenkers durch Alkohol und das Vorliegen einer rechtskräftigen Entscheidung trifft den Versicherer.

Praxistipp

Bei der Überlassung des Kfz an Fremde ist Vorsicht geboten. Die Alkoholklausel wird nämlich nicht nur dann verletzt, wenn der VN selbst sein Fahrzeug in einem durch Alkohol oder Suchtgift beeinträchtigten Zustand gelenkt hat, sondern auch dann, wenn er einer derart beeinträchtigten Person das Lenken seines Fahrzeuges überlassen hat. Ausgenommen ist der Fall, dass für den VN die Alkoholisierung oder Suchtgiftbeeinträchtigung ohne Verschulden nicht erkennbar war, was aber der VN beweisen muss.

5.5.1.1.4. Führerscheinklausel

Art 9 Abs 2 Z 1 AKHB setzt voraus, dass der Lenker zum Lenken des Fahrzeuges **kraftfahrrechtlich berechtigt** ist. Maßgebend ist das zur Unfallszeit und am Unfallsort geltende Recht. Die Führerscheinklausel gilt schlechthin für die Lenkung von Kfz, also auch auf Straßen ohne öffentlichen Verkehr.[171]

Praxistipp

Der VN hat bei ausländischen Lenkberechtigungen besondere Vorsicht walten zu lassen. Von ihm muss die Kenntnis der Tatsache, dass ausländische Lenkberechtigungen in Österreich nicht uneingeschränkt gültig sind, erwartet werden. Dies verpflichtet ihn, sich über die Gültigkeitsvoraussetzungen zu informieren, wenn sie ihm nicht bekannt sind. Überlässt er einer Person die Lenkung, ohne sich die nötigen Aufklärungen verschafft zu haben, so fällt ihm Verschulden zur Last. Dies gilt insbesondere auch dann, wenn das Fahrzeug Kriegsflüchtlichen, Asylwerbern etc überlassen wird.

Bei Übertretung der Führerscheinklausel ist der **Kausalitätsgegenbeweis** durch den nachträglichen Beweis des entsprechenden Fahrkönnens nicht zulässig, weil das Fahrkönnen und die Zuverlässigkeit des Fahrers bereits vor Antritt der Fahrt in zweifelsfreier Weise urkundlich oder wenigstens aktenmäßig dargetan sein müssen. Der Kausalitätsgegenbeweis ist nur in folgenden Fällen denkbar:[172]

- Unfall ausschließlich durch ein technisches Gebrechen;
- ausschließliches Verschulden eines Dritten;
- Nichtaushändigung des Führerscheins allein aus verfahrenstechnischen Gründen;
- bei ausländischen Führerscheinen alle Voraussetzungen für eine „Umschreibung" gegeben.

[171] OGH 7 Ob 43/11s.

[172] OGH 7 Ob 159/18k.

Die Verpflichtung zur Leistung bleibt **dem VN gegenüber** aufrecht, sofern für ihn die Obliegenheitsverletzung ohne Verschulden nicht erkennbar war, dh insbesondere auch dann, wenn der Lenker das Fahrzeug ohne den Willen des Halters gelenkt hat. Bei der Beurteilung, ob eine sogenannte Schwarzfahrt vorliegt, kommt es auf die ausdrückliche oder stillschweigende Erlaubnis des Verfügungsberechtigten an. Ob eine konkludente Zustimmung vorliegt, ist nach den Umständen des Einzelfalls zu beurteilen. Bei der Beantwortung der Frage, ob den VN, der sein Fahrzeug einem Lenker ohne Lenkberechtigung überlässt, ein Verschulden trifft, ist von jener Sorgfalt auszugehen, die nach der Lebenserfahrung von vernünftigen Personen üblicherweise aufgewendet wird.

5.5.1.2. Kfz-Kaskoversicherung

Nach Art 7 Abs 1 AKKB sind Vereinbarungen über die Verwendung des Fahrzeugs einzuhalten (**Verwendungsklausel**).

Nach Art 7 Abs 2 Z 1 AKKB muss der Lenker die kraftfahrrechtliche Berechtigung besitzen, die für das Lenken des Fahrzeugs auf Straßen mit öffentlichem Verkehr vorgeschrieben ist, und zwar auch dann, wenn das Fahrzeug auf Privatstraßen gelenkt wird (**Führerscheinklausel**).

Nach Art 7 Abs 2 Z 2 AKKB darf sich der Lenker nicht in einem durch Alkohol oder Suchtgift beeinträchtigten Zustand befinden (**Alkoholklausel**). Weil die Kaskoversicherungsbedingungen nicht auf eine Alkoholbeeinträchtigung „iSd der Straßenverkehrsvorschriften“ abstellen, ist ein derartiger Zustand auch im Bereich eines Blutalkoholwertes zwischen 0,5 und 0,8 Promille anzunehmen.[173]

5.5.1.3. Sachversicherung

Die vorbeugenden Obliegenheiten werden in der Sachversicherung als **Sicherheitsvorschriften** bezeichnet und sollen die Wahrscheinlichkeit für den Eintritt des Versicherungsfalls herabsetzen. Nach den ABS führt in der Regel nur eine grob fahrlässige Verletzung der Obliegenheit durch den VN zur Leistungsfreiheit, zudem muss die Obliegenheitsverletzung ursächlich („kausal“) für den Eintritt des Versicherungsfalls oder für den Umfang der Leistung des Versicherers sein. Sowohl das Fehlen von grober Fahrlässigkeit als auch die mangelnde Kausalität müssen vom VN bewiesen werden, was in der Praxis sehr schwierig ist.

Eine **einmalige Obliegenheitsverletzung** führt nicht automatisch zur Annahme grober Fahrlässigkeit, sodass ein einmaliges Versehen durchaus nicht zur Leistungsfreiheit führen muss (OGH 7 Ob 59/23m). Den Verschuldens-gegenbeweis muss aber der VN führen, sodass Zweifel (zB eine Negativfeststellung) zu seinen Lasten gehen. Es sei aber festgehalten, dass die Vereinbarung der ABS zwar üblich, nicht aber zwingend ist. Gemäß § 6 Abs 2 VerVG führen bereits leicht fahrlässige Verletzungen von Sicherheitsvorschriften zur Leistungsfreiheit.

[173] OGH 7 Ob 36/06d; OGH 7 Ob 298/06h; OGH 7 Ob 280/06m.

In der Praxis ist es oft üblich, die **grob fahrlässige Herbeiführung des Versicherungsfalls** (§ 61 VersVG; siehe lit E) gegen Mehrprämie mitzuversichern. Obwohl in der Sachversicherung idR nur grob fahrlässige Obliegenheitsverletzungen zur Leistungsfreiheit führen, ist das nicht dasselbe. Der Tatbestand des § 61 VersVG und jener der vereinbarten Leistungsfreiheit wegen Verletzung von Obliegenheiten im Sinn von § 6 VersVG bestehen in der Regel gleichrangig nebeneinander und somit in Konkurrenz. Verzichtet der Versicherer bei grob fahrlässiger Herbeiführung des Schadens auf den Einwand der Leistungsfreiheit, bleiben sämtliche sonstigen Vertragsbestimmungen dabei unverändert, insbesondere die Bestimmungen zu Sicherheitsvorschriften, Obliegenheiten und Gefahrerhöhungen. Der Verzicht auf den Einwand der groben Fahrlässigkeit findet keine Anwendung auf Obliegenheiten, sofern die AVB nicht Gegenteiliges vorsehen.[174]

In der Sachversicherung besteht weitgehende Vertragsfreiheit und daher eine große Bedingungsvielfalt. In den folgenden Ausführungen können daher nur die häufigsten Obliegenheiten behandelt werden. Im Zweifel fragen Sie Ihren Versicherungsmakler.

5.5.1.3.1. Leitungswasserversicherung

Während der möglichen Heizperiode sind sämtliche wasserführende **Leitungen und Anlagen zu entleeren**, sofern die Heizung nicht durchgehend in Betrieb gehalten wird. Zudem sind alle **Wasserzuleitungen abzusperren** und geeignete Maßnahmen gegen Frostschäden zu treffen, wenn das Gebäude bzw eine einzelne Wohnung unbewohnt ist. Dabei handelt es sich um zwei verschiedene Obliegenheiten, die unabhängig voneinander einzuhalten sind. Bei Unbewohntheit der versicherten Räumlichkeit ist der Hauptwasserhahn auch außerhalb der Heizperiode abzudrehen.

Praxistipp

In Wohnungen und Ein- und Zweifamilienhäusern gilt diese Regelung meist nur dann, wenn die versicherte Räumlichkeit länger als 72 Stunden unbewohnt ist. Man nimmt seitens der Versicherung also einen gewissen Leerstand und die damit verbundene Gefahr eines Wasserschadens in Kauf, wenn der VN etwa ein verlängertes Wochenende woanders verbringt. Bei längeren Abwesenheiten (insbesondere im Urlaub) muss aber der Hauptwasserhahn abgedreht werden.

Die Formulierungen in den AVB sind sehr unterschiedlich. Sehr oft findet sich die Formulierung „in nicht benutzten und nicht beaufsichtigten Baulichkeiten".

„Nicht benutzt" und „unbewohnt" bedeutet dasselbe. „Nicht benutzt" gilt vor allem für Gebäude, die nicht bewohnt werden, wie Lagerhallen oder Büros. Nach manchen Bedingungen heißt es auch „**verlassen**", was jedoch nichts anderes als ein

[174] OGH 7 Ob 132/19s.

Synonym für „unbewohnt“ ist.[175] Der Begriff der „Baulichkeit“ bezieht sich nicht nur auf das Gebäude an sich, sondern auch auf einzelne darin befindliche Wohnungen. Nach dem Zweck der Sicherheitsvorschriften sind wasserführende Anlagen schlechthin erfasst, also gleichermaßen in oder außerhalb einer von derartigen Wasserschäden bedrohten Wohnung (Wohneinheit), wenn solche ungeachtet der konkreten Situierung im Gebäude der regelmäßigen, auf Schadenverhütung ausgerichteten Kontrolle speziell zur Winterzeit bedürfen.[176]

Praxistipp

Was unter „nicht beaufsichtigt“ zu verstehen ist, hängt von den Umständen des Einzelfalls ab. Die Rechtsprechung[177] beurteilt es als grob fahrlässig, wenn bei einem überwiegend leerstehenden Haus die betraute Hausverwaltung sich damit begnügt, die Überwachung und Betreuung des Objektes nur unregelmäßig durch Firmen oder Hausbesorger umliegender anderer Liegenschaften zu besorgen. Am Absperren des Hauptwasserhahnes führt also beim Leerstand einer Wohnung oder eines gesamten Gebäudes kein Weg vorbei.

Der VN ist weiters verpflichtet, für die **gute Instandhaltung der Wasserleitungsanlagen** zu sorgen. Wenn auch die Frage der groben Fahrlässigkeit immer von den Umständen des Einzelfalls abhängt, so ist dem VN eine grob fahrlässige Verletzung der Instandhaltungsobliegenheiten anzulasten, wenn er einen wenn auch geringfügigen Wasseraustritt über mehrere Jahre unkontrolliert anstehen lässt ohne geeignete Maßnahmen zu setzen. Auch das beharrliche Ignorieren von Korrosionsschäden kann zur Leistungsfreiheit führen.[178]

5.5.1.3.2. Einbruchversicherung

Nach den Versicherungsbedingungen sind die **Versicherungsräumlichkeiten zu versperren**, wenn sie von allen Personen verlassen werden. Mitunter wird auch vereinbart, dass „die Türen zu versperren sowie Fenster und sonstige Öffnungen verschlossen zu halten sind“. Dabei handelt es sich allerdings nur um einen sprachlichen Unterschied.

Am häufigsten wird diese Obliegenheit verletzt, wenn ein **Fenster in Kippstellung** belassen wird. Nach der Judikatur[179] ist das Belassen eines Fensters in Kippstellung bei Verlassen der Versicherungsräumlichkeiten ein grober Verstoß gegen die Sorgfaltspflichten, wenn das Fenster leicht erreichbar und zum Einstieg in die Räumlichkeiten geeignet ist. Durch ein in Kippstellung befindliches Fenster wird

[175] OGH 7 Ob 190/15i.
[176] OGH 7 Ob 82/03i.
[177] OGH 7 Ob 82/03i.
[178] OGH 7 Ob 89/13h.
[179] OGH 7 Ob 94/06h; OGH 7 Ob 239/12s.

in diesen Fällen die Gefahr eines Einbruchdiebstahles erheblich gesteigert, weil ein Fenster in dieser Stellung einem Einbrecher weit weniger Widerstand bietet als ein geschlossenes Fenster.

Praxistipp

Ob das auch für gekippte Fenster in höheren Stockwerken gilt, wird von den Umständen des Einzelfalls abhängen, jedoch zu bejahen sein, wenn das Fenster leicht erreichbar und zum Einsteigen in die versicherten Räumlichkeiten geeignet ist, wie dies zB bei einem Dachbodenfenster ohne Weiteres der Fall sein könnte.

Die Verpflichtung „Türen zu versperren" hat den Zweck, ein unbefugtes Eindringen unmöglich zu machen oder zumindest erheblich zu erschweren. Dieser Zweck kann nicht bereits durch das Zuziehen einer Haus- oder Wohnungstür auf der Außenseite erreicht werden, weil dies einen weit geringeren Einbruchschutz bietet. Erst die **aktive Betätigung des Schließmechanismus** und die damit einhergehende Sperrfunktion bewirkt, dass ein entsprechendes Fachwissen und/ oder deutliche Gewaltanwendung erforderlich sind, um über eine Haustür in die versicherten Räumlichkeiten zu gelangen. „Versperren" bedeutet nach Ansicht des OGH bereits nach allgemeinem Sprachgebrauch die aktive Betätigung des Schließmechanismus.[180]

Als Verlassen der versicherten Wohnräumlichkeiten wird der durchschnittlich verständige VN das Entfernen vom Versicherungsobjekt in seiner Gesamtheit verstehen, also einschließlich der zur Risikoadresse gehörenden übrigen Außenbereiche wie Terrassen, Vor- oder Hausgärten. Keinesfalls wird er annehmen, durch einen Aufenthalt in seinem Garten das Objekt zu verlassen und damit – ohne sämtliche Türen und Fenster zu versperren – unbefugtes Eindringen zu ermöglichen oder zu erleichtern (OGH 7 Ob 180/23f). Unter diesem Aspekt kann von einem durchschnittlich verständigen VN nicht verlangt werden, beim Aufenthalt außerhalb der Wohnung, aber innerhalb des versicherten Grundstückes (zB auf der Terrasse oder im Garten) alle Türen und Fenster ordnungsgemäß verschlossen zu halten. Bei räumlich größeren Außenanlagen wie zB Gewerbebetrieben, Landwirtschaften etc wird das aber nicht gelten, weil die Möglichkeit der Überwachung der versicherten Räumlichkeiten mit der Entfernung zu ihr abnimmt.

Der Versuch des **Gegenbeweises**, dass der Einbrecher quasi ohnehin eingebrochen hätte, auch wenn das Fenster nicht gekippt gewesen wäre, kann naturgemäß kaum erbracht werden. Tatsächlich ist es nach der empirischen Erfahrung so, dass Einbrecher bevorzugt den Weg des geringsten Widerstands gehen und daher gekippte Fenster einen Einbrecher nahezu anziehen, weil ein derartiges Fenster innerhalb von wenigen Sekunden geöffnet werden kann. Das gilt auch für eine nicht versperrte Tür. Dass nur nicht mit Sicherheit ausgeschlossen werden kann, dass der

[180] OGH 7 Ob 76/16a.

Einbruch auch bei versperrter Tür erfolgt wäre, reicht für den Kausalitätsgegenbeweis nicht aus.[181]

Praxistipp

Wenn weitere Sicherungsmaßnahmen vertraglich vereinbart wurden (zB das Anbringen einer Alarmanlage), müssen diese Sicherungsmaßnahmen bei Verlassen der versicherten Räumlichkeiten aktiviert werden, und zwar auch dann, wenn die versicherten Räumlichkeiten nur für kurze Zeit verlassen werden. Umso mehr gilt dies natürlich, wenn eine versicherte Räumlichkeit für längere Zeit leer steht. Ob vorhandene, aber nicht vertraglich vereinbarte Sicherungseinrichtungen (zB eine einbruchshemmende Außenjalousie) verwendet werden müssen, ist von der Judikatur derzeit ungeklärt, aber jedenfalls zu empfehlen.

5.5.1.3.3. Feuerversicherung

Der Versicherer ist leistungsfrei, wenn der VN gesetzliche, polizeiliche oder vereinbarte Sicherheitsvorschriften vorsätzlich oder grob fahrlässig verletzt oder eine Verletzung duldet. Dies wird insbesondere dann der Fall sein, wenn **behördliche Auflagen und/oder feuerpolizeiliche Vorschriften** bewusst missachtet werden. Selbst die begründete Annahme, die Behörde würde ihren Bescheid nicht besonders ernst nehmen und würde nicht auf dessen Durchführung drängen, ändert nichts am bewussten Verstoß gegen den Bescheid.[182] „Vereinbarte“ Sicherheitsvorschriften bedeutet im konkreten Versicherungsvertrag vereinbart. Diese können je nach Art des versicherten Betriebs sehr vielfältig sein, weshalb die Kenntnis der Polizze bzw der Versicherungsbedingungen von besonderer Bedeutung ist. Fragen Sie im Zweifel Ihren Versicherungsmakler, der Ihnen dabei gerne behilflich ist.

Praxistipp

Diese Bestimmung ist von besonderer Bedeutung, wenn bei einem versicherten Objekt Umbauarbeiten durchgeführt werden. Erfahrungsgemäß bergen Umbauarbeiten ein erhöhtes Brandrisiko in sich, sodass zur Erhaltung des Versicherungsschutzes aus der Feuerversicherung auf die strikte Einhaltung der Vorschriften besonders zu achten ist.

[181] OGH 7 Ob 240/18x; 7 Ob 143/19h; 7 Ob 47/22w.

[182] OGH 7 Ob 246/98x.

5.5.2. Obliegenheiten nach Eintritt des Versicherungsfalls

5.5.2.1. Kfz-Haftpflichtversicherung

5.5.2.1.1. Hilfeleistungspflicht

Gemäß Art 9 Abs 3 Z 1 AKHB ist Personen bei Verletzung **Hilfe zu leisten** oder, falls die dazu Verpflichteten dazu nicht fähig sind, unverzüglich für fremde Hilfe zu sorgen. Eine zweckentsprechende Hilfeleistung setzt voraus, dass sich der Verursacher eines Verkehrsunfalls mit Personenschaden darüber unterrichtet, in welchem Umfang der Verletzte einer Hilfe bedarf. Unterlässt es daher der Versicherte, sich sogleich davon zu überzeugen, welcher Art die Hilfsbedürftigkeit des Verletzten ist, und kümmert er sich nicht um diesen, so verletzt er die Hilfeleistungspflicht.

Für die **vorsätzliche Verletzung der Hilfeleistungspflicht** genügt ganz allgemein das Bewusstsein des Versicherten, dass er dem Verletzten Hilfe zu leisten oder für fremde Hilfe zu sorgen hat. Dieses Bewusstsein ist bei einem Kraftfahrer in der Regel vorauszusetzen, es sei denn, dass sich aus besonderen, von ihm zu beweisenden Umständen etwas anderes ergibt. Ein den Vorsatz ausschließender Unfallschock erfordert eine derartige Beeinträchtigung des Bewusstseins und der Willensbildung der betreffenden Person, dass diese als unzurechnungsfähig anzusehen ist. Ein bloßer Unfallschreck befreit hingegen den Versicherten vom Vorwurf der vorsätzlichen Begehung einer Obliegenheitsverletzung nicht.

Praxistipp

Auch wenn sich am Unfallsort anwesende Personen bereits des Verletzten angenommen haben, besteht für den Lenker die Verpflichtung, sich davon zu überzeugen, ob die von diesen gewährte Hilfe auch zweckmäßig ist. Nach einem Unfall mit Personenschaden darf also keinesfalls Fahrerflucht begangen werden.

5.5.2.1.2. Aufklärungspflicht

Art 9 Abs 3 Z 4 AKHB zufolge hat der Versicherte zur **Feststellung des Sachverhaltes** beizutragen. Die Aufklärungspflicht verpflichtet den Versicherten, alles Zweckdienliche zur Aufklärung des Schadenfalls selbst dann vorzunehmen, wenn es seinen eigenen Interessen zum Nachteil gereichen sollte. Sie soll nicht nur die nötigen Feststellungen über den Unfallsablauf, die Verantwortlichkeit der Beteiligten bzw den Umfang des entstandenen Schadens ermöglichen, sondern auch die Klarstellung all jener Umstände gewährleisten, die für allfällige Regressansprüche des Versicherers von Bedeutung sein können. Dazu gehört auch die körperliche Beschaffenheit des am Unfall beteiligten Versicherten, damit objektiv überprüft werden kann, ob er beim Unfall alkoholisiert oder übermüdet war. Es genügt das allgemeine Bewusstsein des Versicherten, dass er bei der Aufklärung des Sachverhalts mitzuwirken hat, wobei dieses Bewusstsein bei einem Kfz-Lenker in der Regel vorauszusetzen ist, wenn sich nicht aus besonderen, von ihm zu beweisenden Umständen etwas anderes ergibt.

Falsche Angaben gegenüber der Polizei stellen keinen Verstoß gegen die Aufklärungspflicht des VN dar, wenn dieser dem Versicherer den wahren Sachverhalt mitteilt und nicht beispielsweise dem Versicherer gegenüber auf die vor der Polizei gemachten Angaben verweist.[183] Ein Verstoß gegen die Aufklärungspflicht liegt aber vor, wenn der VN gegenüber dem behandelnden Arzt unrichtige Angaben über die Ursachen seiner Verletzung macht.[184]

Ist dem Versicherer der **Beweis eines Verdachts der Alkoholisierung** gelungen, muss der Versicherte den Gegenbeweis der mit Sicherheit fehlenden Kausalität der Obliegenheitsverletzung führen. Wenn der Verdacht nicht vollständig ausgeräumt werden kann, tritt Leistungsfreiheit ein. Gerade für solche Fälle ist die Aufklärungspflicht ein Korrektiv, weil der Lenker, der den Verdacht seiner Alkoholisierung durch Verletzung von Vorschriften der StVO nicht entkräften konnte, keine bessere Behandlung verdient als derjenige, der sich pflichtgemäß verhalten und damit seine Alkoholisierung aufgedeckt hat. Alkoholgeruch aus dem Mund begründet den Verdacht einer Alkoholisierung.[185]

Der Versicherte ist auch verpflichtet, einen **Unfall mit bloßem Sachschaden** nach den Vorschriften des § 4 Abs 5 StVO der Behörde anzuzeigen. Voraussetzung ist allerdings, dass im konkreten Fall etwas verabsäumt wurde, was zur Aufklärung des Sachverhalts dienlich gewesen wäre, wenn also ein konkreter Verdacht in bestimmter Richtung durch objektives Unbenützbarwerden oder objektive Beseitigung eines Beweismittels infolge der unterlassenen Meldung im Nachhinein nicht mehr mit Sicherheit ausgeschlossen werden kann.

Praxistipp

Auf Grund der Beweislastverteilung muss der Versicherer den Beweis erbringen, dass der Versicherte etwas verabsäumt hat, was zur Aufklärung des Sachverhaltes hätte beitragen können. Bei bloßen Sachschäden führt daher nicht jeder Fall von Fahrerflucht und nicht jede Unterlassung einer behördlichen Anzeige zur Leistungsfreiheit. Der Versicherer befindet sich oft in Beweisnotstand. Sehr oft wird eine Leistungsfreiheit allein deshalb geltend gemacht, weil eine Verurteilung des Lenkers nach § 4 Abs 5 StVO vorliegt. Ein derartiges Verwaltungsstrafverfahren sagt allerdings über eine Leistungsfreiheit überhaupt nichts aus. Einerseits kann bei einer Einstellung des Verfahrens trotzdem Leistungsfreiheit vorliegen, andererseits führt eine Verurteilung nicht automatisch zur Leistungsfreiheit.[186]

[183] OGH 7 Ob 187/13w.

[184] OGH 7 Ob 5/91.

[185] OGH 7 Ob 240/99s.

[186] OGH 7 Ob 299/04b; OGH 7 Ob 177/14a; 7 Ob 12/21x; 7 Ob 39/23w.

5.5.2.1.3. Sonstige Obliegenheiten

Art 9 Abs 3 Z 2 AKHB zufolge ist bei Personenschäden die nächste Polizeidienststelle sofort zu verständigen (**Verständigungspflicht**). Es handelt sich dabei um einen Sonderfall der Aufklärungspflicht. Die gesonderte Anführung erfolgt deshalb, weil die Obliegenheit objektiv schon durch die Unterlassung der Meldung verletzt ist und weitere Beweise des Versicherers unterbleiben können. Das Wort „sofort“ ist wörtlich auszulegen. Die Verpflichtung hängt nicht vom Grad der Schwere der Verletzung ab, sondern besteht auch bei Vorliegen „nicht nennenswerter Verletzungen“. Sie darf auch nicht unterbleiben, wenn der verletzten Person anderweitig bereits Hilfe geleistet wurde und besteht auch unabhängig davon, ob der Verletzte die Verständigung der Polizei wünscht. Wird eine Verletzung ursprünglich als ganz leicht eingeschätzt, ist die Polizei zu verständigen, wenn sich dies als Fehleinschätzung herausstellt.[187]

Nach Art 9 Abs 3 Z 3 AKHB sind dem Versicherer längstens innerhalb einer Woche **schriftlich anzuzeigen**:

- der Versicherungsfall unter möglichst genauer Angabe des Sachverhaltes;
- die Anspruchserhebung durch den geschädigten Dritten;
- die Einleitung eines damit im Zusammenhang stehenden verwaltungsbehördlichen oder gerichtlichen Verfahrens.

Praxistipp

Durch diese Bestimmung soll es dem Versicherer ermöglicht werden, sich in eine Verhandlung über eine allfällige Liquidierung gegnerischer Ersatzansprüche einzuschalten und damit das Auflaufen weiterer Kosten zu verhindern. Da die Anzeigepflicht meist nur grob fahrlässig verletzt wird, ist der Versicherer nur hinsichtlich eines allfälligen Mehraufwandes leistungsfrei (zB Prozesskosten oder Zinsen).

Art 9 Abs 3 Z 5 AKHB verbietet es dem Versicherten, ohne Einwilligung des Versicherers die Entschädigungsansprüche des geschädigten Dritten anzuerkennen oder einen bedingten Zahlungsbefehl in Rechtskraft erwachsen zu lassen (**Anerkennungs- und Befriedigungsverbot**). Ausgenommen ist nach Z 8 die Selbstliquidierung im Rahmen eines allenfalls vereinbarten Bonus/Malus-Systems.

Art 9 Abs 3 Z 7 AKHB schreibt vor, dem Versicherer die Führung des Rechtsstreits über den Ersatzanspruch zu überlassen, dem vom Versicherer bestellten Rechtsanwalt Prozessvollmacht zu erteilen und jede von diesem verlangte sachdienliche Aufklärung zu geben (**Prozessmuntschaft**). Diese Obliegenheit gilt nicht im Falle einer Leistungsfreiheit gegenüber dem Versicherten. Ähnlich wie bei der Interessenkollision (Art 20 AKHB) besteht in einem solchen Fall für den Versicherten freie Anwaltswahl.

[187] OGH 7 Ob 44/03a.

5.5.2.2. Kfz-Kaskoversicherung

5.5.2.2.1. Aufklärungspflicht

In der Kfz-Kaskoversicherung ist die Aufklärungspflicht die mit **Abstand wichtigste Obliegenheit**, weil die Judikatur an deren Einhaltung strenge Voraussetzungen knüpft. Sie soll es dem Versicherer ermöglichen, den Versicherungsfall sachgemäß zu behandeln und dient auch seinem Schutz vor betrügerischen Manipulationen. Sie wird deshalb oft als Korrektiv verwendet, wenn ein Versicherungsbetrug als wahrscheinlich erscheint, im konkreten Fall aber nicht nachgewiesen werden kann.

Ähnlich wie in der Kfz-Haftpflichtversicherung führen alle Tatbestände zur Leistungsfreiheit, die man im weiteren Sinn unter dem Begriff „**Fahrerflucht**" zusammenfassen könnte. Ist ein Unfallbeteiligter nach der StVO zur Anzeigeerstattung verpflichtet, so verletzt er seine Aufklärungspflicht, wenn er einen von ihm verursachten Verkehrsunfall erst verspätet der nächsten Polizeidienststelle meldet. Voraussetzung ist jedoch, dass im konkreten Fall etwas verabsäumt wurde, das der Aufklärung des Sachverhalts hätte dienen können, weil ein konkreter Verdacht (insbesondere auf Alkoholisierung) später nicht mehr mit Sicherheit ausgeschlossen werden konnte. Eine solche Unfallmeldung kann jedoch unterbleiben, wenn ausschließlich der den Unfall verursachende Lenker verletzt bzw nur das eigene Fahrzeug beschädigt wurde.

Die in einem wesentlichen Punkt **unwahre Darstellung des Schadenereignisses** durch den VN begründet gleichfalls eine Verletzung der Aufklärungspflicht. Bewusst wahrheitswidrige Angaben bei Schilderung eines Kaskoversicherungsfalls führen stets dann zur Leistungsfreiheit, wenn der Versicherer dadurch behindert wird, sachgemäße Entscheidungen über die Behandlung des Versicherungsfalls zu treffen (OGH 7 Ob 13/22w).

Praxistipp

Wesentliche Punkte, über die der VN ungeachtet seiner eigenen Interessen den Versicherer aufzuklären hat, sind der Unfallsablauf, die Verantwortlichkeit der Beteiligten, der Unfallszeitpunkt und der Umfang des entstandenen Schadens, mitunter auch die Unfallsursache und die Angaben darüber, wo der Lenker die dem Unfall vorangegangene Zeit verbracht hat. Dem Unfallstag kommt nicht immer das Moment der Wesentlichkeit zu, sofern es sich nicht um ein Wochenende oder einen Feiertag handelt.

Dem Versicherer müssen weiters alle Unterlagen und Umstände bekanntgegeben werden, die für die **Höhe der Leistungspflicht** von Bedeutung sein können. Dazu gehört etwa die Anzeige bekannter Vorschäden unabhängig davon, ob sie vor oder nach Abschluss des Versicherungsvertrages entstanden sind. So ist zB das Verschweigen eines Vorschadens geeignet, die Schadenfeststellung und damit wesentliche Interessen des Versicherers zu beeinträchtigen. Widersprüchliche Angaben des VN über den Kaufpreis des Kfz sowie die beharrliche Weigerung, den Kaufpreis bekanntzugeben, führen dann zur Leistungsfreiheit, wenn der Kaufpreis Einfluss auf die Höhe der Entschädigungsleistung haben kann.

Besonders streng ist die Rechtsprechung beim **Diebstahl** des versicherten Kfz. Da der Versicherer zur Prüfung des Sachverhalts und der Feststellungshöhe de facto ausschließlich auf die Angaben des VN angewiesen ist, ist die Aufklärungspflicht von hoher Bedeutung. Der Versicherer ist besonders über den Verbleib der KfzSchlüssel aufzuklären[188] sowie über den Zustand des Fahrzeugs, damit der Versi cherer die Entschädigung korrekt berechnen kann.

5.5.2.2.2. Anzeigepflicht

Nach Art 7 Abs 3 Z 1 AKKB sind dem Versicherer **binnen einer Woche** der Versicherungsfall unter möglichst genauer Angabe des Sachverhalts und die Einleitung eines damit im Zusammenhang stehenden verwaltungsbehördlichen oder gerichtlichen Verfahrens schriftlich mitzuteilen.

Diese (mangels Kausalität) meist unbedeutende Obliegenheit spielt nur bei KfzDiebstählen eine besondere Rolle. Die Unterlassung der Anzeige eines Fahrzeugdiebstahls ist **grob fahrlässig und kausal**, weil dadurch dem Versicherer eine Reihe von Möglichkeiten zur Überprüfung der Angaben des VN bzw zur Erhebung des Schadenfalls verwehrt wird.[189] Durch eine verspätete Schadenmeldung wird zudem der Versicherer gehindert, Nachforschungen bezüglich des gestohlenen Kfz zu unternehmen.

5.5.2.2.3. Zustimmungspflicht

Art 7 Abs 3 Z 3 AKKB zufolge hat der VN vor Beginn der Wiederinstandsetzung bzw vor Verfügung über das beschädigte Fahrzeug die **Zustimmung des Versicherers** einzuholen, soweit ihm dies billigerweise zugemutet werden kann. Sinn dieser Obliegenheit ist es, die Feststellung des Schadens durch dessen rasche Behebung nicht zu erschweren oder gar unmöglich zu machen. Der Versicherer ist berechtigt, Weisungen zu erteilen, etwa zunächst einen Kostenvoranschlag einzureichen oder das Fahrzeug durch einen Sachverständigen besichtigen zu lassen. Er muss aber andererseits dafür sorgen, dass unverzüglich nach dem Eingang des Kostenvoranschlags die Entscheidung über die Genehmigung der Instandsetzung getroffen bzw die Besichtigung kurzfristig vorgenommen wird.

5.5.2.2.4. Verständigungspflicht

Gemäß Art 7 Abs 3 Z 4 AKKB besteht für Schäden durch Diebstahl, Raub, unbefugten Gebrauch durch betriebsfremde Personen, Brand, Explosion oder Wild für den VN oder Lenker die Pflicht, derartige Schäden bei der nächsten Polizeidienststelle

[188] OGH 7 Ob 14/03i; OGH 7 Ob 72/03v.
[189] OGH 7 Ob 134/97z.

unverzüglich anzuzeigen. Der Ausdruck „unverzüglich" ist wörtlich zu verstehen, wenn auch auf die Umstände des Einzelfalls Bedacht zu nehmen ist. Befindet sich in unmittelbarer Nähe des Orts, an dem der Versicherungsfall eingetreten ist, keine Polizeidienststelle, wird die Anzeige nicht in wenigen Minuten erstattet werden können. Fallen die Hinderungsgründe jedoch weg, hat die Anzeige zu erfolgen.[190]

5.5.2.3. Haftpflichtversicherung

5.5.2.3.1. Anzeigepflicht

Nach Art 8 Abs 1 Z 4 AHVB hat der VN den Versicherer umfassend und unverzüglich, **spätestens innerhalb einer Woche ab Kenntnis**, zu informieren, und zwar schriftlich, falls erforderlich auch fernmündlich oder fernschriftlich. Die Anzeigepflicht gilt auch dann, wenn der VN annimmt, Schadenersatzansprüche gegen ihn seien nicht begründet.[191] Die Anzeigepflicht in der allgemeinen Haftpflichtversicherung ist von wesentlich größerer Bedeutung als in der Kfz-Haftpflichtversicherung. Dass ein Anspruch geltend gemacht wurde, erfährt der VN durch die Forderungen des Geschädigten. Da es in der allgemeinen Haftpflichtversicherung im Gegensatz zur Kfz-Haftpflichtversicherung idR kein direktes Klagerecht gegen den Versicherer gibt, erfährt dieser von einem Schadenfall meist erst durch die Anzeige durch den VN und kann erst dann seinen Verpflichtungen (insbesondere auf Abwehr unberechtigter Ansprüche) nachkommen.

Aufgrund einer generellen Deckungsablehnung des Versicherers ist der VN nach Treu und Glauben nicht mehr verpflichtet, seinen Obliegenheiten zu entsprechen. Legt der Versicherer aber Wert auf weitere Informationen, weil er zB die Deckung noch nicht endgültig beurteilen kann, und teilt er dies dem VN auch mit, hat der VN den Versicherer über Weiterungen, zB die Einbringung einer Klage durch einen Geschädigten, zu informieren (OGH 7 Ob 204/19d).

Praxistipp

Insbesondere sind anzuzeigen der Versicherungsfall, die Geltendmachung einer Schadenersatzforderung, die Zustellung einer Strafverfügung sowie die Einleitung eines Straf-, Verwaltungsstraf- oder Disziplinarverfahrens gegen den VN oder einen Versicherten sowie alle Maßnahmen Dritter zur gerichtlichen Durchsetzung von Schadenersatzforderungen.

Bei grob fahrlässiger oder schlicht vorsätzlicher Obliegenheitsverletzung kann der VN natürlich den **Kausalitätsgegenbeweis** erbringen. Ein wirksamer Gegenbeweis setzt voraus, dass ihm eine Beweislage zugrunde liegt, die jener gleichwertig ist, die der VN durch seine Obliegenheitsverletzung zerstört oder eingeschränkt hat.

[190] OGH 7 Ob 47/81.
[191] OGH 7 Ob 27/07g.

Kommt es bei der Beurteilung eines Versicherungsfalls im besonderen Maß auf die Befundung vor Ort an, können Lichtbilder und Videofilme selbst bei entsprechendem Bemühen der Hersteller des Bildmaterials um objektive Darstellung der tatsächlichen Gegebenheiten letztlich nicht sicherstellen, dass die Örtlichkeiten umfassend naturgetreu dargestellt sind.[192]

5.5.2.3.2. Anerkennungsverbot

Ebenfalls nach Art 8 Abs 1 Z 5 AHVB ist der VN nicht berechtigt, ohne vorherige Zustimmung des Versicherers eine Schadenersatzverpflichtung ganz oder zum Teil **anzuerkennen oder zu vergleichen**. „Anerkenntnis" ist jedes Verhalten des VN gegenüber dem Geschädigten, aus dem sich unzweideutig entnehmen lässt, dass er den Anspruch ganz oder zum Teil erfüllen wird, weil er sich dazu für verpflichtet hält. Auch ein Teilanerkenntnis oder ein Vergleich verstoßen gegen die Obliegenheit. Es muss sich dabei um ein konstitutives Anerkenntnis handeln.[193] Rein passives Verhalten ist kein Anerkenntnis, ebenso wenig die Aufforderung, eine Schadenaufstellung einzureichen, oder das Unterschreiben einer vom Geschädigten verlangten wahrheitsgemäßen Schilderung des Sachverhaltes.

Auch beim Anerkenntnisverbot ist der **Kausalitätsgegenbeweis** möglich, sofern nicht dolus coloratus vorliegt. Die Behauptung, eine rechtzeitige Information des Versicherers von dem gegen den VN eingeleiteten Zivilverfahren hätte auch nichts am Ausgang des Verfahrens geändert, muss aber unter Beweis gestellt werden. Der VN muss nachweisen, dass eine Prozessführung ihm nicht den gewünschten Erfolg gebracht hätte. Beim Versäumungsurteil wird der Anspruch des Geschädigten durch das Gericht nicht geprüft und dem Versicherer die Möglichkeit genommen rechtsvernichtende Tatsachen und Einwendungen gegen diesen Anspruch prüfen zu lassen. Damit hat die Obliegenheitsverletzung Einfluss auf den Leistungsumfang des Versicherers.[194]

5.5.2.3.3. Sonstige Obliegenheiten

Nach Art 8 Abs 1 Z 5 AHVB hat der VN den Versicherer bei der Feststellung und Erledigung oder Abwehr des Schadens zu unterstützen. Er hat den vom Versicherer bestellten Anwalt (Verteidiger, Rechtsbeistand) zu bevollmächtigen, ihm alle von ihm benötigten Informationen zu geben und ihm die **Prozessführung** zu überlassen. Ist ihm die rechtzeitige Einholung der Weisungen des Versicherers nicht möglich, so hat er aus Eigenem innerhalb der vorgeschriebenen Frist alle gebotenen Prozesshandlungen (auch Einspruch gegen eine Strafverfügung) vorzunehmen.

Nach Art 8 Abs 1 Z 3 AHVB hat der VN alles ihm Zumutbare zu tun, um Ursachen, Hergang und Folgen des Versicherungsfalls aufzuklären. Durch die **Aufklärungs-**

[192] OGH 7 Ob 88/08d.
[193] OGH 7 Ob 110/15z.
[194] OGH 7 Ob 104/14s; 7 Ob 105/22z.

pflicht sollen die nötigen Feststellungen über den Ablauf, die Verantwortlichkeit der Beteiligten und den Umfang des Schadens ermöglicht werden. Der Versicherer soll ganz allgemein in die Lage versetzt werden, sachgemäße Entscheidungen über die Behandlung des Versicherungsfalls zu treffen.[195] Da der Versicherer die Art des weiteren Vorgehens zu bestimmen hat und das damit verbundene Risiko trägt, muss er sich darauf verlassen können, dass seine das Schadenereignis betreffenden Fragen vom VN vollständig und wahrheitsgetreu beantwortet werden.

Ebenfalls nach Art 8 Abs 1 Z 3 AHVB hat der VN alles ihm Zumutbare zu tun, um den entstandenen Schaden gering zu halten. Diese Obliegenheit ergibt sich bereits aus § 62 VersVG. Der Inhalt der **Schadenminderungspflicht** bestimmt sich danach, was der VN getan hätte, wenn er nicht versichert gewesen wäre. Er hat dabei aber nicht nur seine eigenen Interessen, sondern auch die seines Versicherers wahrzunehmen. Die Begrenzung dieser Pflichten ergibt sich aus der Formulierung „alles ihm Zumutbare". Es kommt auf die besonderen Verhältnisse im Einzelfall an, Unbilliges darf dem VN nicht zugemutet werden.

5.5.2.4. Sachversicherung

Besonders wichtig ist in allen Sparten die Obliegenheit, dass der durch den Schaden herbeigeführte Zustand ohne Zustimmung des Versicherers **nicht verändert werden** darf, solange der Schaden nicht ermittelt ist. Auch mit vom VN hergestellten Fotografien oder Videofilmen kann ein durch den Schaden verursachter Zustand, der komplett verändert wurde, bevor dem Versicherer eine Besichtigung ermöglicht wurde, nicht mehr zweifelsfrei rekonstruiert werden. Bei der Beurteilung eines Versicherungsfalls kommt es im besonderen Maße auf die Befundung vor Ort an. Nur so kann Aufschluss darüber gegeben werden, ob ein Ausschlussgrund nach den Versicherungsbedingungen vorliegt oder nicht, ebenso lässt sich nicht mehr zweifelsfrei erkennen, ob die durchgeführten Reparaturen notwendig waren. Sofortmaßnahmen zur Vermeidung eines weiteren Schadens sind von dieser Obliegenheit nicht betroffen, zB das provisorische Abdecken eines durch Sturm beschädigten Daches, damit kein weiteres Wasser ins Gebäude eindringt. Es muss nur die Schadenursache und Schadenhöhe erkennbar bleiben.

Praxistipp

Versicherer reagieren sehr unwillig, wenn sie zu spät oder gar nicht über einen Schadenfall informiert werden. In der Regel ist ein Schaden innerhalb einer Woche dem Versicherer ordnungsgemäß zu melden, damit eine Besichtigung durch einen Sachverständigen so rasch wie möglich durchgeführt werden kann. Bei Verletzung dieser Obliegenheit kann Leistungsfreiheit bestehen.[196]

[195] OGH 7 Ob 98/14h.

[196] OGH 7 Ob 98/14h.

Dem Versicherer ist zudem jede gewünschte zweckmäßige Auskunft zu geben (**Aufklärungspflicht**). Das bewusste Anlügen des Versicherers führt im Regelfall zur Leistungsfreiheit. Täuschung liegt nicht nur dann vor, wenn der VN einen Vermögensvorteil anstrebt, sondern auch dann, wenn er durch die Angaben unrichtiger Tatsachen einen für berechtigt gehaltenen Anspruch durchsetzen oder einfach „Schwierigkeiten" bei der Schadenfeststellung verhindern will.[197] Lediglich Manipulationen, die sich schon von vornherein oder nach ihrer Richtigstellung als gar nicht „täuschungsgeeignet" herausstellen, sind vom Ausschluss des Kausalitätsgegenbeweises ausgenommen.[198]

Praxistipp

Bei Verletzung der Aufklärungspflicht gehen alle Zweifel zulasten des VN, weshalb dringend anzuraten ist, dem Versicherer gegenüber stets bei der Wahrheit zu bleiben. Wer seinen Versicherer bewusst belügt, verwirkt den Anspruch auf Versicherungsleistung.

5.6. Vorsatz und grobe Fahrlässigkeit

Gemäß § 61 VersVG ist der Versicherer von der Verpflichtung zur Leistung frei, wenn der VN den Versicherungsfall **vorsätzlich oder durch grobe Fahrlässigkeit** herbeiführt. Dabei handelt es sich um einen gesetzlichen Ausschluss, dh der Versicherer muss sowohl das Vorliegen von Vorsatz/grober Fahrlässigkeit als auch die Kausalität beweisen. Zweifel gehen zu seinen Lasten. § 61 VersVG gilt für die Schadenversicherung, also nicht nur für die Sachversicherung, sondern auch für die Rechtsschutzversicherung. Bei letzterer sehen AVB idR eine Abänderung zugunsten des VN vor, wonach auch grob fahrlässig herbeigeführte Versicherungsfälle nicht zur Leistungsfreiheit führen. In der Haftpflichtversicherung kommt § 152 VersVG zur Anwendung, wonach Leistungsfreiheit nur dann gegeben ist, wenn der VN vorsätzlich den Eintritt der Tatsache, für die er dem Dritten verantwortlich ist, widerrechtlich herbeigeführt hat. Grob fahrlässig herbeigeführte Versicherungsfälle führen daher in der Haftpflichtversicherung dann nicht zur Leistungsfreiheit, wenn nicht die konkreten AVB etwas anderes vorsehen, was aber zB in der Betriebshaftpflichtversicherung durchaus der Fall sein kann.

Praxistipp

Bezüglich der Deckung von Vorsatzdelikten gibt es derzeit am Markt keine Bereitschaft seitens der Versicherer. Lediglich in wenigen Teilbereichen ist eine derartige Deckung möglich, zB für die vorsätzliche Verletzung von Verkehrsvorschriften in der Rechtsschutzversicherung. Derartige Deckungen müssten wohl auch als sitten-

[197] StRsp, zB OGH 7 Ob 72/03v; OGH 7 Ob 219/03m.

[198] OGH 7 Ob 80/04x.

widrig angesehen werden, sodass mit einem Einschreiten der Aufsichtsbehörde zu rechnen wäre.

Grobe Fahrlässigkeit liegt vor, wenn sich das Verhalten des VN aus der Menge der sich auch für den Sorgsamsten nie ganz vermeidbaren Fahrlässigkeitshandlungen des täglichen Lebens als eine **auffallende Sorglosigkeit** heraushebt. Dabei wird ein Verhalten vorausgesetzt, von dem der Handelnde wusste oder wissen musste, dass es geeignet ist, den Eintritt eines Schadens zu fördern. Die Schadenswahrscheinlichkeit muss offenkundig so groß sein, dass es ohne weiteres nahe liegt, zur Vermeidung eines Schadens ein anderes Verhalten als das tatsächlich geübte in Betracht zu ziehen. Grobe Fahrlässigkeit ist dann gegeben, wenn schon einfachste, naheliegende Überlegungen nicht angestellt und Maßnahmen nicht ergriffen werden, die jedermann einleuchten müssen.[199]

An sich geht die Judikatur bei der Beurteilung eines Verhaltens als grob fahrlässig nach der sogenannten **Mosaiksteinchentheorie** vor. Dies bedeutet, dass für die Annahme der Leistungsfreiheit mehrere Fahrlässigkeitshandlungen vorliegen müssen, die jede für sich zwar leicht fahrlässig sein können, in Summe jedoch als grobe Fahrlässigkeit anzusehen sind. Davon gibt es allerdings in der Kfz-Kaskoversicherung zwei Ausnahmen: Sowohl beim Überfahren einer Stopptafel[200] als auch bei einem Überfahren einer roten Ampel[201] geht die Judikatur ausdrücklich von dieser Mosaiksteinchentheorie ab, was zur Folge hat, dass bei diesen zwei Spezialfällen eine einmalige Verstoßhandlung zur Beurteilung als grob fahrlässig führen kann.

Praxistipp

Zur Annahme grober Fahrlässigkeit ist es erforderlich, dass bei Vorliegen eines objektiv groben Verstoßes dem VN dieser auch subjektiv schwerstens vorzuwerfen ist. Als brauchbare Anhaltspunkte, von denen die Beurteilung im Einzelnen abhängen kann, kommen die Gefährlichkeit der Situation, die zu einer Sorgfaltsanpassung führen sollte, der Wert der gefährdeten Interessen, das Interesse des Handelnden an seiner Vorgangsweise und schließlich die persönlichen Fähigkeiten des Handelnden in Betracht.

Ob eine Fehlhandlung wegen ihres besonderen Gewichts oder einzelne, für sich genommen nicht grob fahrlässige Handlungen in ihrer Gesamtheit und Häufung die Annahme grober Fahrlässigkeit rechtfertigen, ist bei Vertretbarkeit der von den Umständen des Einzelfalls abhängigen Beurteilung grundsätzlich **keine erhebliche Rechtsfrage**. Der OGH lässt die Revision nur dann zu, wenn der Sachverhalt auch bei weitester Auslegung den von der Judikatur für die Annahme oder die Vernei-

[199] StRsp, zuletzt etwa OGH 7 Ob 120/18z mwN.
[200] OGH 7 Ob 21/94.
[201] OGH 7 Ob 27/95.

nung grober Fahrlässigkeit aufgestellten Kriterien nicht entspricht, dh wenn das Berufungsgericht von der ständigen Rechtsprechung erhe lich abweicht.

Praxistipp

Die Bestimmung des § 61 VersVG ist nicht zwingend. Der Einwand der groben Fahrlässigkeit kann sowohl in der Kfz-Kaskoversicherung als auch in den diversen Sachversicherungssparten vertraglich abbedungen werden (meistens gegen einen Prämienzuschlag). Dies ist auch dringend anzuraten, weil Auseinandersetzungen mit dem Versicherer über diese Frage sehr unangenehm sind und auch die Rechtsprechung wegen der Einzelfallbezogenheit nicht immer eine große Hilfe ist. Zudem herrscht in Österreich im Gegensatz zu Deutschland das Alles-oder-Nichts-Prinzip, dh der Versicherer ist entweder gar nicht oder zur Gänze leistungsfrei.

6. Besonderheiten bei Summenversicherungs-verträgen (Reisinger)

6.1. Allgemeines

Summenversicherung ist die Sammelbezeichnung für die Versicherungszweige, in denen im Versicherungsfall eine **im Voraus vereinbarte Summe** ausgezahlt wird, und zwar unabhängig von der tatsächlichen Schadenhöhe. Es gilt das Prinzip der abstrakten Bedarfsdeckung (siehe auch oben unter Kapitel 2.2. und 2.3.). Im VersVG findet sich dieser Begriff nicht. In § 1 VersVG heißt es: „Bei der Lebensversicherung und der Unfallversicherung sowie bei anderen Arten der Personenversicherung ist der Versicherer verpflichtet, nach dem Eintritt des Versicherungsfalls den vereinbarten Betrag an Kapital oder Rente zu zahlen oder die sonst vereinbarte Leistung zu bewirken". Im VersVG sind drei Sparten ausdrücklich geregelt, die primär den Charakter einer Summenversicherung haben und die man gewöhnlich unter „**Personenversicherung**" zusammenfasst:

- §§ 159–178: Lebensversicherung
- §§ 178a–178n: Krankenversicherung
- §§ 179–185: Unfallversicherung

Die **Krankenversicherung** wurde erst 1995 kodifiziert und zwischen die bereits in der Erstfassung des VersVG geregelte Lebens- und Unfallversicherung eingefügt, was man an der unüblichen Paragraphenzählung mit nachgeordneten Buchstaben sieht. Die vertragliche Vereinbarung von anderen Sparten (zB der Berufsunfähigkeitsversicherung) ist möglich.

Der **erste Abschnitt** des VersVG („Vorschriften für sämtliche Versicherungszweige", §§ 1–48 VersVG) mit den wichtigen Bestimmungen über Prämienzahlung, vorvertragliche Anzeigepflicht, Obliegenheiten und Gefahrerhöhung gilt naturgemäß auch für die Summenversicherung, sofern die §§ 159–185 VersVG keine abweichende Regelung vorsehen. Der **zweite Abschnitt** und damit auch das erste Kapitel („Vorschriften für die gesamte Schadenversicherung", §§ 49–80 VersVG) gelten nicht. Dadurch kommen Bestimmungen wie das Bereicherungsverbot, die Doppelversicherung, der Ausschluss von Vorsatz und grober Fahrlässigkeit sowie die Legalzession nicht zur Anwendung, sofern das VersVG und die AVB keine eigene Regelung vorsehen.

Summenversicherung und Personenversicherung sind kein Synonym. Die klassischen Personenversicherungen Leben, Kranken und Unfall sind zwar überwiegend Summenversicherungen, doch können sie auch **Schadenversicherungen** enthalten, wie etwa die Leistung von Unfallkosten, Begräbniskosten oder Spitalskosten. Für diese Deckungsbestandteile gelten die §§ 49–80 VersVG uneingeschränkt. Die Unterscheidung zwischen Schaden- und Summenversicherung ist in der Praxis nicht immer einfach.

6.2. Vorvertragliche Anzeigepflicht

Die Bestimmungen der §§ 16 ff VersVG sind in der Summenversicherung **von größerer Bedeutung** als in der Schadenversicherung. Summenversicherungen sind typischerweise auf längere Dauer angelegt. Der Versicherer hat realistischerweise bei Abschluss des Vertrages ein elementares Interesse daran, alles zu erfahren, was für die Entscheidung „Vertragsabschluss ja oder nein" bzw zu welchen Konditionen von Bedeutung ist.

Der VN muss besondere Sorgfalt einhalten, wenn die gestellten Fragen **Individualtatsachen** betreffen, wie dies in der Personenversicherung häufig der Fall ist. Es erstaunt daher nicht, dass die Hauptursache von Problemen in diesem Bereich die Falschbeantwortung von Gesundheitsfragen ist. Es geht nicht ausschließlich um die Frage, ob der Versicherer den Vertrag abgeschlossen hätte oder nicht, sondern auch um mögliche Ausschlüsse wegen des Bestehens von Vorerkrankungen bzw auch um die Prämienhöhe. Die Konsequenz wäre nämlich, dass Personen mit Vorerkrankungen überhaupt keine Personenversicherungen abschließen könnten.

Die vorvertragliche Anzeigepflicht wird sogar dann verletzt, wenn der VN eine Krankheit verschweigt, an der er gar nicht leidet, dies aber nicht weiß. Dass ein Sachverständiger zu dem Ergebnis gelangt, es habe sich bei der ursprünglich diagnostizierten Erkrankung um eine Fehldiagnose gehandelt, ändert daran nichts, beschränkt sich dieses Ergebnis doch auf eine nachträglich erfolgte Beurteilung. Wesentlich ist aber allein, welche Kenntnisse der VN bei Beantwortung der Fragen hatte (OGH 7 Ob 91/21i).

Praxistipp

Gesundheitsfragen, die jedenfalls wahrheitsgemäß und vollständig angezeigt werden müssen, sind jene nach dem regelmäßigen Konsum von Medikamenten oder Drogen sowie über den Genuss von Alkohol oder Nikotin.[202] Auch Fragen nach Reisen in außereuropäische Länder sind wahrheitsgemäß zu beantworten, wobei dem VN kein Beurteilungsspielraum betreffend die Gefährlichkeit des jeweiligen außereuropäischen Landes eingeräumt wird.[203] Wegen der damit verbundenen Selbstmordgefahr sind in der Lebensversicherung richtige Angaben über psychotische Störungen und Depressionen von besonderer Bedeutung.[204]

Besonders wichtig ist die Einhaltung der vorvertraglichen Anzeigepflicht in der **Krankenversicherung**. Diese Verträge dürfen gemäß § 178i VersVG nur auf Lebenszeit des VN geschlossen werden (ausgenommen kurzfristige Versicherungen, die auf weniger als ein Jahr befristet sind); andere Befristungen sind unwirksam.

[202] OGH 7 Ob 120/05f.
[203] OGH 7 Ob 33/20h.
[204] OGH 7 Ob 50/16b; OGH 7 Ob 54/16s.

Auch die Kündigungsmöglichkeiten für den Versicherer sind sehr eingeschränkt. Die Kündigung einer Krankenversicherung durch den Versicherer gemäß § 8 Abs 2 VersVG oder eine Schadenfallkündigung sind nur bei Gruppenversicherungsverträgen und Krankengeldversicherungsverträgen zulässig. Lediglich das Recht der Kündigung aus wichtigem Grund, insbesondere bei Verletzung von Obliegenheiten (§ 6 VersVG), bei Prämienverzug (§ 39 VersVG) und bei unverschuldeter Verletzung der Anzeigepflicht (§ 41 VersVG), bleibt unberührt.

In der Krankenversicherung kommt es nicht nur auf die Erheblichkeit der einzelnen Krankheit, sondern auch auf die Häufigkeit des durch die behandelnden Krankheiten geprägten **Gesamtbildes des Gesundheitszustandes** an. Beschwerden und Schmerzen sind bei entsprechender Frage auch dann anzeigepflichtig, wenn sie noch nicht eindeutig einer Krankheit zugeordnet werden. Ihre Einschätzung durch den VN als harmlos spielt für die Entstehung der Pflicht keine Rolle, sofern sie nicht offenkundig belanglos sind und alsbald vergehen. Auch ohne das Vorliegen einer ärztlichen Diagnose muss der Antragsteller Symptome, wegen der er sich in ärztliche Behandlung begeben hat, angeben. Bewertung und Beurteilung müssen dem Versicherer überlassen werden.[205]

Praxistipp

Symptome, die noch keiner Krankheit zugeordnet wurden, sind als indizierende Umstände bei entsprechender Frage anzuzeigen, wenn sie nicht offenkundig belanglos sind und alsbald vergehen. Dies gilt besonders für Symptome, wegen der sich der VN – auch wenn er sie für harmlos hält – bereits in Behandlung begeben hat. Er muss aber in der Regel ohne Folgen abklingende Krankheiten, nach denen der Versicherer nicht spezifisch fragt, auch nicht gesondert anzeigen. Nicht ausdrücklich nachgefragte Umstände sind nur dann mitzuteilen, wenn sich eine Frage konkludent auch auf sie bezieht, oder wenn ihre Mitteilung als selbstverständlich erscheint[206]

Eine **Sonderregel** enthalten § 163 VersVG für die Lebensversicherung und § 178k VersVG für die Krankenversicherung. Wegen einer Verletzung der vorvertraglichen Anzeigepflicht kann der Versicherer vom Vertrag nicht mehr zurücktreten, wenn seit dem Abschluss des Vertrages **drei Jahre verstrichen** sind, außer wenn die Anzeigepflicht arglistig verletzt wurde. Der Sinn der Bestimmungen liegt darin, diesen Versicherungen eine besondere Bestandfestigkeit zu verleihen. Ist aufgrund des Verstreichens der genannten Ausschlussfrist der Rücktritt – mangels Arglist – nicht mehr möglich, dann kann auch Leistungsfreiheit nicht mehr geltend gemacht werden. Dies gilt selbst dann, wenn der Versicherer erst mit dem außerhalb der Frist liegenden Eintritt des Versicherungsfalls Kenntnis von der Anzeigepflichtver-

[205] OGH 7 Ob 209/16k; 7 Ob 189/20z.
[206] OGH 7 Ob 54/19w.

letzung erlangt.[207] Wegen des halbzwingenden Charakters der Bestimmungen ist eine vertragliche Schlechterstellung des VN nicht möglich.

Kraft Analogie gilt diese Sonderregel auch für die **Berufsunfähigkeitsversicherung** (auch als Zusatzversicherung). Auch sie dient der langfristigen Versorgung einer Person im Fall einer unerwarteten Verschlechterung des Gesundheitzustands. Die Gesundheitsfragen sind in der Regel die gleichen, sodass auch hier dem VN besonders leicht fahrlässige Fehlangaben unterlaufen können, deren Kausalität für den Versicherungsfall schwer festzustellen sein wird und die für das übernommene Risiko nach einem längeren Zeitraum nicht wesentlich erscheinen.[208]

Für die Unfallversicherung gelten zwar dieselben Argumente, doch ist eine **Analogie nicht möglich**, weil im Gegensatz zur BU-Versicherung die Unfallversicherung im VersVG geregelt ist und der Gesetzgeber es unterlassen hat, eine analoge Regelung zu schaffen.

Rücktrittsrecht und Leistungsfreiheit des Versicherers können nur vorliegen, wenn bei der Falschbeantwortung von Gesundheitsfragen den VN **Verschulden** trifft. Wann dies der Fall ist, hängt von den Umständen des Einzelfalls ab. Einem Antragsteller muss klar sein, dass es allgemein um die Beantwortung von Fragen zu seinem Gesundheitszustand und damit zum Vorliegen allfälliger Erkrankungen geht. Sollte er nicht in der Lage sein, die Gesundheitsfragen zu erfassen, dann muss er vor der ausdrücklichen Verneinung nachfragen oder vor Unterfertigung des Antrages den schriftlichen Text nochmals durchgehen. Wer dies unterlässt, handelt fahrlässig.[209]

Besonders kritisch sind Fälle der **Arglist** zu betrachten. Nicht nur gelten die oben erwähnten Ausnahmen der §§ 163 und 178k VersVG nicht, sondern ist auch für die Leistungsfreiheit keine Kausalität erforderlich, weil wegen der rückwirkenden („ex tunc") Auflösung des Vertrages im Zeitpunkt des Versicherungsfalls kein Vertrag mehr besteht. Arglist ist bewusste Täuschung und immer dann anzunehmen, wenn der Versicherer durch vorsätzliche Vorspiegelung falscher oder Unterdrückung wahrer Tatsachen in Irrtum geführt oder in seinem Irrtum belassen oder sogar bestärkt und hindurch zum Abschluss des angestrebten Vertrags veranlasst wurde.[210] Nach einhelliger Auffassung reicht für listiges Handeln auch bedingter Vorsatz (dolus eventualis), nicht jedoch ein Anscheinsbeweis.[211]

Praxistipp

Arglist liegt immer dann vor, wenn ein Antragsteller bei Abschluss einer Versicherung wesentliche Umstände verschweigt bzw über wesentliche Umstände falsche Auskünfte gibt und damit einen Versicherungsvertrag bekommt, den er bei Kenntnis

[207] OGH 7 Ob 119/17a.
[208] OGH 7 Ob 21/18s.
[209] OGH 7 Ob 170/13w.
[210] OGH 7 Ob 54/16s; 7 Ob 218/23v.
[211] OGH 7 Ob 136/08p.

des Versicherers von den wahren Umständen niemals bekommen hätte („Erschleichen einer Versicherung"). Es ist daher dringend anzuraten, vom Versicherer gestellte Fragen wahrheitsgemäß und vollständig zu beantworten. Im Zweifel fragen Sie Ihren Versicherungsmakler oder Betreuer.

6.3. Ausschlüsse

Vorbemerkung: Auch in der Summenversicherung gilt das unter Kapitel 5.3. gesagte, vor allem zum Unterschied zwischen Ausschluss und Obliegenheit.

6.3.1. Krankenversicherung

IdR will der Versicherer das Risiko für die **Aufnahme in ausländischen Privatkrankenanstalten** nicht uneingeschränkt tragen, weil dieses für ihn weit weniger kalkulierbar ist als ein Aufenthalt in einer österreichischen Krankenanstalt oder in einer öffentlichen Krankenanstalt außerhalb Österreichs. Informationen über österreichische (auch private) Krankenanstalten und ausländische öffentliche Krankenhäuser sind für den Versicherer leichter zugänglich und es kann daher von ihm weit eher beurteilt werden, wie dort gearbeitet wird, welche Behandlungen durchgeführt und welche Patienten aufgenommen werden. Diese Leistungen werden manchmal nur insoweit erbracht, als der Versicherer sie vor Beginn schriftlich zugesagt hat, auch Ausnahmen für akute Fälle sind denkbar. Diese Bestimmung ist für den VN nicht gröblich benachteiligend.[212]

Ähnliche Ausschlüsse für Krankenbehandlungen in Österreich können jedoch **gröblich benachteiligend** iSd § 879 Abs 2 ABGB und damit ungültig sein. In OGH 7 Ob 168/14b ging es um eine Klausel, wonach Krankenhaustagegeld in Anstalten für Nerven- und/oder Geisteskranke ab der fünften Behandlungswoche nur insoweit erbracht werden, als der Versicherer dieses vor Beginn der fünften Behandlungswoche schriftlich zugesagt hat. Dadurch, dass die Zustimmung an keine Voraussetzungen gebunden ist und somit letztlich in der Willkür des Versicherers liegt, wird dem VN die Möglichkeit genommen, gegen der Versagung der Zustimmung vorzugehen, womit die Rechtsposition des VN im auffallenden und sachlich nicht zu rechtfertigenden Missverhältnis zur Rechtsposition des Versicherers steht.

Kein Versicherungsschutz besteht für Aufenthalte in Anstalten, die vornehmlich auf **Rehabilitation** ausgerichtet sind. Für die Beurteilung des Ausschlusses ist nicht die Art der Krankheit, sondern lediglich die Art der Anstalt, in der die Krankheit behandelt wird, maßgebend. Unter Rehabilitation versteht man allgemein in der Medizin die Wiederherstellung der physischen und/oder psychischen Fähigkeiten eines Patienten im Anschluss an eine Erkrankung, ein Trauma oder eine Operation. Als Sekundärziel soll eine Wiedereingliederung in das Sozial- und/oder Arbeitsleben erreicht werden. Die Ausrüstung einer Reha-Klinik entspricht nicht den diagnosti-

[212] OGH 7 Ob 179/05g.

schen Möglichkeiten eines Krankenhauses. Ärztliche Behandlungen einer Erkrankung stehen auch nicht im Vordergrund. Es erfolgen vielmehr Nachbehandlungen an Patienten, die im stabilen Zustand aufgenommen werden, wobei die Therapie den Patienten ein zufriedenes Alltagsleben ermöglichen soll.[213]

Kein Versicherungsschutz besteht für Krankheiten, die aufgrund eines missbräuchlichen Genusses von **Alkohol oder Suchtgiften** eintreten oder verschlechtert werden. Der Kausalzusammenhang zwischen Alkoholmissbrauch und Krankenhausaufenthalt muss vom Versicherer erbracht werden und ist letztendlich eine vom medizinischen Gutachten abhängige Beweisfrage. Die für den Beweis notwendige „hohe Wahrscheinlichkeit" ist keine objektive Größe und daher hat ein solches Regelbeweismaß eine gewisse Bandbreite. Es hängt sowohl von den objektiven Umständen des Anlassfalls als auch von der subjektiven Einschätzung des Richters ab, wann er diese hohe Wahrscheinlichkeit als gegeben sieht. Insofern kann man von einem „flexiblen Beweismaß" sprechen. Um zu verhindern, dass freie Beweiswürdigung in Willkür umschlägt, dienen die Beweislastregeln. Kann ein bestimmter Beweis nicht erbracht werden, so geht dies eben zu Lasten des Beweispflichtigen.[214]

Einen gesetzlichen Ausschluss enthält § 178l VersG. Der Versicherer ist von der Verpflichtung zur Leistung frei, wenn der VN oder der Versicherte seine Krankheit oder seinen Unfall **vorsätzlich herbeigeführt** hat. Dies gilt nicht, wenn der VN die Krankheit oder den Unfall eines Versicherten vorsätzlich herbeigeführt hat (zB eines mitversicherten Familienangehörigen). Der Versicherer muss zwar dem Mitversicherten leisten, dessen Schadenersatzanspruch an den VN geht jedoch in sinngemäßer Anwendung des § 67 VersVG auf den Versicherer über.

Weitere Ausschlüsse, die man unter **Selbstgefährdung** oder **höhere Gewalt** zsammenfassen könnte, enthalten die Musterbedingungen des VVO. Kein Versicherungsschutz besteht demnach für die Heilbehandlung:

- bei Unterbringung wegen Selbst- oder Fremdgefährdung;
- von Krankheiten und Unfällen sowie deren Folgen, die durch aktive Beteiligung an Unruhen, durch schuldhafte Beteiligung an Schlägereien oder bei der Begehung einer gerichtlich strafbaren Handlung, die Vorsatz voraussetzt, entstehen;
- von Folgen von Selbstmordversuchen;
- von auf Vorsatz des Versicherten beruhende Krankheiten und Unfälle, einschließlich deren Folgen;
- von Krankheiten und Unfällen sowie deren Folgen, die durch Kriegsereignisse jeder Art, einschließlich Neutralitätsverletzungen, entstehen.

6.3.2. Lebensversicherung

Der häufigste Ausschluss ist die vorsätzliche Herbeiführung des Versicherungsfalls durch **Selbstmord**. Gemäß § 169 VersVG ist bei einer Versicherung für den To-

[213] OGH 7 Ob 158/16k.
[214] OGH 7 Ob 260/04t.

desfall der Versicherer von der Verpflichtung zur Leistung frei, wenn derjenige, auf dessen Person die Versicherung genommen ist, Selbstmord begangen hat. Das kann entweder der VN selbst oder eine versicherte Person sein. Diese Bestimmung wird idR in den AVB zugunsten der Versicherten dahingehend abgeändert, dass auf die Leistungsfreiheit verzichtet wird, wenn der Selbstmord nach Ablauf einer in den AVB vereinbarten Frist (meistens drei Jahre) erfolgt. Bei Selbstmord innerhalb dieser Pflicht wird idR der Rückkaufswert ausbezahlt. Das Vorliegen eines Selbstmordes muss der Versicherer beweisen.

Praxistipp

Insbesondere bei Abschluss einer Kreditrestschuldversicherung ist die Vereinbarung einer Unanfechtbarkeitsklausel üblich und wird von den kreditgebenden Banken auch oft verlangt. Im Versicherungsfall kann sich der Versicherer dann nicht auf Anfechtung wegen einer Verletzung der vorvertraglichen Anzeigepflicht (Vorerkrankungen) oder wegen Selbstmordes berufen. Mit dieser prämienpflichtigen Klausel ist gesichert, dass auch bei Selbstmord die Versicherungssumme ausgezahlt und eine Rückzahlung der restlichen Kreditsumme möglich wird.

Ebenfalls in § 169 VersVG ist geregelt, dass die Verpflichtung des Versicherers bestehen bleibt, wenn der Selbstmord in einem die **freie Willensbestimmung ausschließenden Zustand** krankhafter Störung der Geistestätigkeit begangen worden ist. In einem solchen Fall kann der Versicherte nicht vorsätzlich handeln. Es gibt in Österreich medizinische Lehrmeinungen, dass Selbstmörder generell nicht zurechnungsfähig sind, weil sie ansonsten nicht Selbstmord begehen würden. Unabhängig von der Richtigkeit oder Unrichtigkeit dieser Ansicht muss jedenfalls das Vorliegen eines derartigen Zustandes beim Versicherten vom Bezugsberechtigten bzw Begünstigten bewiesen werden.

Ansonsten bestehen meist die für Personenversicherungen **üblichen Ausschlüsse**, wie zB:

- absichtliche Herbeiführung von Krankheiten;
- Begehung einer Straftat; darunter können auch Unfälle bei einem illegalen Straßenrennen fallen (OGH 7 Ob 157/21w).
- missbräuchlicher Drogen- und Alkoholkonsum;
- nukleare, biologische, chemische oder durch Terrorismus ausgelöste Katastrophen;
- Beteiligung an kriegerischen Ereignissen und inneren Unruhen im In- und Ausland.

6.3.3. Unfallversicherung

Nach § 181 VersVG ist der Versicherer von der Verpflichtung zur Leistung frei, wenn der von dem Unfall Betroffene den Unfall **vorsätzlich herbeigeführt** hat. Neben den Betrugsfällen der Selbstverstümmelung ist dabei vor allem an Selbstmord oder die Folgen von Selbstmordversuchen des Versicherten zu denken. Dabei besteht eine besondere Beweissituation. An sich reicht zum Nachweis eines Unfalls das Aufzeigen der Umstände, die die Möglichkeit dieses Unfalls naheliegend erscheinen lassen. Gelingt allerdings dem Versicherer der Nachweis eines berechtigten Zweifels an der Unfreiwilligkeit eines Unfalls, wird die Beweissituation verschärft. Dann genügt nämlich nicht mehr die Feststellung der überwiegenden Wahrscheinlichkeit eines Unfalls, sondern ein so hoher, der Gewissheit gleichkommender Grad von Wahrscheinlichkeit, dass kein vernünftiger, die Lebensverhältnisse klar überschauender Mensch daran zweifeln kann.[215] Ist ein Selbstmord oder Selbstmordversuch Folge einer psychischen Krankheit und in der Phase des krankheitsbedingten suizidalen Abwendungsverhalten nicht abwendbar, liegt dieser Ausschluss nicht vor.[216]

Ausgeschlossen sind Unfälle, die die versicherte Person infolge einer wesentlichen Beeinträchtigung ihrer psychischen oder physischen Leistungsfähigkeit durch **Alkohol, Suchtgifte oder Medikamente** erleidet. Im Unterschied zu vielen Versicherungen (zB der Kfz-Haftpflicht- oder der Kfz-Kaskoversicherung) ist die „Alkoholklausel" in der Unfallversicherung nicht als Obliegenheit, sondern als Ausschluss formuliert. Das ist nach der ständigen Rechtsprechung zulässig, führt aber zu der Konsequenz, dass der Versicherer nicht nur das Vorliegen des Ausschlusses, sondern auch die Kausalität beweisen muss.

Der **Grenzwert des Alkoholisierungsgrads**, ab dem der Ausschlusstatbestand der wesentlichen Beeinträchtigung der psychischen Leistungsfähigkeit erfüllt ist, hängt davon ab, ob die vom alkoholisierten Versicherten ausgeübte Tätigkeit besondere Anforderungen an die Aufnahmefähigkeit, Konzentrationsfähigkeit und Reaktionsfähigkeit stellt oder nicht. Die Grenzwerte der Alkoholisierung werden dementsprechend verschieden sein, je nachdem, ob der Versicherte etwa Autofahrer, Radfahrer oder Fußgänger ist. Der Begriff der wesentlichen Beeinträchtigung der psychischen Leistungsfähigkeit ist danach zu bemessen, ob der Versicherte noch in der Lage ist, mit der jeweiligen Situation, in der er sich zur Zeit des Unfalls befindet, einigermaßen zurechtzukommen.[217]

---

[215] OGH 7 Ob 38/00i; 7 Ob 35/24h.

[216] OGH 7 Ob 113/17.

[217] StRsp, zuletzt OGH 7 Ob 168/19k mwN.

Praxistipp

Der OGH weigert sich zurecht, einen fixen Promillegrad anzugeben, ab dem der Ausschluss jedenfalls vorliegt. Für den Versicherten negative OGH-Urteile gibt es zwischen 1,24 Promille (beim Autofahren auf einer kurvigen Landstraße, 7 Ob 168/19k), 1,45 Promille (beim Autofahren auf einer Autobahn, 7 Ob 262/04m) und 1,9 Promille (Sturz von einem Dach, 7 Ob 93/18d), während 1,26 Promille bei einem Sturz aus einem Fenster als nicht ausreichend angesehen wurden (7 Ob 11/95).

Eine **Bewusstseinsstörung** kann auch aus anderen Gründen als einer Alkoholisierung vorliegen, etwa wegen eines gesundheitlichen Problems. Da ist dann der Fall, wenn die dem Versicherten bei normaler Verfassung innewohnende Fähigkeit, Sinneseindrücke schnell und genau zu erfassen, sie geistig zu verarbeiten und auf sie angemessen zu reagieren, ernstlich beeinträchtigt ist. Die Bewusstseinsstörung muss einen Grad erreicht haben, bei dem die Gefahrenlage nicht mehr beherrscht werden kann, wie etwa bei einem plötzlichen Kreislaufkollaps[218] oder einer Ohnmacht unklarer Genese.[219]

Unfälle, die durch einen **Herzinfarkt oder Schlaganfall** herbeigeführt werden, sind gedeckt. Die „Herzinfarktklausel" („Ein Herzinfarkt oder Schlaganfall gilt jedoch in keinem Fall als Unfallsfolge") wurde vom OGH als gröblich benachteiligend im Sinne des § 879 Abs 3 ABGB angesehen.[220] Eine derartige Klausel ist d her unwirksam.

Kein Versicherungsschutz besteht für Unfälle der versicherten Person als **Luftfahrzeugführer** (auch Luftsportgeräteführer), soweit sie nach österreichischem Recht dafür eine Erlaubnis benötigt, sowie als sonstiges Besatzungsmitglied eines Luftfahrzeuges und bei der Benützung von Raumfahrzeugen. Luftfahrzeuge sind gemäß § 11 LFG Fahrzeuge, die sich zur Fortbewegung von Personen oder Sachen in der Luft ohne mechanische Verbindung mit der Erde eignen, gleichgültig, ob sie schwerer als Luft sind (zum Beispiel Flugzeuge, Segelflugzeuge, Hänge- oder Paragleiter, Schwingenflugzeuge, Hubschrauber, Tragschrauber und Fallschirme) oder leichter als Luft sind (zum Beispiel Luftschiffe und Freiballone). Dieser Luftfahrtausschluss umfasst auch alle mit Luftfahrzeugen verbundenen sportlichen Tätigkeiten.

Praxistipp

Je nach Vertrag können auch andere Sportaktivitäten von der Deckung ausgenommen werden, zB Unfälle auf Klettersteigen und beim Bergsteigen über einem gewissen Schwierigkeitsgrad, Unfälle beim Freeclimbing, beim Mountainbikedownhill und bei der Teilnahme an Expeditionen sowie Unfälle, die bei Beteiligung an motorsport-

[218] OGH 7 Ob 79/07d.
[219] OGH 7 Ob 22/08y.
[220] OGH 7 Ob 113/19x.

lichen Wettbewerben (auch Wertungsfahrten, Fahrten auf Rennstrecken und Rallys) und den dazugehörigen Trainingsfahrten entstehen. Diese Ausschlüsse sind nicht immer genau formuliert und daher mitunter auslegungsbedürftig. Im Zweifel fragen Sie Ihren Versicherungsmakler.

Die Invalidität muss innerhalb einer im **Vertrag festgelegten Frist** (meist 15 Monate nach dem Unfall; es sind aber auch kürzere oder längere Fristen möglich) unter Vorlage eines ärztlichen Befundberichtes, aus dem Art und Umfang der Gesundheitsschädigung und die Möglichkeit einer auf Lebenszeit dauernden Invalidität hervorgeht, beim Versicherer geltend gemacht werden. Diese Bestimmung stellt auf ein Verhalten des Versicherten ab („geltend zu machen“) und ist daher kein Ausschluss, sondern eine verhüllte Obliegenheit, wird vom OGH aber seit Jahrzehnten als Ausschluss betrachtet.[221]

Ansonsten bestehen meist die für Personenversicherungen **üblichen Ausschlüsse**, wie zB:

- Unfälle beim Versuch oder der Begehung gerichtlich strafbarer Handlungen durch die versicherte Person, für die Vorsatz Tatbestandsmerkmal ist; darunter können auch Unfälle bei einem illegalen Straßenrennen fallen (OGH 7 Ob 70/21a).
- Unfälle, die unmittelbar oder mittelbar mit Kriegsereignissen jeder Art zusammenhängen;
- Unfälle durch innere Unruhen, wenn die versicherte Person daran auf Seiten der Unruhestifter teilgenommen hat;
- Unfälle, die mittelbar oder unmittelbar durch jegliche Einwirkung von Nuklearwaffen, chemischen oder biologischen Waffen, durch Kernenergie oder durch den Einfluss ionisierender Strahlen verursacht werden (ausgenommen jene, die durch Heilbehandlungen aufgrund eines Versicherungsfalls veranlasst waren).

6.4. Obliegenheiten

6.4.1. Krankenversicherung

Der Versicherte ist verpflichtet, im Krankheitsfall den vom Arzt gegebenen **zumutbaren Verhaltensmaßregeln** Folge zu leisten. Dabei handelt es sich um eine nach dem Eintritt des Versicherungsfalls zu erfüllende Obliegenheit gemäß § 6 Abs 3 VersVG. Leistungsfreiheit tritt also nur ein, wenn der Versicherte im Krankheitsfall, also dann, wenn der Versicherungsfall bereits eingetreten ist, den Verhaltensmaßregeln nicht Folge leistet. Das ist zB dann der Fall, wenn der VN während seiner Behandlung ein ärztlich verordnetes Alkoholverbot nicht einhält, nicht jedoch, wenn er davor Alkohol konsumiert.[222] Der Ausschluss „missbräuchlicher Genuss von Alkohol oder Suchtgiften“ ist davon aber unbetroffen.

[221] Zuletzt OGH 7 Ob 47/19s, 7 Ob 137/19a und 7 Ob 6/24v.
[222] OGH 7 Ob 2077/96h.

Weitere sekundäre Obliegenheiten nach den Musterbedingungen:

- Der VN und der Versicherte haben auf Verlangen des Versicherers jede **Auskunft zu erteilen**, die zur Feststellung des Versicherungsfalls oder der Art und des Umfanges des Versicherungsschutzes erforderlich ist. Dies umfasst auch die Verpflichtung des Versicherten, sich auf Verlangen des Versicherers durch einen von diesem beauftragten Arzt untersuchen zu lassen und die Verpflichtung des VN bzw des Versicherten vom Versicherer geforderte Unterlagen diesem zur Verfügung zu stellen.
- Wird für eine versicherte Person bei einem **anderen Versicherer** ein Krankenversicherungsvertrag abgeschlossen, so ist der Versicherer vom weiteren Versicherungsvertrag unverzüglich zu unterrichten.

6.4.2. Unfallversicherung

Die versicherte Person muss als Lenker eines Kraftfahrzeuges die jeweilige **kraftfahrrechtliche Berechtigung**, die zum Lenken dieses oder eines typengleichen Kraftfahrzeuges erforderlich wäre, besitzen; dies gilt auch dann, wenn dieses Fahrzeug nicht auf Straßen mit öffentlichem Verkehr gelenkt wird. Diese „Führerscheinklausel" ist eine vorbeugende Obliegenheit nach § 6 Abs 2 VersVG und den Kfz-Versicherungen nachgebildet. Die umfangreiche Judikatur vor allem in der Kfz-Haftpflichtversicherung gilt daher auch in der Unfallversicherung. Zweck der Führerscheinklausel in der Unfallversicherung ist es, das Risiko von Versicherungsfällen durch ungeschulte, unerfahrene Kfz-Lenker auszuschalten, das auch auf Straßen ohne öffentlichen Verkehr besteht. Umso mehr ist das der Fall, wenn es sich um Kfz handelt, die nicht den Vorschriften des KFG entsprechen (siehe zuletzt OGH 7 Ob 7/24s). Bei einer auf Grundlage einer Arbeitnehmerschutzvorschrift erteilten innerbetrieblichen Fahrbewilligung durch den Arbeitgeber handelt es sich nicht um eine „kraftfahrrechtliche Berechtigung" einer Behörde und eine interne Unterweisung ist nicht mit einer Führerscheinprüfung vergleichbar.[223]

Nach Eintritt des Unfalls bestehen verschiedene **Meldepflichten**:

- der Unfall ist unverzüglich dem Versicherer anzuzeigen;
- ein Todesfall ist dem Versicherer innerhalb von 3 Tagen anzuzeigen, und zwar auch dann, wenn der Unfall bereits gemeldet wurde;
- die Unfallanzeige ist dem Versicherer unverzüglich zuzusenden;
- ist auch Spitalgeld versichert, so ist dem Versicherer nach der Entlassung aus dem Spital eine Aufenthaltsbestätigung der Spitalsverwaltung zuzusenden;
- im Falle der Mitversicherung von Unfallkosten sind dem Versicherer die Originalbelege zu überlassen.

Dabei handelt es sich um sekundäre Obliegenheiten nach § 6 Abs 3 VersVG, sodass bei grober Fahrlässigkeit der **Kausalitätsgegenbeweis** möglich ist; leichte Fahrlässigkeit schadet nicht. Grobe Fahrlässigkeit ist dann gegeben, wenn schon

[223] OGH 7 Ob 159/18k.

einfachste, naheliegende Überlegungen nicht angestellt und Maßnahmen nicht ergriffen werden, die jedermann einleuchten müssen, wenn jedenfalls völlige Gleichgültigkeit gegen das vorliegt, was offenbar unter den gegebenen Umständen hätte geschehen müssen, um schwere Unfallfolgen zu verhindern.[224]

Nach dem Unfall ist unverzüglich **ärztliche Hilfe in Anspruch zu nehmen** und die ärztliche Behandlung bis zum Abschluss des Heilverfahrens fortzusetzen. Ebenso ist für eine angemessene Krankenpflege und nach Möglichkeit für die Abwendung und Minderung der Unfallfolgen zu sorgen. Das ist eine Sonderform der Schadenminderungspflicht und ergibt sich schon aus § 183 VersVG („Der Versicherungsnehmer hat für die Abwendung und Minderung der Folgen des Unfalls nach Möglichkeit zu sorgen und dabei die Weisungen des Versicherers zu befolgen, soweit ihm nicht etwas Unbilliges zugemutet wird.").

Nach herrschender Meinung muss sich der VN einer **Operation** unterziehen, wenn ein vernünftiger Mensch unter Abwägung aller Umstände auch ohne rechtliche Bindung sich zu dieser Operation entschließen würde. Zumutbar ist eine Operation, die gefahrlos ist und eine beträchtliche Besserung des Gesundheitszustandes mit Sicherheit erwarten lässt. Dies gilt insbesondere für Standardeingriffe, mit denen in der Regel keine besonderen Schmerzen und lediglich die allgemeinen Operationsrisken verbunden sind.[225]

Selbstverständlich sind dem Versicherer alle verlangten **sachdienlichen Auskünfte** zu erteilen. Das ist die in allen Sparten übliche Aufklärungspflicht, die es dem Versicherer ermöglichen soll, den Schadenfall ordnungsgemäß zu bearbeiten. Dass falsche Angaben gegenüber dem Versicherer Folgen nach sich ziehen, zählt zum Allgemeinwissen. Davon ausgehend kann nur der Nachweis besonderer Umstände die Annahme vorsätzlichen oder zumindest grob fahrlässigen Verhaltens des Versicherten zB bei der unrichtigen Beantwortung der Frage nach Vorverletzungen in Frage stellen. Dass das Verschweigen einer Vorverletzung grundsätzlich geeignet ist, den Umfang der Versicherungsleistung zu beeinflussen, ist selbstverständlich.[226] Bei Vorliegen von dolus coloratus kann der Versicherte keinen Kausalitätsgegenbeweis erbringen. Dazu gehört etwa ein in Form von Aggravationen bewusst wahrheitswidriges Verhalten des VN bei einer ärztlichen Untersuchung, um eine höhere Entschädigung zu erhalten.[227]

[224] OGH 7 Ob 23/11z.
[225] OGH 7 Ob 129/09k.
[226] OGH 7 Ob 216/04x.
[227] OGH 7 Ob 120/08k.

7. Konsequenzen bei Versicherungsvertragsverletzung (Reisinger)

7.1. Vorvertragliche Phase

7.1.1. Vorvertragliche Anzeigepflicht

Der VN hat beim Abschluss des Vertrags alle ihm bekannten Umstände, die für die **Übernahme der Gefahr erheblich** sind, dem Versicherer anzuzeigen. Erheblich sind jene Gefahrumstände, die geeignet sind, auf den Entschluss des Versicherers, den Vertrag überhaupt oder zu den vereinbarten Bestimmungen abzuschließen, einen Einfluss auszuüben. Ein Umstand, nach welchem der Versicherer ausdrücklich und in geschriebener Form gefragt hat, gilt im Zweifel als erheblich (§ 16 Abs 1 VersVG).

Die Einhaltung der vorvertraglichen Anzeigepflicht durch den zukünftigen VN ist für den Versicherer von großer Bedeutung, da er dadurch Entscheidungsgrundlagen bekommt, ob er den Vertrag überhaupt bzw zu welchen Konditionen abschließen möchte. Sie gilt daher auch für eine vorläufige Deckung, sofern eine solche vereinbart ist.[228] Der VN muss besondere Sorgfalt einhalten, wenn die gestellten Fragen **Individualtatsachen** betreffen (wie insbesondere in der Personenversicherung[229]) bzw nach Abschluss des Vertrags für den Versicherer kaum mehr Kündigungsmöglichkeiten bestehen (vor allem in der Krankenversicherung).

7.1.1.1. Rücktrittsrecht des Versicherers

Ist entgegen der Vorschrift des § 16 VersVG die **Anzeige eines erheblichen Umstands unterblieben**, so kann der Versicherer vom Vertrag zurücktreten. Das Gleiche gilt, wenn die Anzeige eines erheblichen Umstands deshalb unterblieben ist, weil sich der VN der Kenntnis des Umstands arglistig entzogen hat (§ 16 Abs 2 VersVG). Der Rücktritt ist nur innerhalb eines Monats ab dem Zeitpunkt möglich, in welchem dem Versicherer die Verletzung der Anzeigepflicht bekannt wird (§ 20 Abs 1 VersVG). Diese Bestimmung soll vermeiden, dass der Versicherer den Vertrag im Bewusstsein aufrechterhält, im Versicherungsfall ohnehin keine Leistung erbringen zu müssen.

Der Rücktritt ist ausgeschlossen, wenn der Versicherer den nicht angezeigten Umstand kannte. Er ist auch ausgeschlossen, wenn die Anzeige **ohne Verschulden des VN** unterblieben ist. Hat jedoch der VN einen Umstand nicht angezeigt, nach dem der Versicherer nicht ausdrücklich und genau umschrieben gefragt hat, so kann dieser vom Vertrag nur dann zurücktreten, wenn die Anzeige vorsätzlich oder grob fahrlässig unterblieben ist (§ 16 Abs 3 VersVG). Hat es sich bei der ursprünglich

[228] OGH 7 Ob 248/07g.
[229] OGH 7 Ob 131/14m.

diagnostizierten und später verschwiegenen Erkrankung um eine Fehldiagnose gehandelt, ändert das nichts am Verschulden, beschränkt sich dieses Ergebnis doch auf eine nachträglich erfolgte Beurteilung. Wesentlich ist allein, welche Kenntnisse der Antragsteller bei Beantwortung der Fragen hatte (OGH 7 Ob 91/21i).

Der Versicherer kann vom Vertrag auch dann zurücktreten, wenn über einen erheblichen Umstand eine **unrichtige Anzeige** gemacht worden ist. Der Rücktritt ist allerdings ausgeschlossen, wenn dem Versicherer die Unrichtigkeit bekannt gewesen oder die Anzeige ohne Verschulden des VN unrichtig gemacht worden ist (§ 17 VersVG).

Die Rechtsfolgen einer Verletzung der vorvertraglichen Anzeigepflicht gelten nur, wenn der VN die Anzeigepflicht verschuldet verletzt hat, wobei leichte Fahrlässigkeit ausreicht. Der VN muss sich das **Verschulden seines Vertreters** zurechnen lassen, wenn dieser für die Abwicklung des gesamten Versicherungsverhältnisses bevollmächtigt war (§ 19 VersVG; OGH 7 Ob 6/97a).

Erheblich sind Gefahrumstände, die geeignet sind, auf den Entschluss des Versicherers, den Vertrag überhaupt oder zu den vereinbarten Konditionen abzuschließen, Einfluss auszuüben (sofern nicht der Versicherer ohnehin danach gefragt hat)[230]. Es reicht aus, dass der vom Versicherer nachgewiesene Umstand bei objektiver Betrachtung geeignet ist, einen Entschluss des Versicherers auf Annahme oder Ablehnung des Antrags zu motivieren.[231]

Hatte der VN die Gefahrenumstände anhand vom Versicherer in geschriebener Form gestellter Fragen anzuzeigen, so kann der Versicherer wegen unterbliebener Anzeige eines Umstands, nach dem **nicht ausdrücklich und genau umschrieben gefragt** worden ist, nur im Fall arglistiger Verschweigung zurücktreten (§ 18 VersVG). Nicht ausdrücklich nachgefragte Umstände sind mitzuteilen, wenn sich eine Frage konkludent auch auf sie bezieht oder wenn ihre Mitteilung als selbstverständlich erscheint.[232]

Die Wendung „ausdrücklich und genau umschrieben" soll zum Ausdruck bringen, dass die Frage des Versicherers **hinreichend bestimmt** sein muss. Es genügt zB nicht die allgemein gehaltene Frage, welche sonstigen risikoerheblichen Umstände dem VN noch bekannt sind.[233] Zu berücksichtigen ist aber, dass Fragen nach Gefahrenumständen notwendigerweise abstrakt gestellt werden müssen, will man nicht umfangreiche und nahezu zwangsläufig unvollständige Kataloge verlangen. Deshalb wird mit Recht zB die Frage nach erheblichen Gesundheitsstörungen als hinreichend genau angesehen.[234]

230 OGH 7 Ob 250/06z.
231 StRsp, zB OGH 7 Ob 120/05f; OGH 7 Ob 253/05i; OGH 7 Ob 250/06z; OGH 7 Ob 248/07g.
232 OGH 7 Ob 36/07f.
233 ErlRV Novelle 1994.
234 OGH 7 Ob 57/05s.

Praxistipp

In der Personenversicherung muss es dem VN klar sein, dass es allgemein um die Beantwortung von Fragen zu seinem Gesundheitszustand und damit zum Vorliegen allfälliger Erkrankungen geht. Sollte er nicht in der Lage sein, die vorgelesenen Gesundheitsfragen zu erfassen, dann muss er vor der ausdrücklichen Verneinung der Erkrankung nachfragen oder vor Unterfertigung des Antrags den schriftlichen Text nochmals durchgehen (OGH 7 Ob 170/13w).

Die Einschätzung von Beschwerden durch den VN als harmlos spielt für die Anzeigepflicht keine entscheidende Rolle, sofern sie nicht offenkundig belanglos sind und alsbald vergehen. Auch ohne das Vorliegen einer ärztlichen Diagnose muss der Antragsteller Symptome, wegen der er sich in ärztliche Behandlung begeben hat, angeben. Bewertung und Beurteilung müssen dem Versicherer überlassen bleiben (OGH 7 Ob 189/20z).

7.1.1.2. Leistungsfreiheit des Versicherers

In der Praxis werden Verletzungen der vorvertraglichen Anzeigepflicht erst dann bekannt, wenn der **Versicherungsfall eintritt**. In einem solchen Fall hat der Versicherer nicht nur ein Rücktrittsrecht, sondern ist auch leistungsfrei, wenn zwischen dem verschwiegenen Umstand und dem Versicherungsfall **Kausalität** besteht (§ 21 VersVG). Die Bestimmungen über die vorvertragliche Anzeigepflicht kennen zwei Kausalitäten. War der nicht oder falsch angezeigte Umstand für das Eintreten des Versicherungsfalls adäquat kausal, so ist der Versicherer von seiner Leistungspflicht insgesamt befreit (Kausalität dem Grunde nach). War der nicht oder falsch angezeigte Umstand nicht für den Eintritt des Versicherungsfalls, sondern nur für den Umfang der Versicherungsleistung kausal, so wird der Versicherer auch nur insoweit leistungsfrei (Kausalität dem Umfang nach).

Wenn der Versicherer erst nach einem Versicherungsfall von einer Verletzung der vorvertraglichen Anzeigepflicht erfährt, hat selbst die Unterlassung eines Rücktritts innerhalb der Monatsfrist des § 20 VersVG nicht zur Folge, dass die durch die Verletzung der vorvertraglichen Anzeigepflicht eingetretene Leistungsfreiheit nachträglich behoben wird, sondern nur, dass der Versicherer bei weiteren Versicherungsfällen, die erst nach Ablauf eines Monats ab seiner Kenntnis von der Verletzung eintreten, leistungspflichtig bleibt.[235]

Es ist im Gesetz nicht geregelt, wann die Verletzung der vorvertraglichen Anzeigepflicht vom Versicherer geltend gemacht werden muss. Es bleibt dem Versicherer unbenommen, Ablehnungsgründe erst im Prozess geltend zu machen, solange sein Gesamtverhalten nicht den Schluss auf einen konkludenten Verzicht erlaubt. Im Allgemeinen liegt in einer bestimmten Begründung einer Ablehnung noch kein Verzicht auf andere als die genannten Einwendungen gegenüber dem Anspruch des

[235] OGH 7 Ob 289/06k; OGH 7 Ob 72/09b.

VN, und zwar auch dann nicht, wenn ihre Voraussetzungen dem Versicherer bekannt waren. Der Versicherer muss also nicht sofort alle Karten auf den Tisch legen, sondern kann den Einwand der Verletzung der vorvertraglichen Anzeigepflicht auch erst in einem Deckungsprozess erheben.[236]

Die **Beweislastverteilung** ist ident wie bei den vorbeugenden Obliegenheiten geregelt: Der Versicherer muss die Verletzung der Anzeigepflicht beweisen, also das Vorhandensein des Gefahrenumstands bei Vertragsabschluss, weiters die Kenntnis durch den VN und die Unrichtigkeit oder das Unterbleiben der Aufklärung, ferner die Erheblichkeit des Umstands für den Versicherer. Steht die Verletzung der Anzeigepflicht durch den VN fest, wird sein Verschulden vermutet. Er kann aber beweisen, dass die Anzeige ohne sein Verschulden unterblieben ist oder unrichtig erstattet wurde. Zusätzlich bleibt dem VN der Kausalitätsgegenbeweis, dass nämlich der Umstand, in Ansehung dessen die Anzeigepflicht verletzt wurde, keinen Einfluss auf den Eintritt oder den Umfang des Versicherungsfalls hatte.[237]

7.1.1.3. Arglist

Der Versicherer hat das Recht, den Vertrag wegen **arglistiger Täuschung** über Gefahrumstände anzufechten (§ 22 VersVG). In einem solchen Fall wird der Vertrag rückwirkend aufgelöst, allfällige gegenseitige Leistungen (zB die vom VN bereits bezahlte Prämie oder eine vom Versicherer geleistete Zahlung) sind rückabzuwickeln. Da der Vertrag ex tunc aufgelöst wird, ist **Kausalität** für die Leistungsfreiheit **nicht erforderlich**.

Arglist setzt **keine Schädigungsabsicht** voraus. Arglist ist die vorsätzliche Herbeiführung oder die Ausnützung eines schon vorhandenen Irrtums, dh wenn der VN nicht nur die verschwiegene oder unrichtig angezeigte Tatsache kannte, sondern auch um die Erheblichkeit dieser Tatsache für den Versicherer wusste. Arglist erfordert, dass der VN durch die Falsch- oder Nichtbeantwortung von Fragen auf die Entscheidung des Versicherers Einfluss nehmen will und sich bewusst ist, dass der Versicherer möglicherweise seinen Antrag nicht oder nur unter erschwerten Bedingungen annehmen wird, wenn er die Wahrheit sagt (**„Erschleichen der Versicherung“**[238]).

Es besteht kein allgemeiner Erfahrungssatz, dass ein VN, der Antragsfragen bewusst unrichtig beantwortet, regelmäßig auch mit Arglist in Bezug auf die Willensbildung des Versicherers handelt (OGH 7 Ob 218/23v). Das Vorliegen von Arglist muss der Versicherer **beweisen**, dabei reicht bedingter Vorsatz.[239] Zwar lehnt die deutsche und die österreichische Rsp die Zulassung des Anscheinsbeweises in Bezug auf die vom Versicherer im Zusammenhang mit der Arglistanfechtung zu

[236] OGH 7 Ob 117/18h.

[237] OGH 7 Ob 133/97b; OGH 7 Ob 46/12h.

[238] StRsp, zB OGH 7 Ob 174/01s; OGH 7 Ob 253/05i; OGH 7 Ob 136/08p; OGH 7 Ob 70/12p; OGH 7 Ob 34/16z.

[239] OGH 7 Ob 34/16z.

beweisenden Tatsachen ab, doch muss der Anscheinsbeweis im Hinblick auf die arglistige Täuschung in entsprechend besonders gelagerten Einzelfällen zugelassen werden, was insbesondere bei Tod des VN der Fall ist.[240]

7.2. Vertragliche Obliegenheiten

7.2.1. Begriff der Obliegenheiten

Rechtsgrundlage für vertragliche Obliegenheiten und die mit deren Verletzung verbundene Leistungsfreiheit ist § 6 VersVG. Grundsätzlich sind zwei Gruppen von Obliegenheiten im Gesetz geregelt: solche, die vor dem Eintritt des Versicherungsfalls dem Versicherer gegenüber zu erfüllen sind (primäre Obliegenheiten), und solche, bei denen der Versicherungsfall bereits eingetreten sein muss (sekundäre Obliegenheiten).

Auf die Einhaltung der Erfüllung von Obliegenheiten kann vom Versicherer jederzeit verzichtet werden, und zwar entweder durch vertragliche Vereinbarung oder konkludent. Bei der Beurteilung der Frage, ob auf ein Recht stillschweigend verzichtet wurde, ist besondere Vorsicht geboten. Ein Verzicht darf immer nur dann angenommen werden, wenn besondere Umstände darauf hinweisen, dass er ernstlich gewollt ist.[241]

Obliegenheiten sind keine erzwingbaren Verpflichtungen des VN gegenüber dem Versicherer, sondern Voraussetzungen für die Erhaltung des Anspruchs aus dem Versicherungsvertrag. Die Erfüllung oder Nichterfüllung der Obliegenheiten liegt im freien Willen des Belasteten. Die einzige Rechtsfolge einer Obliegenheitsverletzung besteht idR in der **Leistungsfreiheit** des Versicherers. Der **Zweck der Obliegenheiten** liegt in der Beschränkung des versicherten Risikos. Der mit der Obliegenheit Belastete ist demgemäß entweder der VN selbst oder auch ein Mitversicherter, begünstigt ist der Versicherer.

Obliegenheitsverletzung und Leistungsfreiheit bilden jedoch **keine untrennbare Einheit**. Diese Rechtsfolge muss entweder im Gesetz bestimmt oder im Vertrag bzw den Versicherungsbedingungen festgelegt sein. § 6 VersVG ist halbzwingend, eine Einschränkung der Leistungsfreiheit des Versicherers also möglich. So führt zB die Verletzung von Sicherheitsvorschriften in der SachV idR nur dann zur Leistungsfreiheit, wenn sie grob fahrlässig oder vorsätzlich erfolgte.

Sowohl Obliegenheiten als auch Risikoausschlüsse dienen der Begrenzung der versicherten Gefahr. Bei den **Ausschlüssen** wird von Anfang an ein bestimmter Gefahrenumstand von der versicherten Gefahr ausgenommen, ohne dass es dabei auf ein schuldhaftes Verhalten des Versicherten ankäme. Obliegenheiten fordern hingegen gewisse Verhaltensweisen des Versicherten; vereinbarte Rechtsfolgen sind allerdings nur an schuldhafte Verletzungen geknüpft.

240 OGH 7 Ob 38/95.

241 OGH 7 Ob 117/15d.

Die **Unterscheidung** zwischen Risikoausschluss und Obliegenheit ist in der Praxis sehr wichtig, weil objektive Risikoausschlüsse im Gegensatz zu den Obliegenheiten verschuldensunabhängig wirken. Die Versicherer ziehen es demgemäß oft vor, Sachverhalte in die Form eines Ausschlusses zu gießen, weil sie in diesem Fall nur den relativ einfachen Beweis des Vorliegens eines Ausschlusses erbringen müssen und keinerlei Gegenbeweis des Versicherten zu fürchten brauchen.

Ob es sich um einen Ausschluss oder eine Obliegenheit handelt, entscheidet allerdings nicht die äußere Form, sondern der **materielle Inhalt** einer Versicherungsbedingung. Selbst wenn Obliegenheiten so dargestellt werden, dass sie ihrer Form nach als Risikoausschluss erscheinen, sind dennoch die zum Schutz des Versicherten zwingenden Bestimmungen des § 6 VersVG anzuwenden. In diesen Fällen spricht man von **verhüllten Obliegenheiten**.

In einer **Bündelversicherung** werden mehrere rechtlich selbständige Versicherungsverträge zum Zweck der administrativen Vereinfachung in der Weise zusammengefasst, dass für sie zwar ein einheitliches Antragsformular verwendet und eine gemeinsame Polizze ausgestellt wird, es werden aber dennoch mehrere selbständige Versicherungsverträge, für die unterschiedliche AVB zur Anwendung gelangen, abgeschlossen. Die darin eingeschlossenen Sparten haben ein rechtlich selbständiges Schicksal und sind insoweit getrennt zu beurteilen. Dies hat zur Konsequenz, dass eine behauptete Obliegenheitsverletzung zu einer Sparte nicht auch zur Leistungsfreiheit in einer anderen Sparte führt (OGH 7 Ob 163/22d).

Der Versicherer kann aus einer fahrlässigen Obliegenheitsverletzung Rechte nur ableiten, wenn dem VN vorher die AVB oder eine andere **Urkunde zugegangen** sind, in denen die Obliegenheit mitgeteilt wird (§ 6 Abs 5 VersVG). Das Wort „vorher" bezieht sich nicht auf den Abschluss der Versicherung, sondern auf den Zeitpunkt der Obliegenheitsverletzung. Damit kann der Mangel der Nichtzusendung der AVB im Nachhinein (etwa auf Wunsch des VN) saniert werden, sofern die Obliegenheitsverletzung noch nicht vorliegt. Stützt sich der Versicherer auf seine AVB, so beinhaltet dies die allgemeine Behauptung, er habe sie dem VN vorher ausgefolgt. Erst wenn der VN eine Ausfolgung der AVB bestreitet, löst dies eine weitere Behauptungs- und Beweislast des Versicherers aus.[242] § 6 Abs 5 VersVG bezieht sich nur auf **vereinbarte** Obliegenheiten und greift nicht ein, wenn Vertragsklauseln sich darauf beschränken, gesetzlich angeordnete Obliegenheiten wiederzugeben.[243] Durch die Beschränkung auf **fahrlässige** Obliegenheitsverletzungen ist diese Bestimmung auf alle Fälle des Vorsatzes nicht anzuwenden.

Erlangt der Versicherer von einer verschuldeten Verletzung einer Obliegenheit vor Eintritt des Versicherungsfalls Kenntnis, so kann er ohne Einhaltung einer Kündigungsfrist **kündigen**. Kündigt der Versicherer innerhalb eines Monats nicht, kann er sich auf die vereinbarte Leistungsfreiheit künftig nicht mehr berufen. Tritt der

[242] OGH 7 Ob 81/15k.

[243] OGH 7 Ob 221/06k.

Versicherungsfall innerhalb der Monatsfrist ein oder erfährt der Versicherer erst durch den Versicherungsfall von der Obliegenheitsverletzung (das wird wohl der häufigste Fall sein), kann er sich auch ohne Kündigung auf Leistungsfreiheit berufen. Es ist also trotz möglicher Leistungsfreiheit des Versicherers eine Fortführung des Vertrags möglich.[244] Dies wird aber nur bei einmaligen „Ausrutschern" des Versicherten sinnvoll sein (etwa bei einer Alkoholisierung in der Kfz-Versicherung), nicht aber zB bei permanenter Verletzung von Sicherheitsvorschriften in der Sachversicherung.

Bei allen Obliegenheiten trifft die **Beweislast** für deren objektive Verletzung den Versicherer. Soweit eine Entlastung des Versicherten möglich ist, muss dieser sowohl den Beweis des fehlenden oder geringeren Verschuldens als auch den Kausalitätsgegenbeweis führen. In der Praxis ist diese Beweislastverteilung von großer Bedeutung, weil die Rsp insbesondere an den Kausalitätsgegenbeweis strenge Anforderungen stellt. Der dem Versicherer obliegende Beweis der Obliegenheitsverletzung ist naturgemäß relativ einfach zu erbringen. Gelingt dem Versicherer der Nachweis der Obliegenheitsverletzung, hat der Versicherte mangelndes Verschulden nachzuweisen. Bei der Beurteilung der Fahrlässigkeit kommt es darauf an, wie sich ein maßgetreuer Durchschnittsmensch in der konkreten Lage des Versicherten verhalten hätte. Da für Deliktsfähige stets ein **objektiver Maßstab** gilt, handelt auch fahrlässig, wer ein Verhalten (subjektiv) für erlaubt hält, das erkennbar rechtswidrig ist.[245]

Praxistipp

Bei der Prüfung, ob ein bestimmtes Verhalten des Versicherten zur Leistungsfreiheit führt, sollte man systematisch vorgehen und folgende Reihenfolge einhalten (abteiliges Prüfverfahren):

1) Obliegenheitsverletzung?
2) wenn ja: ausreichendes Verschulden?
3) wenn ja: Kausalität (falls notwendig)?
4) wenn ja: Leistungsfreiheit

7.2.2. Obliegenheitsverletzung durch Dritte

Nach dem Wortlaut des § 6 VersVG sind die Folgen einer Obliegenheitsverletzung allein auf das Handeln oder Unterlassen des VN bezogen. Haben **mehrere VN** auch mehrere selbständige Interessen (wie in der Haftpflicht- oder Rechtsschutzversicherung), muss ein VN für Obliegenheitsverletzungen des anderen nicht einstehen. Liegt hingegen ein gleichartiges und ungeteiltes Interesse aller VN vor (wie oft in der Sachversicherung), wirken Obliegenheitsverletzungen eines VN auch gegen

[244] OGH 7 Ob 2077/96h.
[245] OGH 7 Ob 280/06m.

die anderen, wobei Ausnahmen bei eindeutigen Miteigentumsverhältnissen möglich sind.[246]

Wo es **Mitversicherte** gibt, sind auch diese zur Einhaltung der Obliegenheiten verpflichtet (§ 78 VersVG). Bei deren Verletzung ist der Versicherer gegenüber den Mitversicherten leistungsfrei. Dem VN kann hingegen eine Obliegenheitsverletzung eines Mitversicherten nicht angelastet werden.

Handelt es sich beim VN um eine **juristische Person**, so sind ihr das Wissen und Verhalten ihrer **Organe** zuzurechnen. Die Haftung für gesetzliche oder gewillkürte Vertreter ist keine bloße Repräsentantenhaftung. Es handelt sich vielmehr um einen besonderen und selbständigen Zurechnungsgrund der Bestellung eines Dritten zum bevollmächtigten Vertreter für das ganze Vertragsverhältnis. Ist eine juristische Person VN, so muss im Interesse der Gefahrengemeinschaft die geordnete Obliegenheitserfüllung gewährleistet sein. Dies trifft nur dann zu, wenn die juristische Person für das Verhalten und die Kenntnis ihrer Vertretungsorgane einzustehen hat. Da es sich bei der Verletzung von Obliegenheiten nicht um ein rechtsgeschäftliches Tun oder Unterlassen handelt, kommen die Vorschriften über die Gesamtvertretung nicht zur Anwendung. Der Versicherer kann sich also stets darauf berufen, dass ein einzelnes Vertretungsorgan eine Obliegenheit verletzt hat. Es kommt nicht darauf an, ob dieses Organ in Ausübung der ihm zustehenden Verrichtungen gehandelt hat, es müssen von jedem Organ vielmehr jederzeit alle Obliegenheiten erfüllt werden.[247]

Für das Verhalten von **Gehilfen** kommt nur eine Haftung nach den besonderen Voraussetzungen des § 1315 ABGB in Frage. Eine Haftung für den Erfüllungsgehilfen kommt nicht in Betracht, weil die Einhaltung von Obliegenheiten wegen des fehlenden Verpflichtungscharakters keine Erfüllungshandlung iSd § 1313a ABGB ist.[248]

Die in Deutschland entwickelte Haftung nach der **Repräsentantentheorie** (Repräsentanten sind danach vom VN bestellte Verwalter des versicherten Risikos, für deren Obliegenheitsverletzungen der VN selbst einstehen muss) wird von der österreichischen Rsp ohne nähere Begründung nicht akzeptiert.[249] Dem VN ist aber das Verhalten jener zuzurechnen, die er zur Abwicklung des Versicherungsverhältnisses bevollmächtigt hat.[250] Dies dient auch zur Vermeidung von Missbräuchen, etwa bei VN, die lediglich die Funktion eines vorgeschobenen „Strohmanns“, sonst aber keine Beziehung und keine Einflussmöglichkeit auf das versicherte Risiko haben.

Die in Österreich von der Rsp verweigerte Repräsentantenhaftung wird durch das **Organisations- oder Überwachungsverschulden** des VN teilweise ausgeglichen. Für dessen Fehlen trifft ihn die Beweislast. Auch wenn der VN für Obliegenheits-

246 OGH 7 Ob 241/97k.

247 OGH 7 Ob 57/82.

248 OGH 7 Ob 26/81.

249 Siehe ausführlich *Reisinger*, Pro und Contra Repräsentantenhaftung, VR 2004 10, 147 ff.

250 OGH 7 Ob 157/08a.

verletzungen Dritter nicht einstehen muss, kann ihn aus eigenem Verschulden ein zur Leistungsfreiheit des Versicherers führender Vorwurf treffen. Dies ist etwa dann der Fall, wenn es an der erforderlichen Sorgfalt in der Betriebsführung fehlt und der Betrieb demzufolge Organisationsmängel aufweist, die den Eintritt des Versicherungsfalls erheblich begünstigen[251] oder wenn sich im Beisein des vertretungsbefugten Organs einer juristischen Person derartige Vorfälle ereignen.[252] Konnte der VN darauf vertrauen, dass seine Leute vertragliche Obliegenheiten genau einhalten, liegt kein Organisationsverschulden vor.[253]

7.2.3. Arten der Obliegenheiten

7.2.3.1. Schlichte und äquivalenzwahrende Obliegenheiten

Für die Fälle dieser Obliegenheiten bestimmt **§ 6 Abs 1a** VersVG die Verschuldensvoraussetzung: Hier genügt anders als bei anderen Obliegenheiten jeder Verschuldensgrad, also bereits **leichte Fahrlässigkeit**. Lediglich bei Verletzung von Obliegenheiten zu bloßen Meldungen und Anzeigen, die keinen Einfluss auf die Beurteilung des Risikos durch den Versicherer haben, tritt Leistungsfreiheit nur bei vorsätzlicher Obliegenheitsverletzung ein.[254]

Das sog **Alles-oder-nichts-Prinzip** gilt bei schlichten Obliegenheiten uneingeschränkt. Wenn an die Obliegenheitsverletzung Leistungsfreiheit geknüpft ist, muss der Versicherer im Regelfall **gar nichts leisten**. Dabei kommt es weder auf den Verschuldensgrad noch darauf an, in welchem Maß die Obliegenheitsverletzung den Eintritt des Versicherungsfalls oder den Umfang der Versicherungsleistung beeinflusst hat. Ein Kausalitätsgegenbeweis ist nicht zulässig.

Bei Verletzung einer schlichten Obliegenheit, die die dem Versicherungsvertrag zugrundeliegende **Äquivalenz zwischen Risiko und Prämie** aufrechterhalten soll, tritt Leistungsfreiheit nur in dem Verhältnis ein, in dem die vereinbarte hinter der für das höhere Risiko tarifmäßig vorgesehenen Prämie zurückbleibt. Sieht jedoch der Tarif für das höhere Risiko keine bestimmte Prämie vor, bleibt es bei der vollen Leistungsfreiheit. Die Beweislast für das Vorliegen einer äquivalenzwahrenden Obliegenheit liegt beim VN.[255]

7.2.3.2. Vorbeugende Obliegenheiten

Dabei handelt es sich um Obliegenheiten, die vom Versicherten nach **§ 6 Abs 2** VersVG zum Zweck der Verminderung der Gefahr oder der Verhütung einer Erhöhung der Gefahr zu erfüllen sind. Auch hier genügt für die Leistungsfreiheit schon leichte Fahrlässigkeit. Leistungsfreiheit tritt jedoch nicht ein, wenn die Verletzung

251 OGH 7 Ob 6/84; OGH 7 Ob 56/83.
252 OGH 7 Ob 6/91.
253 OGH 7 Ob 3/14p; OGH 7 Ob 204/22h.
254 OGH 7 Ob 97/14m.
255 OGH 7 Ob 81/15k.

keinen Einfluss auf den Eintritt des Versicherungsfalls oder soweit sie keinen Einfluss auf den Umfang der dem Versicherer obliegenden Leistung hatte.

Im Gegensatz zu den schlichten Obliegenheiten kann daher der Versicherte bei den vorbeugenden Obliegenheiten den **Kausalitätsgegenbeweis** führen. Auch das Alles-oder-nichts-Prinzip gilt hier nicht, weil der Kausalitätsgrad das Ausmaß der Leistungsfreiheit bestimmt. Zweifel gehen der Beweislastverteilung zufolge allerdings zu Lasten des Versicherten.

Wichtige vorbeugende Obliegenheiten in der Kfz-Haftpflichtversicherung sind die Zulassungsbeförderungsklausel, die Alkoholklausel und die Führerscheinklausel, in der Sachversicherung die Sicherheitsvorschriften. In der Kfz-Haftpflichtversicherung sind die vorbeugenden Obliegenheiten im KHVG taxativ aufgezählt, dh es dürfen vertraglich keine darüber hinausgehenden vorbeugende Obliegenheiten vereinbart werden. In den anderen Versicherungssparten besteht Vertragsfreiheit, aber die Vereinbarung darf die Rechte des VN nicht übermäßig einschränken. Dies unterliegt der Inhaltskontrolle gemäß § 879 ABGB.

Das Bedürfnis des Schutzes für den VN erstreckt sich jedoch nicht auf alle Versicherungszweige. Die Beschränkungen der Vertragsfreiheit sind gemäß § 187 VersVG bei der Transportversicherung von Gütern, bei der Kreditversicherung und bei der Versicherung gegen Kursverluste generell nicht anzuwenden. In diesen Sparten können auch bei Obliegenheiten andere Vereinbarungen getroffen werden, so zB der Wegfall des Kausalitätserfordernisses.[256] Der Grund dafür liegt im geringeren Schutzbedürfnis des meist professionellen VN, der zusätzlich idR von einem spezialisierten Versicherungsmakler vertreten wird.

7.2.3.3. Obliegenheiten nach dem Versicherungsfall

Während schlichte und vorbeugende Obliegenheiten begriffsnotwendig bereits vor dem Versicherungsfall eingehalten werden müssen, regelt **§6 Abs 3** VersVG die Pflichten des Versicherten nach Eintritt des Versicherungsfalls. Die Rechtsfolge der Leistungsfreiheit ist hier **vom Grad des Verschuldens abhängig**.

Wenn **kein Versicherungsfall** vorliegt, gibt es auch keine Obliegenheiten nach Eintritt des Versicherungsfalls. Bewirkt ein VN oder eine mitversicherte Person durch vorsätzliche oder fahrlässige Falschangaben jedoch die Leistung eines Haftpflichtversicherers, ohne überhaupt einen Versicherungsfall herbeigeführt zu haben, kann sich die zu Unrecht in Anspruch genommene Versicherung trotzdem regressieren, und zwar entweder beim vermeintlich Geschädigten nach dem Bereicherungsrecht oder beim Versicherten nach dem Schadenersatzrecht, eventuell auch nach § 67 VersVG beim tatsächlichen Schädiger.[257]

[256] OGH 7 Ob 158/12d.
[257] OGH 7 Ob 114/99m.

Wird eine Obliegenheit mit dem Vorsatz verletzt, die Leistungspflicht des Versicherers zu beeinflussen oder die Feststellung solcher Umstände zu beeinträchtigen, die erkennbar für die Leistungspflicht des Versicherers bedeutsam sind, tritt volle Leistungsfreiheit ein. Bei einer Obliegenheitsverletzung mit Schädigungs- oder Verschleierungsvorsatz **(dolus coloratus)** ist daher der Kausalitätsgegenbeweis nicht zulässig, auch das Alles-oder-nichts-Prinzip gilt uneingeschränkt.

Jener VN, der eine Obliegenheit mit dem Vorsatz verletzt, die Beweislage nach dem Versicherungsfall zu **Lasten des Versicherers zu manipulieren**, hat seinen Anspruch verwirkt. Nicht erforderlich hingegen ist es, dass der VN dabei geradezu und ausschließlich mit dem Ziel handelt, den Versicherer zu täuschen (Betrugsabsicht); es genügt, wenn er die Möglichkeit erkennt, dass die von ihm dargelegten oder unvollständig angegebenen Umstände, die für die Beurteilung der Leistungspflicht des Versicherers maßgeblich sind, Letzteren beeinträchtigen oder fehlleiten können und er sich damit abfindet.

Praxistipp

Täuschung liegt nicht nur dann vor, wenn der VN einen Vermögensvorteil anstrebt, sondern auch dann, wenn er durch die Angaben unrichtiger Tatsachen einen für berechtigt gehaltenen Anspruch durchsetzen oder einfach „Schwierigkeiten" bei der Schadensfeststellung verhindern will.[258]

Der Versicherer muss nur das Vorliegen einer Obliegenheitsverletzung beweisen, dem VN obliegt sodann der Verschuldensgegenbeweis bzw – sofern zulässig – der Kausalitätsgegenbeweis. Das heißt mit anderen Worten, dass der VN beweisen muss, dass er nicht mit dolus coloratus gehandelt hat.[259] Eine inhaltliche Prüfung des Kausalitätsgegenbeweises vor Feststellung seiner Zulässigkeit darf nicht vorgenommen werden.[260] Auch der Verschuldensgegenbeweis muss strikt geführt werden. Gelingt dem VN dieser Beweis nicht, ist der Versicherer leistungsfrei, ohne dass das Vorliegen oder Nichtvorliegen von Kausalität geprüft werden darf.

Praxistipp

Manipulationen, die sich schon von vornherein oder nach ihrer Richtigstellung als gar nicht „täuschungsgeeignet" herausstellen, sind von der Sanktion, keinen Kausalitätsgegenbeweis führen zu dürfen, ausgenommen (zB Verschweigen der Vereinbarung eines niedrigeren Kfz-Kaufpreises aus steuerschonenden Gründen;[261] falsche

[258] Zuletzt OGH 7 Ob 150/13d mwN.

[259] StRsp, zuletzt OGH 7 Ob 92/19h.

[260] OGH 7 Ob 150/13d.

[261] OGH 7 Ob 43/98v.

Angaben nach einem Leitungswasserschaden gegenüber einem Sachverständigen;[262] verspätete Angabe eines falschen Kilometerstandes nach Kfz-Diebstahl[263]).

Die **Bedeutung des dolus coloratus** liegt auch darin, dass VN mitunter versuchen, eine höhere als die vertraglich vereinbarte Leistung zu erlangen (vor allem in der Sachversicherung). Bei Zulässigkeit des Kausalitätsgegenbeweises würde der VN nur das nicht bekommen (oder müsste zurückzahlen), auf das er ohnehin keinen Anspruch hatte. Der VN könnte daher ohne Risiko handeln (vom strafrechtlichen Vorwurf des Versicherungsbetrugs abgesehen). Das wird durch den dolus coloratus unterbunden, weil der VN Gefahr läuft, die gesamte Versicherungsleistung zu verlieren, also auch jenen Teil, auf den er ohnehin Anspruch hätte.

Bei **schlichtem Vorsatz** oder bei **grober Fahrlässigkeit** der Obliegenheitsverletzung bleibt der Versicherer zur Leistung verpflichtet, soweit die Verletzung weder auf die Feststellung des Versicherungsfalls noch auf die Feststellung oder den Umfang der dem Versicherer obliegenden Leistung Einfluss hatte. Hier ist also nicht nur der Kausalitätsgegenbeweis zulässig, sondern auch das Alles-oder-nichts-Prinzip wie bei den vorbeugenden Obliegenheiten kausal beschränkt: Leistungsfreiheit tritt auch in jenem Teilumfang nicht ein, für den der Einfluss der Obliegenheitsverletzung nachweislich fehlt.

Leistungsfreiheit tritt nicht ein, wenn die Obliegenheitsverletzung weder auf Vorsatz noch auf grober Fahrlässigkeit beruht. Hat der Versicherte daher nur **leichte Fahrlässigkeit** bei Verletzung einer sekundären Obliegenheit zu verantworten, ist der Versicherer trotz Obliegenheitsverletzung **zur vollen Leistung verpflichtet**.

Wichtigste sekundäre Obliegenheit ist die **Aufklärungspflicht**, das ist die Pflicht des Versicherten, alles Zweckdienliche zur Aufklärung des Sachverhalts beizutragen und dem Versicherer jede zweckdienliche Information zu geben. Der Versicherer ist über alle jene Umstände aufzuklären, die für die allfällige Ablehnung der Deckung oder für künftige Regressansprüche von Bedeutung sein können, sowie über alle Umstände, die für die Beurteilung der Höhe der Leistungspflicht von Bedeutung sind. Diese Obliegenheit ist bereits im Gesetz geregelt (§ 34 VersVG), allerdings ohne Sanktionen. Die Aufklärungspflicht ist daher de facto **in allen Sparten** als vertragliche Obliegenheit vereinbart. Sie hat drei Aufgaben, nämlich die Möglichkeit der ordnungsgemäßen Bearbeitung des Schadenfalls (Deckung und Haftung), die Feststellung der richtigen Entschädigung und die Prüfung und Durchsetzung eines Regresses.

[262] OGH 7 Ob 102/01b.
[263] OGH 7 Ob 80/04x.

Praxistipp

Falsche Angaben über ein Schadenereignis bedeuten grundsätzlich nur dann eine Obliegenheitsverletzung, wenn sie gegenüber dem Versicherer abgegeben werden. Infolgedessen stellen falsche Angaben gegenüber der Polizei keinen Verstoß gegen die Aufklärungspflicht des VN dar, wenn dieser dem Versicherer den wahren Sachverhalt mitgeteilt und nicht bspw dem Versicherer gegenüber auf die vor der Polizei gemachten Angaben verwiesen hat.[264]

Weitere häufige sekundäre Obliegenheiten sind die Anzeigepflicht und diverse Mitwirkungspflichten. Diese dienen dem Versicherer dazu, ihn vorerst über einen Schadenfall zu informieren und ihm in der Folge die Bearbeitung des Schadenfalls zu erleichtern.

7.3. Gesetzliche Obliegenheiten

7.3.1. Schadenminderungspflicht

Gemäß § 62 Abs 1 VersVG ist der VN verpflichtet, beim Eintritt des Versicherungsfalls nach Möglichkeit für die **Abwendung und Minderung des Schadens** zu sorgen und dabei die Weisungen des Versicherers zu befolgen; er hat, wenn die Umstände es gestatten, solche Weisungen einzuholen. Dabei handelt es sich um eine gesetzliche Obliegenheit in der Schadenversicherung. Zwischen den §§ 61 und 62 VersVG besteht ein systematischer Zusammenhang. § 61 VersVG beinhaltet eine Schadenverhütungspflicht, § 62 VersVG eine Schadenminderungspflicht. Die beiden Bestimmungen sind zeitlich durch den Eintritt des Versicherungsfalls getrennt, das heißt vor Eintritt des Versicherungsfalls gibt es begrifflich nur die Schadenverhütungspflicht, ab Eintritt des Versicherungsfalls kommt nur mehr die Schadenminderungspflicht in Frage.

Im Gegensatz zu § 33 Abs 1 VersVG (Anzeigepflicht) und § 34 VersVG (Aufklärungspflicht) sieht das Gesetz selbst Leistungsfreiheit vor, sodass eine gesonderte Vereinbarung als vertragliche Obliegenheit unterbleiben kann. Hat der VN die Schadenminderungspflicht verletzt, so ist der Versicherer von der Verpflichtung zur Leistung frei, es sei denn, dass die Verletzung weder auf Vorsatz noch auf grober Fahrlässigkeit beruht. Bei grob fahrlässiger Verletzung bleibt der Versicherer zur Leistung insoweit verpflichtet, als der Umfang des Schadens auch bei gehöriger Erfüllung der Verpflichtungen nicht geringer gewesen wäre. Es gibt daher im Unterschied zu § 6 Abs 3 VersVG keinen dolus coloratus, sondern der Versicherer ist bei **jeder vorsätzlichen Verletzung** der Schadenminderungspflicht leistungsfrei. Der Kausalitätsgegenbeweis ist nur bei grob fahrlässiger Verletzung möglich, eine leicht fahrlässige Verletzung bleibt sanktionslos. Die Beweislast ist ident mit vertragli-

[264] OGH 7 Ob 187/13w.

chen Obliegenheiten: der Versicherer muss die Verletzung der Schadenminderungspflicht beweisen, Verschuldens- und Kausalitätsgegenbeweis obliegen dem VN.

Der VN ist verpflichtet, alle zur Abwehr oder zur Verringerung des Schadens geeigneten Maßnahmen zu ergreifen, soweit sie ihm möglich und zumutbar waren. Dabei ist die **verkehrsübliche Sorgfaltspflicht** einzuhalten.[265] Die Schadenminderungspflicht gilt zeitlich unbeschränkt, solange der Schaden abgewendet oder gemindert oder der Umfang der Entschädigung gemindert werden kann. Sie verlangt inhaltlich vom VN, die ihm in der jeweiligen Situation möglichen und zumutbaren Schadenminderungsmaßnahmen unverzüglich zu ergreifen, wie wenn er nicht versichert wäre. Der VN ist zB verpflichtet, nach Diebstahl seines kaskoversicherten Kfz eine Aktivierung des GPS-Systems durchführen zu lassen, um die an sich mögliche Ortung seines Fahrzeuges zumindest zu versuchen.

§ 183 VersVG enthält für die **Unfallversicherung** ebenfalls eine gesetzliche Schadenminderungspflicht („Der Versicherungsnehmer hat für die Abwendung und Minderung der Folgen des Unfalls nach Möglichkeit zu sorgen und dabei die Weisungen des Versicherers zu befolgen, soweit ihm nicht etwas Unbilliges zugemutet wird.“). Diese Regelung gilt kraft Analogie auch für die Berufsunfähigkeitsversicherung.[266] § 183 VersVG enthält aber im Gegensatz zu § 62 VersVG keine Rechtsfolgen. Der Versicherer muss daher in den AVB vereinbaren, dass unter den Voraussetzungen des § 6 Abs 3 VersVG Leistungsfreiheit eintritt.

7.3.2. Anzeigepflicht

Nach § 33 Abs 1 VersVG hat der VN den Eintritt des Versicherungsfalls, nachdem er von ihm Kenntnis erlangt hat, unverzüglich **dem Versicherer anzuzeigen**. Diese Bestimmung enthält jedoch keine Sanktion, sodass sie in den meisten AVB als vertragliche Obliegenheit nach § 6 Abs 3 VersVG festgelegt wird. Demnach muss der Versicherungsfall dem Versicherer idR innerhalb von einer Woche gemeldet werden. Hat der Versicherer in anderer Weise von dem Eintritt des Versicherungsfalls rechtzeitig Kenntnis erlangt, kann er Leistungsfreiheit wegen Verletzung der Anzeigepflicht nicht einwenden (§ 33 Abs 2 VersVG). Die Anzeigepflicht ist nämlich nicht Selbstzweck, sondern soll es dem Versicherer ermöglichen, den Schadenfall ordnungsgemäß zu bearbeiten. Dies gilt auch bei Verletzung der Anzeigepflicht mit dolus coloratus (OGH 7 Ob 52/22f).

Die **Unterlassung der Schadenanzeige** wird von den Gerichten idR als grob fahrlässig angesehen. Die Erstattung einer Schadensanzeige ist so einfach, dass ihre Unterlassung weder mit geschäftlicher Unerfahrenheit noch mit Zeitmangel entschuldigt werden kann. Bei grob fahrlässiger Obliegenheitsverletzung steht dem VN der Kausalitätsgegenbeweis zu. Sehr oft wird seitens des VN argumentiert, dass eine verspätete Schadenmeldung nicht kausal für den Umfang der zu erbringenden

[265] OGH 7 Ob 184/98d.
[266] OGH 7 Ob 45/19x.

Leistung sei, dass also der Versicherer ohnehin hätte leisten müssen, was er letztendlich geleistet hat.

Diese Ansicht ist zumindest dann zu hinterfragen, wenn es um den **Diebstahl der versicherten Sache** geht. In der Kfz-Kaskoversicherung versetzt nur eine rasche Schadenmeldung den Versicherer in die Lage, sinnvolle Versuche zur Wiederauffindung des gestohlenen Fahrzeuges zu starten. Je länger der Zeitraum zwischen Diebstahl und Kenntnis des Diebstahles ist, desto geringer werden die ohnehin nicht besonders guten Aussichten, das Fahrzeug wiederzufinden. Zudem ist davon auszugehen, dass dem Versicherer durch eine verspätete Schadensanzeige eine Reihe von Möglichkeiten zur Überprüfung der Angaben des VN bzw zur Erhebung des Schadenfalls, um sich vor betrügerischen Machenschaften des VN zu schützen, verwehrt wird.[267]

Von besonderer Bedeutung ist die Anzeigepflicht in der **Haftpflichtversicherung**. Da es vor allem in der freiwilligen Haftpflichtversicherung im Gegensatz zur Kfz-Haftpflichtversicherung idR kein direktes Klagerecht gegen den Versicherer gibt, erfährt dieser von einem Schadenfall meist erst durch die Anzeige durch den VN. Die Anzeigepflicht dient auch dazu, den Versicherer vor vermeidbaren Belastungen und ungerechtfertigten Ansprüchen zu schützen. Die Drohung mit den Anspruchsverlust soll den VN motivieren, die Verhaltensregeln ordnungsgemäß zu erfüllen, es kommt ihr daher eine präventive Funktion zu.[268] Dieses Interesse des Versicherers „vor vermeidbaren Belastungen und ungerechtfertigten Ansprüchen" ist sowohl in der Betriebshaftpflichtversicherung als auch in der Privathaftpflichtversicherung von besonderer Bedeutung, weil es sehr oft ein der Wahrheitsfindung nicht förderndes Naheverhältnis zwischen Schädiger und Geschädigten gibt. Aufgrund dieses Naheverhältnisses ist der Schädiger oft gar nicht interessiert daran, unberechtigte Schadenersatzansprüche des Geschädigten mit Hilfe seiner Haftpflichtversicherung abzuwehren, sondern legt eher Wert darauf, dass die Ansprüche des Geschädigten vom Haftpflichtversicherer ersetzt werden, unabhängig davon, ob sie berechtigt sind oder nicht. Die Erhebungen des Versicherers – insbesondere durch Einholung eines Sachverständigengutachtens zeitnah zum Versicherungsfall – haben daher sehr wohl auch die Aufgabe, die Angaben des VN zu überprüfen.

Nach Art 8 Abs 1 Z 4 AHVB hat der VN den Versicherer **umfassend und unverzüglich**, spätestens innerhalb einer Woche ab Kenntnis, zu informieren, und zwar schriftlich, falls erforderlich auch fernmündlich oder fernschriftlich. Insbesondere sind anzuzeigen der Versicherungsfall, die Geltendmachung einer Schadenersatzforderung, die Zustellung einer Strafverfügung sowie die Einleitung eines Straf-, Verwaltungsstraf- oder Disziplinarverfahrens gegen den VN oder den Versicherten sowie alle Maßnahmen Dritter zur gerichtlichen Durchsetzung von Schadenersatzforderungen. Die angeführten Punkte heben über die allgemeine Informations-

[267] OGH 7 Ob 134/97i.

[268] OGH 7 Ob 88/08d.

pflicht hinaus einige Tatbestände ausdrücklich hervor, die insbesondere anzuzeigen sind. Jeder der oben angeführten Tatbestände ist für sich anzuzeigen, und zwar unabhängig davon, ob der Schadenfall selbst oder in der Folge eingetretene Umstände bereits gemeldet wurden. Eine vorsätzliche Obliegenheitsverletzung liegt vor, wenn das die Obliegenheitsverletzung begründende Verhalten im Bewusstsein des Vorhandenseins der Verhaltensnorm gewollt war, wobei schon bedingt vorsätzliche Verletzung der Obliegenheit ausreicht. Dies gilt bei Verletzung der Anzeigepflicht auch dann, wenn der VN annimmt, Schadenersatzansprüche gegen ihn seien mangels Sorgfaltsverletzung nicht begründet.[269]

Der **Begriff der Geltendmachung** ist extensiv auszulegen. Jede Erklärung, auch wenn sie nur mündlich erfolgt oder sich aus schlüssigen Handlungen ergibt, ist als Geltendmachung aufzufassen, soweit sich daraus die Absicht des Geschädigten ergibt, Schadenersatz zu fordern. Dabei braucht die Erklärung über den Umfang der beabsichtigten Forderung nichts auszusagen. Der VN darf auch nicht den Ernst einer solchen Absicht nachprüfen, sondern muss unverzüglich dem Versicherer Anzeige erstatten. Die Formulierung „Geltendmachung einer Schadenersatzforderung" lässt sich auch bei großzügigster Auslegung nicht dahingehend weginterpretieren, dass es erst auf die anschließende „cingchende Prüfung" durch den VN ankommen könne.[270] Dass ein Anspruch gerichtlich geltend gemacht wurde, erfährt der VN durch die Zustellung der Klage oder des bedingten Zahlungsbefehls. Lässt der VN den vorgeschriebenen Termin verstreichen, kommt es zur Fällung eines Versäumungsurteiles. Ein derartiges Vorgehen ist zumindest als grob fahrlässig zu beurteilen, weil jedermann einsichtig sein muss, dass damit ein unzulässiges Anerkenntnis zur Schadenregulierung in voller Höhe bei einem noch aufklärungsbedürftigen Unfallsverlauf abgegeben wird.[271]

Ein **wirksamer Kausalitätsgegenbeweis** setzt voraus, dass ihm eine Beweislage zugrunde liegt, die jener gleichwertig ist, die der VN durch seine Obliegenheitsverletzung zerstört oder eingeschränkt hat. Kommt es bei der Beurteilung eines Versicherungsfalls im besonderen Maß auf die Befundung vor Ort an, können Lichtbilder und Videofilme selbst bei entsprechendem Bemühen der Hersteller des Bildmaterials um objektive Darstellung der tatsächlichen Gegebenheiten letztlich nicht sicherstellen, dass die Örtlichkeiten umfassend naturgetreu dargestellt sind.[272]

7.4. Erhöhung der Gefahr

Gefahrerhöhung liegt vor, wenn sich die bei Vertragsabschluss wesentlichen **Umstände ändern**, sodass der Eintritt des Versicherungsfalls wahrscheinlicher bzw die mutmaßliche Schadenhöhe größer wird.[273] Der VN darf gemäß § 23 Abs 1 VersVG

[269] OGH 7 Ob 27/07g.
[270] OGH 7 Ob 183/06x.
[271] OGH 7 Ob 319/01i.
[272] OGH 7 Ob 88/08d.
[273] StRsp, zB OGH 7 Ob 210/98b, OGH 7 Ob 314/00b.

nach Abschluss des Vertrags ohne Einwilligung des Versicherers weder selbst eine Erhöhung der Gefahr vornehmen noch ihre Vornahme durch einen Dritten gestatten (gewillkürte bzw subjektive Gefahrerhöhung). Unerhebliche Gefahrerhöhungen sind nicht relevant (§ 29 VersVG).[274] Die Vorschriften über die Gefahrerhöhung gelten auch in der Haftpflichtversicherung, nicht jedoch in der Krankenversicherung (§ 178a Abs 3 VersVG). Für die Transportversicherung (§§ 142 f VersVG) und die Lebensversicherung (§ 164 VersVG) gelten besondere Regeln.

Erlangt der VN von einer Erhöhung der Gefahr Kenntnis, muss er den Versicherer unverzüglich darüber informieren (§ 23 Abs 2 VersVG). Das Unterlassen der Beseitigung einer unabhängig vom Willen des VN eingetretenen Gefahrerhöhung ist als eine „Vornahme“ derselben im Sinne des § 23 Abs 1 VersVG zu werten.[275]

Gefahrerhöhung liegt nur vor, wenn der geänderte Gefahrenzustand von einer **gewissen Dauer** ist. Bei Einmaligkeit und relativer Kurzzeitigkeit liegt keine relevante Gefahrerhöhung vor.[276] Für den geforderten Dauerzustand relevant ist nicht allein, dass die erhöhte Gefahrenlage tatsächlich schon längere Zeit bestanden hat, sondern auch dass sie ex ante auf längere Zeit ausgelegt ist.[277]

Die Bestimmungen über die Gefahrerhöhung sind **halbzwingend** und dürfen daher in AVB nicht einseitig zu Lasten des Versicherten abgeändert werden. Für den VN günstigere Regeln können in AVB jederzeit getroffen werden. Dies ergibt sich schon aus dem Wortlaut des § 29 zweiter Satz VersVG („Eine Erhöhung der Gefahr kommt auch dann nicht in Betracht, wenn nach den Umständen als vereinbart anzusehen ist, dass das Versicherungsverhältnis durch die Erhöhung der Gefahr nicht berührt werden soll.“).

Gefahrerhöhung und vorvertragliche Anzeigepflicht ergänzen einander und sind zeitlich durch den Versicherungsabschluss getrennt: die §§ 16 ff VersVG gelten vor Abschluss der Versicherung, die §§ 23 ff VersVG nach Abschluss der Versicherung. Beiden ist gemeinsam, dass sie dem Versicherer die Möglichkeiten geben sollen, das versicherte Risiko zu kontrollieren bzw die bedarfsgerechte Prämie zu berechnen. Da es in Österreich keinen Kontrahierungszwang gibt, soll der Versicherer auch entscheiden können, ob er ein Risiko zu tragen bereit ist oder nicht.

Auch zwischen der Erhöhung der Gefahr und den vorbeugenden Obliegenheiten gemäß § 6 Abs 2 VersVG bestehen Ähnlichkeiten. Beiden ist gemeinsam, dass bei Einhaltung der Vorschriften der Eintritt des Versicherungsfalls weniger wahrscheinlich und die Auswirkungen des Versicherungsfalls geringer sind. Obliegenheiten schreiben allerdings ein bestimmtes Verhalten vor, während Gefahrerhöhung abstrakt wirkt. Der größte Unterschied liegt in der Dauer. Bei Obliegenheiten ist bereits eine einmalige Verletzung relevant, die Gefahrerhöhung erfordert eine gewisse Dauer.

[274] OGH 7 Ob 18/79; OGH 7 Ob 38/78; OGH 7 Ob 14/86.

[275] OGH 7 Ob 210/19m.

[276] OGH 7 Ob 244/06t.

[277] OGH 7 Ob 2205/96g.

Die Ähnlichkeiten zwischen vorvertraglicher Anzeigepflicht und vorbeugenden Obliegenheiten einerseits und Gefahrerhöhung andererseits zeigen sich auch in der Beweislastverteilung. Der Versicherer muss das Vorliegen einer erheblichen Gefahrerhöhung und den Dauerzustand beweisen, der VN das mangelnde Verschulden und die mangelnde Kausalität.

Erhöht sich das Risiko und kommt der VN seiner Meldepflicht nach, hat der Versicherer drei Optionen:

- er lässt den Vertrag unverändert bestehen,
- er verlangt eine höhere Prämie oder
- er kündigt den Vertrag.

Nach dem Wortlaut des Gesetzes liegt eine Meldepflicht für Gefahrerhöhungen nur dann vor, wenn sich der Gefahrenzustand **nach Abschluss des Vertrags** erhöht hat. Für Massensparten (insbesondere die Kfz-Versicherung, wohl aber auch die Haushalts- und Eigenheimversicherung bzw überhaupt alle Sparten, bei denen ein standardisiertes Risiko vorliegt) vertritt die Rsp die Ansicht, dass das typische Risiko relevant ist und eine Gefahrerhöhung auch dann vorliegen kann, wenn der gefahrerhöhende Zustand bereits bei Abschluss des Vertrags bestand, weil dies vom Versicherer nicht geprüft werden muss.[278]

Bei verschuldeten Gefahrerhöhungen kann der Versicherer ohne Einhaltung einer Frist kündigen, bei unverschuldeten muss er eine Frist von einem Monat einhalten. Das **Kündigungsrecht** erlischt, wenn es nicht innerhalb eines Monats ab Kenntnis des Versicherers von der Gefahrerhöhung ausgeübt wird (§ 24 VersVG). Der Versicherer soll sich die Konsequenzen der Gefahrerhöhung (vor allem die Leistungsfreiheit) nicht „aufheben“ können, sondern – auch im Interesse des VN – sich rasch entscheiden, ob er den Vertrag behalten will oder nicht.

Verletzt der VN die Meldepflicht gemäß § 23 Abs 1 VersVG, wird dem Versicherer im Regelfall die Gefahrerhöhung erst bei einem **Schadenfall** bekannt. § 25 VersVG legt daher fest, dass der Versicherer in solchen Fällen leistungsfrei ist, soweit der VN die Verletzung der Meldepflicht verschuldet hat und der gefahrerhöhende Umstand kausal entweder für den Eintritt des Versicherungsfalls oder für den Umfang der Leistungen des Versicherers war. Das Alles-oder-nichts-Prinzip ist daher wie bei den vorbeugenden Obliegenheiten gelockert, sodass auch nur eine teilweise Leistungsfreiheit vorliegen kann.[279] Dem positiven Wissen des VN wird sein verschuldetes Nichtwissen gleichgestellt. Die Leistungspflicht des Versicherers bleibt bestehen, wenn beim Eintritt des Versicherungsfalls seine Kündigungsfrist bereits abgelaufen, eine Kündigung aber nicht erfolgt ist (§ 25 Abs 3 VersVG).

Die Durchführung von Arbeiten in Eigenregie („Pfuschen“) kann insbesondere dann eine Gefahrerhöhung bedeuten, wenn behördliche Vorschriften nicht einge-

---

278 OGH 7 Ob 68/82; OGH 7 Ob 41/83.

279 OGH 7 Ob 50/02g.

halten werden (OGH 7 Ob 7/21m). Auch die Erweiterung und/oder Umwandlung eines versicherten Betriebs ist ein typischer Fall der Gefahrerhöhung wie zB die Erweiterung eines Reitstalls[280] oder die Umwandlung einer privaten Schnapsbrennerei in einen gewerblichen Betrieb.[281] Gefahrerhöhungen können aber auch unabhängig vom Willen oder Wirken des VN eintreten **(nicht gewillkürte bzw objektive Gefahrerhöhung)**. In einem solchen Fall entsteht die Meldepflicht des VN, sobald er von der Erhöhung der Gefahr Kenntnis erlangt (§ 27 Abs 1 und 2 VersVG). Die Rechtsfolgen sind sowohl hinsichtlich des Kündigungsrechts des Versicherers als auch der Leistungsfreiheit ident wie bei der gewillkürten Gefahrerhöhung, im Fall der Kündigung muss der Versicherer jedoch eine Frist von einem Monat einhalten.

Praxistipp

Wie bei den Obliegenheiten haftet der VN nicht für **Repräsentanten**, doch ist gegen mitversicherte Personen ein Regress des Versicherers möglich, wenn diese den gefahrerhöhenden Umstand herbeigeführt haben oder gewusst haben, dass ein solcher besteht. Dies wird vor allem in der Kfz-Versicherung der Fall sein, wenn ein nicht dem KFG entsprechendes Kfz verwendet wird.[282]

Entsteht die Gefahrerhöhung durch **allgemein bekannte Umstände**, erlischt das Kündigungsrecht des Versicherers erst nach einem Jahr und der VN ist zur Meldung nicht verpflichtet (§ 27 Abs 3 VersVG). Das Gesetz nennt ausdrücklich eine Änderung von Rechtsvorschriften, doch sind auch andere Fälle denkbar, weil das Gesetz das Wort „etwa" verwendet. Als Beispiele nennen die Gesetzesmaterialien die Auswirkungen neuer schadenersatzrechtlicher Bestimmungen auf die Haftpflichtversicherung oder eine Änderung des anwaltlichen Honorarrechts auf die Rechtsschutzversicherung. Dem Versicherer soll hinreichend Zeit gegeben werden, die Auswirkungen dieser „gesetzlichen" Gefahrerhöhung auf die Versichertengemeinschaft zu prüfen. Diese Bestimmung dient aber auch dem Schutz des VN, der damit vor „Vorsichtskündigungen" weitgehend geschützt ist.

7.5. Prämienverzug

7.5.1. Erstprämie

Die erste oder einmalige Prämie ist nach § 38 VersVG **innerhalb von 14 Tagen** nach dem Abschluss des Versicherungsvertrags und nach der Aufforderung zur Prämienzahlung zu bezahlen. Ist die erste oder einmalige Prämie zur Zeit des Eintritts des Versicherungsfalls und nach Ablauf der 14-Tagesfrist noch nicht gezahlt, so ist der Versicherer von der Verpflichtung zur Leistung frei, es sei denn, dass der VN

280 OGH 7 Ob 50/02g.
281 OGH 7 Ob 180/18y.
282 OGH 7 Ob 74/78.

an der rechtzeitigen Zahlung der Prämie ohne sein Verschulden verhindert war. Die Leistungsfreiheit tritt nicht ein, wenn der VN bloß mit nicht mehr als 10% der Jahresprämie, höchstens aber mit 60 Euro, in Verzug ist (§ 39a VersG). Ebenso gibt es keine Leistungsfreiheit, wenn nur Zinsen oder Kosten (zB die Mahnspesen) nicht bezahlt wurden.

Erstprämie ist jede erstmals eingeforderte Prämie für die **Übernahme eines neuen Risikos**, so zB die erste Prämie für einen Vertrag, der einen früheren ersetzt, oder für einen Vertrag, der nach Veräußerung oder Zerstörung des versicherten Kfz mit dem Versicherer dieses Wagens für den angeschafften Ersatzwagen unter Anrechnung einer Vergütung aus dem alten Vertrag abgeschlossen wird. Gleiches gilt für die Erweiterung eines Vertrags auf ein zusätzliches Risiko oder einen zusätzlichen Gegenstand. Bei Ausdehnung eines bestehenden Vertrags auf ein zusätzliches Risiko ist der Vertrag im Umfang dieser Ausdehnung als neuer Vertrag anzusehen, weshalb die durch die Ausdehnung bewirkte Prämiendifferenz eine Erstprämie iSd § 38 VersVG ist.[283]

Bei bloßer **Änderung eines Versicherungsvertrags** handelt es sich bei den weiteren Prämienvorschreibungen um Folgeprämien. Werden die für einen Versicherungsvertrag wesentlichen Punkte, wie das versicherte Objekt, die Gesamtversicherungssumme, die Prämienzahlung und die Versicherungsdauer, völlig neu vereinbart, handelt es sich um die Begründung eines neuen Vertragsverhältnisses, bei dem eine Erstprämie vorzuschreiben ist. Die bloße Aushändigung einer neuen Polizze ist hingegen kein entscheidendes Kriterium für die Begründung eines selbständigen neuen Versicherungsvertrags, selbst wenn der alte Vertrag als erloschen bezeichnet wird. Die Versicherung eines Ersatzwagens anstelle eines früher versicherten Fahrzeugs sowie die Versicherung eines zweiten zusätzlichen Fahrzeugs mit Wechselkennzeichen ist als Neuversicherung anzusehen.[284]

Die **Frist zur Zahlung der Erstprämie** beginnt erst mit dem Zugang der Polizze beim Versicherungsnehmer. Den Beweis für den Zugang der Zahlungsaufforderung und dessen Zeitpunkt hat der Versicherer zu erbringen. Der Nachweis der Absendung einer nicht eingeschrieben zur Post gegebenen Sendung reicht dafür nicht aus, weil Unregelmäßigkeiten in der Postzustellung erfahrungsgemäß immer wieder vorkommen. Ein Prima-facie-Beweis für den Zugang eines vom Versicherer nur einfach abgesendeten Poststücks besteht nicht. Es kann sich daher der Adressat grundsätzlich auf das einfache Bestreiten des Zugangs einer derartigen Sendung beschränken.

Für die Beurteilung der Frage, wann einer Partei die **mittels eingeschriebenen Briefes** übermittelte und infolge Abwesenheit dieser Partei beim Postamt hinterlegte Polizze zugekommen ist, kommt es nach der Empfangstheorie auf den Beginn

283 OGH 7 Ob 34/84.
284 OGH 7 Ob 16/84; OGH 7 Ob 34/84.

der Abholmöglichkeit beim Hinterlegungspostamt an.[285] Die Rechtsprechung vertritt jedoch die Ansicht, dass Absendung nicht den Zugang beweise, gelte auch für Einschreibesendungen. Betont wird, dass für den Zugang der Mahnung die Grundsätze des Anscheinsbeweises auch für Einschreibesendungen nicht anwendbar seien, weil es in der Hand des Versicherers liege, Beweisschwierigkeiten – etwa durch Einschreiben mit Rückschein – zu vermeiden. Von diesem Grundsatz gibt es jedoch eine wichtige Ausnahme: bei einer **Wohnungsänderung** durch den VN reicht gemäß § 10 Abs 1 VersVG der Nachweis der Absendung eines eingeschriebenen Briefes für eine Willenserklärung des Versicherers. Der Versicherer ist nicht verpflichtet, allenfalls unterschiedliche Adressen bei verschiedenen Versicherungsverträgen des VN zu hinterfragen oder weitere Nachforschungen anzustellen [286].

Wird auf dem an den Versicherer gerichteten und vom VN sowie dem Versicherungsmakler unterfertigten Antrag ausdrücklich festgehalten, dass die Versicherungspolizze an den Makler zu ergehen habe, kann dies nur als **Empfangsvollmacht** angesehen werden. Diese ist dahin zu verstehen, dass sie auch die Übermittlung der Zahlungsaufforderung für die erste Prämie umfasst. Damit beginnt die Frist zur Zahlung der Erstprämie mit dem Zugang der Polizze beim Makler, unabhängig davon, wann dieser den Versicherungsnehmer informiert hat.[287] Bleibt der Grund der verzögerten Übermittlung der Unterlagen durch den Makler an den VN unklar, ist diesem der Beweis, an der rechtzeitigen Zahlung der Prämie ohne sein Verschulden verhindert gewesen zu sein, nicht gelungen.[288]

Praxistipp

Was unter Zahlung zu verstehen ist, geht aus dem Wortlaut der §§ 38 und 39 VersVG nicht hervor. Im Fall einer Banküberweisung ist die Zahlung bereits mit dem Einlangen des Überweisungsauftrages bei der Bank des Schuldners (unter der Voraussetzung ausreichender Kontendeckung, dh des tatsächlichen Einlangens der Prämie bei der Bank des Versicherers) anzunehmen und die Deckungspflicht zu bejahen, wenn der Versicherungsfall nach Erteilung des Überweisungsauftrags, jedoch vor der Gutschrift der Prämie auf dem Konto des Versicherers eintrifft. Hat die Bank den Überweisungsauftrag des im Verzug befindlichen VN im Lastschriftverfahren angenommen, wäre zwar bis zu dessen Ausführung eine Stornierung möglich, diese theoretische Möglichkeit ist aber bei Beurteilung der Rechtzeitigkeit der Zahlung nur dann in Betracht zu ziehen, wenn der säumige VN von ihr tatsächlich Gebrauch gemacht hat.[289]

[285] OGH 7 Ob 10/85.

[286] OGH 7 Ob 24/09v; OGH 7 Ob 83/21p.

[287] OGH 7 Ob 314/99y.

[288] OGH 7 Ob 105/03x.

[289] OGH 7 Ob 103/97s.

Dieses **gesetzliche Einlösungsprinzip** beruht auf dem Gedanken, dass ein VN billigerweise die riskante Gefahrtragungsleistung des Versicherers nicht verlangen kann, wenn er nicht seinerseits zunächst einmal geleistet hat. Hat daher der VN das Erforderliche getan, um die Prämienschuld dem Versicherer zu übermitteln, ist das Interesse des Versicherers am Erhalt der ihm zustehenden Prämie ausreichend gewahrt. Für den Beginn der Gefahrtragung des Versicherers genügt es daher, wenn der VN die Prämie vor Eintritt des Versicherungsfalls mittels Postanweisung oder Bankerlagscheins bar aufgibt (oder einen Überweisungsauftrag erteilt, siehe oben), vorausgesetzt, dass die Prämie bei der Bank des Versicherers später auch tatsächlich einlangt. Unerheblich ist der Zeitpunkt der Gutschrift auf das Konto des Versicherers.[290]

Für den Fall der **Nichtzahlung einer Erstprämie** ist prinzipiell eine Nachfristsetzung und eine Belehrung über die Rechtsfolgen der Nichtzahlung für den Eintritt der Leistungsfreiheit nicht erforderlich. Dies gilt allerdings nur für jene Erstprämie, die sofort nach dem Abschluss des Vertrages zu zahlen ist und deren Zahlung gemeinsam mit der sofortigen Einlösung des Versicherungsscheines den Beginn des Versicherungsschutzes bewirkt. Wurde eine vorläufige Deckungszusage gegeben, dann ist der Versicherer verpflichtet, bei der Vorschreibung der ersten Prämie mit der Übersendung der Polizze deutlich und unmissverständlich auf den drohenden Verlust des bisher bestehenden Versicherungsschutzes hinzuweisen, wenn der VN nicht unverzüglich zahlen sollte. Unterlässt der Versicherer diesen Hinweis, dann liegt kein schuldhafter Verzug des säumigen VN vor. Wenn sich lediglich aus den Versicherungsbedingungen der Verlust des Versicherungsschutzes entnehmen lässt, kann dies nicht als Hinweis auf unverzügliche Zahlungsaufforderung verstanden werden.[291]

7.5.2. Folgeprämie

Bei Verzug in der Zahlung von Folgeprämien erlischt die Deckungspflicht des Versicherers nicht von selbst, sondern erst nach einem **qualifizierten Mahnverfahren** (§ 39 VersVG). Wird eine Folgeprämie nicht rechtzeitig gezahlt, so kann der Versicherer dem VN auf dessen Kosten schriftlich eine Zahlungsfrist von mindestens zwei Wochen bestimmen. Dabei sind die Rechtsfolgen anzugeben, die mit dem Ablauf der Frist verbunden sind. Eine Fristbestimmung ohne Beachtung dieser Vorschriften ist unwirksam. Es bedarf keiner weiteren qualifizierten Mahnung, wenn die Leistungsfreiheit des Versicherers Ausfluss eines ursprünglichen Prämienverzugs ist, für den der VN bereits eine qualifizierte Mahnung erhalten hat (OGH 7 Ob 20/21y).

Der VN muss nach dem äußeren Anschein der Mahnung jedenfalls besonders eindrucksvoll an seine Zahlungspflicht erinnert werden. Demgemäß sind an **Form und**

[290] OGH 7 Ob 28/89.

[291] OGH 7 Ob 64/97f; OGH 7 Ob 180/05d; OGH 7 Ob 15/17g.

Inhalt eines Mahnschreibens nach § 39 VersVG grundsätzlich strenge Anforderungen zu stellen. In den Entscheidungen OGH 7 Ob 7/89, OGH 7 Ob 68/77 und OGH 7 Ob 70/80 wurde eine Mahnung und Rechtsbelehrung des Versicherers, die oberhalb des Erlagscheines angebracht und als solche leicht erkennbar war, ebenso als ausreichend und ordnungsgemäß befunden wie zu OGH 7 Ob 15/77 eine Prämienmahnung auf einem Beiblatt unterhalb des zugehörigen Erlagscheines. Auch eine Form der Mahnung und Belehrung im Sinne einer seitlich an den Erlagschein angebrachten, jedoch dort in deutlicher Form- und Textwahl gestalteten und sich abhebenden Allonge ist nicht zu beanstanden.[292]

Lediglich in der Entscheidung OGH 7 Ob 57/79 wurde ausgeführt, dass eine Mahnung nicht einmal auf einer Allonge des Erlagscheines, sondern direkt **auf dessen Rückseite**, welche sich überdies in ihrem Auffälligkeitswert überhaupt nicht von (sonstigen) Werbemitteilungen auf der Rückseite abhebt, nicht ausreicht und damit nicht den Voraussetzungen für eine qualifizierte Mahnung entspricht. Muss nämlich der Versicherte aus verschiedenen ihm zugesandten Stücken erst „mühselig die für ihn wesentliche Mitteilung zusammensuchen“, könne von einer ordnungsgemäßen Mahnung keine Rede sein, weil in einem derartigen Fall wesentliche Teile der Mahnung eben der notwendigen Auffälligkeit entbehren.

Tritt der Versicherungsfall nach Ablauf dieser Frist ein und ist der VN zur Zeit des Eintritts mit der Zahlung der Folgeprämie im Verzug, so ist der Versicherer leistungsfrei. Auch hier entfällt die Leistungsfreiheit bei nur geringfügigem Verzug (siehe Z 1).

Der Versicherer kann nach Ablauf der Frist das Versicherungsverhältnis **ohne Einhaltung einer weiteren Frist kündigen**, wenn der VN mit der Zahlung in Verzug ist. Die Kündigung kann bereits mit der Bestimmung der Zahlungsfrist so verbunden werden, dass sie mit Fristablauf wirksam wird, wenn der VN in diesem Zeitpunkt mit der Zahlung im Verzug ist. Darauf ist der VN bei der Kündigung ausdrücklich aufmerksam zu machen. Die Wirkungen der Kündigung fallen fort, wenn der VN innerhalb eines Monats nach der Kündigung oder – falls die Kündigung mit der Fristbestimmung verbunden wurde – innerhalb eines Monats nach Ablauf der Zahlungsfrist die Zahlung nachholt, sofern nicht der Versicherungsfall bereits eingetreten ist.

Auch die qualifizierte Mahnung ist eine **empfangsbedürftige Willenserklärung**, deren Wirkungen nur dann eintreten, wenn sie dem Adressaten zugegangen ist. Nach der Zugangstheorie reicht es aus, wenn der eingeschriebene Brief in den Machtbereich des Adressaten gelangt ist, selbst wenn er ihn nicht persönlich erhalten hat. Es genügt also, dass der Adressat die Möglichkeit hatte, die Erklärung zur Kenntnis zu nehmen. Hat der VN mehrere Wohnsitze, dann gilt das Mahnschreiben als zugegangen, wenn es die vom VN ausdrücklich bezeichnete Adresse erreicht und dort von einer zum Empfang berechtigten Person übernommen wurde. Den

[292] OGH 7 Ob 40/04i.

Nachweis für den Zugang hat allerdings den Versicherer zu führen. Die Absendung beweist auch bei Einschreibebriefen nicht den Zugang.[293]

Praxistipp

Im Fall eines Adresswechsels hat der VN die Verpflichtung, durch geeignete Maßnahmen sicher zu stellen, dass ihm in der Folge Sendungen des Versicherers zugehen können. Es besteht zwar keine einheitliche Regelung, welche Vorsorge getroffen werden muss, doch wird von der Judikatur ein der Post erteilter Nachsendeauftrag als ausreichend angesehen.[294] Wenn der VN seine Wohnung ändert, dies dem Versicherer aber nicht mitteilt, reicht es gemäß § 10 Abs 1 VersVG, dass der Versicherer einen eingeschriebenen Brief an die letztbekannte Adresse des VN absendet. Die Erklärung des Versicherers wird in dem Zeitpunkt wirksam, in welchem sie ohne die Wohnungsänderung bei regelmäßiger Beförderung dem VN zugegangen wäre. Bei absichtlicher Vereitelung des Zuganges durch den Empfänger ist der Zugang zu fingieren.[295]

Die Verpflichtung, für den **Zugang von rechtsgeschäftlichen Erklärungen** vorzusorgen, ist umso stärker zu gewichten, je eher mit der Möglichkeit des Einlangens solcher Erklärungen zu rechnen ist. Grundsätzlich muss nämlich der mit der Zahlung der Folgeprämie in Verzug geratene VN mit dem Zugang einer qualifizierten Mahnung rechnen und daher Vorkehrungen treffen, dass die Prämien rechtzeitig bezahlt werden.[296] Für die Beurteilung, ob objektiv mit der Kenntnisnahme durch den Empfänger gerechnet werden kann, sind alle Umstände des Einzelfalls maßgebend. Es muss geprüft werden, ob dem VN die Kenntnisnahme der Mahnung möglich war bzw ob ihm vorgeworfen werden kann, den Zugang wider Treu und Glauben verhindert zu haben.[297]

Praxistipp

Eine vorübergehende Ortsabwesenheit kann dazu führen, dass die qualifizierte Mahnung erst verspätet dem Adressaten zugeht. Während eines auf einige Wochen beschränkten Urlaubs, der unter Umständen an verschiedenen Aufenthaltsorten verbracht wird, ist ein Nachsendeauftrag nicht notwendig, weil damit durch unvorhersehbare Postwege oder Ereignisse, die etwa eine vorzeitige Heimkehr bewirken könnten, erst recht der möglichst rasche und sichere Erhalt von Poststücken gefährdet wird.[298]

293 OGH 7 Ob 34/84; OGH 7 Ob 38/94.
294 OGH 7 Ob 2088/96a.
295 OGH 7 Ob 248/00x.
296 OGH 7 Ob 248/00x.
297 OGH 7 Ob 55/02t.
298 OGH 7 Ob 34/95.

Rechtsgeschäftliche Erklärungen, zB eine Stundungsbewilligung, können nur so ausgelegt werden, wie sie der Erklärungsempfänger verstehen muss. Ohne gegenteilige Äußerung kann nämlich das Ersuchen um **Stundung und Gewährung einer Ratenzahlung** nur so verstanden werden, dass der VN alle mit der eingetretenen Säumnis für ihn verbundenen nachteiligen Folgen beseitigen wollte. Das betrifft daher nicht nur die Gefahr einer sofortigen Exekutionsführung, sondern auch alle anderen Nachteile, wie zB die Leistungsfreiheit des Versicherers. Die bedingungslose Gewährung einer Stundung kann der VN nur so verstehen, dass der Versicherer der aus der Natur des Ersuchens hervorgehenden Zielsetzung entsprechen wollte. Es wäre Sache des Versicherers gewesen, wenn er einen anderen Standpunkt vertreten wollte, eindeutig darauf hinzuweisen, dass die Stundung nur einen Aufschub der Exekution, nicht aber eine Beseitigung der Leistungsfreiheit bewirken sollte. Ohne einen solchen ausdrücklichen Hinweis kann die Leistungsfreiheit des Versicherers nicht eintreten, solange der Schuldner iSd Stundungsvereinbarung mit Leistungen nicht in Verzug ist.[299]

Im bloßen Ansuchen des VN nach **Änderung der Zahlungsweise** ist nach dem sehr strengen Maßstab des § 863 ABGB („kein vernünftiger Grund, daran zu zweifeln") nicht zu erkennen, dass darin ohne weiteres auch ein Stundungsersuchen gelegen sein soll. Umso weniger kann in der Entsprechung des Änderungswunsches des VN durch den Versicherer die Zustimmung zu einem Stundungsersuchen gesehen werden.[300]

Glaubt der VN irrtümlicherweise, durch die Zahlung einer späteren, aktuellen Folgeprämie den vollen Versicherungsschutz wiederherzustellen, muss der Versicherer ihn über die wahre Rechtslage aufklären. Ein Versicherer, der eine solche irrige Vorstellung des VN erkennt (oder erkennen müsste), ist nämlich nach Treu und Glauben zur „Aufklärung" verpflichtet. Er muss den VN in einer solchen Situation darauf hinweisen, dass die Leistungsfreiheit erst dann beendet wird und wieder Versicherungsschutz besteht, wenn er die rückständige frühere Prämie entrichtet hat.[301]

[299] OGH 7 Ob 44/86; OGH 7 Ob 20/21y.

[300] OGH 7 Ob 58/07s.

[301] OGH 7 Ob 220/09t.

8. Auslegung und Konfliktlösung bei Versicherungsvertragsverletzung (Berisha)

8.1. Vertragsauslegung

Für das Zustandekommen eines Vertrages ist allgemein die übereinstimmende Willenserklärung der Vertragsparteien maßgebend. Angebot und Annahme müssen daher deckungsgleich sein. Wenn eine geäußerte Willenserklärung jedoch nicht eindeutig ist, muss ihr eindeutiger Sinn/Gehalt mittels Auslegung ermittelt und verstanden werden. Die Vertragsauslegung ist eine Rechtsfrage und kann vom OGH überprüft werden.[302]

8.1.1. Allgemeines

Wie bereits bei der Auslegung der AVB hingewiesen, sind Versicherungsverträge nach den allgemeinen **Vertragsauslegungsregeln** des Zivilrechts § 914 f ABGB zu interpretieren. Im Gegensatz zur Gesetzesauslegung, wo es darum geht, den Willen des Gesetzgebers zu ermitteln, ist bei der Auslegung der privaten Rechtsgeschäfte **die tatsächliche Absicht bzw der tatsächliche Wille der Parteien** zu erforschen. Im Vordergrund steht also die Frage, welche Vorstellungen und Zwecke die Vertragsparteien **subjektiv** verfolgen.[303] Liegt ein **übereinstimmender Wille der Parteien** vor, ist keine Auslegung notwendig, da ein **natürlicher Konsens** gegeben ist. Der natürliche Konsens ist sogar auch dann maßgebend, wenn sich die Vertragsparteien in der äußeren Erklärung geirrt, beide aber innerlich dasselbe gemeint haben (falsa demonstratio non nocet). In diesem Fall schadet die Fehlbezeichnung nicht, es gilt also der übereinstimmende Parteiwille (natürlicher Konsens).[304]

Beispiel

Beim Abschluss des Versicherungsvertrages hatten sich Versicherer und Versicherungsnehmer auf eine Versicherungssumme von Euro 200.000,- geeinigt. Im Vertragsformular wurde jedoch irrtümlich Euro 2.000.000,- eingetragen.

Keine Auslegungsprobleme ergeben sich auch beim „offenen Dissens“, da sich hier die Willensäußerungen der Vertragsparteien eindeutig nicht decken und der Vertrag somit nicht zustande kommt.

Problematisch werden in der Praxis diejenigen Fälle, die weder einen „natürlichen Konsens“ noch einen „offenen Dissens“ aufweisen. Hier stellt sich die Frage, mit welchem Inhalt der Vertrag zustande kommt, wenn sich der übereinstimmende

---

302 *Schauer*, Versicherungsvertragsrecht³ 133.
303 *Schauer*, Versicherungsvertragsrecht³ 131.
304 *Schauer*, Versicherungsvertragsrecht³ 131.

Parteiwille (natürlicher Konsens) nicht ermitteln lässt? Wie ist vorzugehen, wenn zB eine Vertragspartei nicht das geäußert hat, was sie wirklich wollte oder der Empfänger der Erklärung die Äußerung des Vertragspartners nicht in seinem Sinne verstanden hat?[305] Welche Kriterien gelten in diesen Fällen?

8.1.2. Objektiver Erklärungswert

Wenn der tatsächliche und übereinstimmende Parteiwille nicht ermittelt werden kann, sind die Vertragserklärungen selbst maßgebend. Diese sind zunächst im Sinne der **Vertrauenstheorie** auszulegen, die darauf abstellt, wie ein **redlicher** und **verständiger Erklärungsempfänger** die Erklärung/Äußerung der Vertragspartei **nach der Verkehrsauffassung** verstehen durfte. Es kommt also nicht darauf an, wie der konkrete Vertragspartner die Erklärung subjektiv verstanden hat oder wie der Erklärende dachte und wollte, dass sie zu verstehen sei, sondern es gilt der **objektive Erklärungswert (normativer Konsens)** der Aussage.[306] Dieser ist jedoch nur dann relevant, wenn der Erklärungsempfänger den tatsächlichen Willen der erklärenden Vertragspartei nicht kannte.

8.1.3. Auslegungsregeln

Wenn der objektive Erklärungswert der Aussage bzw die erklärte Absicht der Parteien nicht eindeutig ermittelt werden kann, da immer noch mehrere Auslegungsmöglichkeiten verbleiben, kommt bei der Vertragsauslegung die gesetzlich vorgesehene **Unklarheitenregel des § 915 ABGB** zur Anwendung. Wie bereits im Kapitel 3 erwähnt, werden nach dieser Regel unklare Äußerungen bei zweiseitig verbindlichen Verträgen, wie es der Versicherungsvertrag ist, zum Nachteil derjenigen Vertragspartei ausgelegt, die sich undeutlicher Ausdrücke bedient hat. Damit möchte das Gesetz erreichen, dass die Vertragspartner möglichst klare, verständliche und unzweifelhafte Erklärungen verwenden.[307] Wenn auch nach Anwendung der oben erwähnten Auslegungsregeln noch immer kein eindeutiges Ergebnis erzielt wird, liegt klarerweise ein Dissens vor und der Vertrag kommt mangels übereinstimmender Willensäußerung der Parteien nicht zustande.[308]

In der Praxis kann auch vorkommen, dass die **vertragliche Regelung lückenhaft** ist. Mangels entsprechender Regelung zwischen den Vertragsparteien kann es zu einem Konflikt kommen. In diesem Fall wird zunächst versucht, die **Lücke** durch **dispositives Recht** (gesetzliche Regelungen, die abdingbar sind) zu **schließen**. Gelingt dies nicht, weil zB sich kein geeignetes dispositives Recht findet oder die Vertragsparteien dieses nicht anwenden möchten, kann die **ergänzende Vertragsauslegung** herangezogen werden. Hier wird unter Berücksichtigung der konkre-

[305] *Rautner*, Kreditsicherungsverträge (2017) 114.
[306] *Schauer*, Versicherungsvertragsrecht^3 133.
[307] *Schauer*, Versicherungsvertragsrecht^3 131.
[308] *Schauer*, Versicherungsvertragsrecht^3 131.

ten Gesamtumstände auf den **hypothetischen Parteiwillen** abgestellt, was also **redliche, vernünftige Vertragspartner** vereinbart hätten, wenn sie das Problem bei Vertragsschluss bedacht hätten. Dabei wird auch das Prinzip von „Treu und Glauben" berücksichtigt, zumal diesem im Versicherungsverhältnis eine besondere Rolle zukommt.[309] Die ergänzende Vertragsauslegung kann in der Praxis zur Anwendung kommen, wenn zB vertragliche Nebenpflichten nicht explizit vereinbart werden, sondern eben aus der ergänzenden Auslegung abgeleitet werden.[310]

8.2. Schiedsgerichtsbarkeit

8.2.1. Allgemeines

Privatrechtliche Konflikte zwischen den Vertragsparteien können unterschiedlich gelöst werden. Üblicherweise wird als Erstes versucht, die Streitigkeit durch Verhandlungen unter den Parteien beizulegen, um eine gütliche Einigung zu erzielen. In manchen Verträgen wird von den Parteien vertraglich vereinbart, dass Schiedsgerichte über auftretende Rechtsstreitigkeiten entscheiden sollen (Schiedsvereinbarung). Die Parteien entschließen sich in diesen Fällen bewusst, auf staatliche Gerichte zu verzichten. Schiedsgerichte sind Sondergerichte des Privatrechts. Als nichtstaatliche Entscheidungsorgane verfügen sie über keine volle Gerichtsgewalt, da ihnen in der Regel die Ordnungs- und Zwangsgewalt fehlen.[311]

Es werden folgende Schiedsgerichte unterschieden[312]:

Statutarische (institutionelle) Schiedsgerichte: Diese können auf Grundlage von Gesetzesbestimmungen errichtet werden, wie das Schiedsgericht der Rechtsanwälte (§ 59 RAO), Schiedsgericht der Notare (§ 188 NO) oder Schiedsgericht der Wirtschaftskammern (§ 139 WKG).

Private Schiedsgerichte (Gelegenheitsschiedsgerichte): Diese werden durch eine privatrechtliche Vereinbarung der Parteien (Schiedsvereinbarung; Schiedsklausel; Arbitration clause) im Einzelfall bestellt.

Für alle Schiedsgerichte, die ihren Sitz in Österreich haben, gelten die Regeln des Schiedsverfahrens in §§ 577–618 ZPO.

Von den Schiedsgerichten im Sinne von §§ 577 ZPO zu unterscheiden sind **Schiedsgutachterverfahren**. Diese sind in manchen Bestimmungen des Versicherungsvertragsgesetzes und in verschiedenen AVB vorgesehen, wie zB in § 64 VersVG (Schadenversicherung), § 158l VersVG (Rechtsschutzversicherung), § 184 VersVG

[309] OGH 13.11.2013, 7 Ob 151/13a.
[310] *Schauer*, Versicherungsvertragsrecht³ 132.
[311] *Rechberger/Simotta*, Zivilprozessrecht⁹ (2017) Rz 245, 1209.
[312] *Rechberger/Simotta*, Zivilprozessrecht⁹ Rz 247.

(Unfallversicherung) oder Art 9 ARB 2015 (Musterbedingungen des VVO für die Rechtsschutzversicherung) und Art 16 AUVB 2008 (Musterbedingungen des VVO für die Unfallversicherung, Version 06/2017). Bei einem **Schiedsgutachterverfahren** handelt es sich um ein **Sachverständigenverfahren**. Im Unterschied zum Schiedsgericht, das über sämtliche Fragen des Versicherungsverhältnisses entscheiden soll, stellen nach § 64 VersVG ein oder mehrere Sachverständige **einzelne Voraussetzungen des Anspruchs** aus der Versicherung oder die **Höhe des Schadens** fest. Dieses außerprozessuale Verfahren ist in der Lehre und Rechtsprechung als **Schiedsgutachterverfahren** bekannt.[313] In der Regel wird dieses Verfahren in der Versicherungspraxis über die AVB vereinbart. Die Feststellung des/der Sachverständigen ist grundsätzlich verbindlich, wenn sie nicht offenbar von der wirklichen Sachlage erheblich abweicht und bildet eine Grundlage für die weitere Schadensregulierung zwischen den Vertragsparteien (§ 64 Abs 2 VersVG). Erhebt der Versicherungsnehmer eine Deckungsklage bei Gericht, hat das Gericht die Feststellung des Sachverständigen zu berücksichtigen, wenn diese nicht offenbar unrichtig ist.[314]

Das Schiedsgutachterverfahren beginnt in der Praxis erst mit der Deckungsablehnung durch den Versicherer. Wenn der Versicherer den Versicherungsschutz ablehnt und ein Schiedsgutachterverfahren im Versicherungsvertrag vorgesehen ist, hat er den Versicherungsnehmer auf die Möglichkeit der Einleitung des Schiedsgutachterverfahrens hinzuweisen (zB in der Rechtsschutzversicherung § 158l VersVG). Möchte der Versicherungsnehmer von diesem Recht Gebrauch machen, ist ein formeller Antrag auf Einleitung des Schiedsgutachterverfahrens innerhalb der im Versicherungsvertrag vorgesehenen Frist zu stellen.[315] Der Versicherungsnehmer kann eine Deckungsklage auch ohne Durchführung eines Schiedsgutachterverfahrens gerichtlich einbringen. Wenn im Versicherungsvertrag vorgesehen ist, dass auch der Versicherer das Verfahren verlangen kann, steht ihm der Einwand der mangelnden Fälligkeit des Deckungsanspruchs zu (wie zB Art 10 AUVB 2022). Denn vor der Durchführung des Schiedsgutachterverfahrens ist der Deckungsanspruch des Versicherungsnehmers nicht fällig, außer der Versicherer verzichtet auf das Schiedsgutachterverfahren.[316]

Schiedsgerichtsverfahren kommen üblicherweise bei internationalen Verträgen vor. Doch auch nationale Schiedsgerichtsbarkeit gewinnt immer mehr an Bedeutung.[317] Im Bereich der Versicherungen sind Schiedsverfahren insbesondere bei Rechtsstreitigkeiten aus Rückversicherungsverträgen und im unternehmensrechtlichen

---

313 *Burtscher/Garger* in *Fenyves/Schauer*, VersVG § 64 Rz 1.

314 OGH 7 Ob 12/88.

315 *Garger* in *Fenyves/Schauer*, VersVG § 64 Rz 15.

316 *Garger* in *Fenyves/Schauer*, VersVG § 64 Rz 20 ff; zB OGH 7 Ob 36/89.

317 *Rechberger/Simotta*, Zivilprozessrecht 9 Rz 1209.

Bereich anzutreffen.[318] Im Bereich der Sach-, Elementar-, Kasko- und Unfallversicherung finden sich eher Sachverständigenklauseln (Schiedsgutachterverfahren).[319]

8.2.2. Vor- und Nachteile einer Schiedsvereinbarung

Es gibt verschiedene Gründe, die die Vertragsparteien motivieren können, für die Streitbeilegung ein Schiedsgericht zu vereinbaren. Wenn bei Streitigkeiten keine gütliche Einigung zustande kommt, wünschen sich die Parteien in der Regel eine möglichst schnelle und effiziente Konfliktlösung, die bei Schiedsverfahren aufgrund des fehlenden Instanzenzugs gewährleistet ist. Ein weiterer Vorteil liegt in der Möglichkeit der Bestellung von Fachleuten als Richter. Da fachkundige Richter rechtserhebliche fachspezifische Fragen aus eigenem Know-how entscheiden können, erübrigt sich die Beiziehung von Sachverständigen. Dies reduziert auch die Kosten im Verfahren. Des Weiteren haben die Parteien oft den Wunsch nach Geheimhaltung des Verfahrens. Im Schiedsverfahren gibt es in der Regel keine öffentlichen Verhandlungen und keine Veröffentlichung der Schiedssprüche.[320] Die Parteien können ferner auch die Verhandlungssprache vereinbaren.

Je nach Fall kann es durchaus vorkommen, dass die Kosten des Schiedsverfahrens höher als jene der staatlichen Gerichte ausfallen. Als ein weiterer Nachteil gilt zudem der Umstand, dass die Parteien im Schiedsverfahren zum Teil auf den umfassenden Rechtsschutz (rechtliches Gehör) verzichten. Auch in Bezug auf die Schiedsrichter, die in der Materie Spezialisten sind, kann nachteilig wirken, dass diese womöglich über keine rechtlichen Kenntnisse in Bezug auf das Verfahren verfügen.

8.2.3. Abschluss der Schiedsvereinbarung

Die Schiedsvereinbarung kann entweder in Form einer **selbständigen Vereinbarung** oder in Form einer **Schiedsgerichtsklausel** im Hauptvertrag geschlossen werden (§ 581 ZPO). Sie bedarf der **Schriftform** oder muss in zwischen den Parteien gewechselten Schreiben, Telefaxen, E-Mails etc enthalten sein, die den Nachweis der Vereinbarung ermöglichen (§ 583 Abs 1 ZPO). Ausreichend ist auch, dass ein den Formerfordernissen des § 583 Abs 1 ZPO entsprechender Vertrag auf ein Schriftstück Bezug nimmt, das eine Schiedsvereinbarung enthält, wenn die Bezugnahme die Schiedsvereinbarung zum Bestandteil des Vertrages macht (§ 583 Abs 2 ZPO). Ein Formmangel wird im Schiedsverfahren durch Einlassung in die Sache geheilt, wenn er nicht spätestens zugleich mit der Einlassung gerügt wird (§ 583 Abs 3 ZPO).

[318] *Burtscher/Garger* in *Fenyves/Schauer*, VersVG § 64 Rz 12. *Schauer*, Versicherungsvertragsrecht³ 8.
[319] *Burtscher/Garger* in *Fenyves/Schauer*, VersVG § 64 Rz 12.
[320] *Rechberger/Simotta*, Zivilprozessrecht⁹ Rz 1209.

Praxistipp

Für die Praxis ist zu empfehlen, die Schriftform einzuhalten.

8.2.4. Inhalt der Schiedsvereinbarung

Mit der Schiedsvereinbarung bekunden die Vertragsparteien ihren Willen, Rechtsstreitigkeiten, die zwischen ihnen in Bezug auf ein bestimmtes Rechtsverhältnis entstanden sind oder künftig entstehen, einem Schiedsgericht zur Beurteilung zu übertragen (§ 581 Abs 1 ZPO). Dadurch wird die Zuständigkeit der staatlichen Gerichte derogiert. Das Gericht darf nur tätig werden, soweit es gesetzlich vorgesehen ist (§ 578 ZPO). Eine Schiedsvereinbarung ist nach herrschender Lehre ein Vertrag des Prozessrechts.[321]

Liegt eine wirksame Schiedsvereinbarung vor, entsteht grundsätzlich ein Prozesshindernis für das Verfahren vor einem ordentlichen Gericht.[322] Wird eine Klage vor Gericht eingebracht, wird sie zurückgewiesen, sofern sich der Beklagte nicht auf die Sache einlässt oder mündlich verhandelt, ohne dies zu rügen. Dies gilt nicht, wenn das Gericht feststellt, dass die Schiedsvereinbarung nicht vorhanden oder undurchführbar ist (§ 584 Abs 1 ZPO). Die ordentlichen (staatlichen) Gerichte werden tätig, wenn die Einrede der Unzuständigkeit des Schiedsgerichts erhoben wird. Das hat spätestens mit dem ersten Vorbringen zur Sache zu erfolgen (§ 592 Abs 2 ZPO).

Zum Schutz der Verbraucher können Schiedsvereinbarungen zwischen einem Unternehmer und einem Verbraucher gemäß § 617 Abs 1 ZPO nur für bereits entstandene Streitigkeiten abgeschlossen werden.

Die Vertragsparteien legen in der Schiedsvereinbarung üblicherweise die Regeln zur Zusammensetzung von Schiedsrichtern, die anzuwendenden Verfahrensregeln sowie das geltende materielle Recht fest. Die allgemeinen Schiedsverfahrensregeln der §§ 577–618 ZPO können von den Parteien angewendet werden, wenn das Schiedsgericht den Sitz in Österreich hat. Da diese Bestimmungen dispositiver Natur sind, können die Vertragsparteien das Verfahren selbst oder durch Bezugnahme von Verfahrensordnungen eines bestimmten Schiedsgerichts festlegen (§ 594 Abs 1 ZPO). Standardisierte Verfahrensregeln werden zB von UNCITRAL (United Nations Commission on International Trades Law), ICC (International Chamber of Commerce), ARIAS Europe e.V. (AIDA Reinsurance und Insurance Arbitration Society), dem internationalen Schiedsgericht der Wirtschaftskammer Österreich (WIS), von DIS (Deutsche Institution für Schiedsgerichtsbarkeit) etc bereitgestellt.

[321] *Rechberger/Simotta*, Zivilprozessrecht[9] Rz 1212.

[322] *Rechberger/Simotta*, Zivilprozessrecht[9] Rz 1214.

Auch die Bestellung der Schiedsrichter und die Zusammensetzung des Schiedsgerichts werden von den Parteien frei vereinbart. Das ZPO geht vom üblichen **„Dreierschiedsgericht“** aus. Jede Partei nennt einen Schiedsrichter und diese wählen den dritten Schiedsrichter, der den Vorsitz übernimmt (§§ 586 und 587 ZPO). Haben die Parteien eine gerade Zahl von Schiedsrichtern vereinbart, so müssen sie eine weitere Person als Vorsitzenden bestellen. Hierbei handelt es sich um eine zwingende Vorschrift (§ 586 Abs 1 Satz 2 ZPO).

Im Bereich der Versicherungen wird in Schiedsvereinbarungen zB die Klausel angetroffen, dass die Schiedsrichter besonderes Know-how vorweisen müssen (aktive oder ehemalige CEO oder Vorstände von Rückversicherungs- oder Versicherungsgesellschaften), um die entsprechende Expertise sicherzustellen.

8.2.5. Beendigung des Schiedsverfahrens

Das Schiedsverfahren wird nach § 608 ZPO mit dem **Schiedsspruch** in der Sache, einem **Schiedsvergleich** oder einem **Beschluss** des Schiedsgerichts **beendet**.

Der **Schiedsspruch** hat zwischen den Parteien die Wirkung eines rechtskräftigen gerichtlichen Urteils (§ 607 ZPO). Er ist schriftlich zu erlassen und durch den oder die Schiedsrichter zu unterschreiben. Soweit nichts anderes vereinbart wurde, ist der Schiedsspruch zu begründen (§ 606 ZPO).

Es gibt kein Rechtsmittel gegen den Schiedsspruch. Allerdings kann bei schweren Mängeln des Schiedsverfahrens oder des Schiedsspruchs eine **Klage auf gerichtliche Aufhebung des Schiedsspruchs** beim Obersten Gerichtshof beantragt werden (§ 611 ZPO). Solche Mängel sind in § 611 ZPO taxativ aufgelistet und liegen beispielsweise vor, wenn keine gültige Schiedsvereinbarung vorhanden ist, das Schiedsgericht seine Zuständigkeit zu Unrecht verneint hat, der Schiedsspruch eine Streitigkeit betrifft, für welche die Schiedsvereinbarung nicht gilt, der Schiedsspruch den Grundwerten der österreichischen Rechtsordnung (ordre public) widerspricht usw.

Bei Beendigung des Schiedsverfahrens mit einem **Vergleich** (Schiedsvergleich) können die Parteien – wenn der Inhalt des Vergleichs nicht gegen den österreichischen ordre public verstößt – beantragen, dass das Schiedsgericht den Vergleich protokolliert oder den Vergleich in Form eines **Schiedsspruchs mit vereinbartem Wortlaut** festhält (§ 605 ZPO).

Das Schiedsgericht beendet das Schiedsverfahren mit einem Beschluss, wenn beispielsweise keine Klage eingebracht oder eine solche zurückgenommen wurde, die Vertragsparteien die Beendigung des Verfahrens vereinbaren und das dem Schiedsgericht mitteilen oder dem Schiedsgericht die Fortsetzung des Schiedsverfahrens wegen Untätigkeit der Parteien unmöglich geworden ist (§ 608 Abs 2 ZPO).[323]

---

[323] *Rechberger/Simotta*, Zivilprozessrecht[9] Rz 1229.

Praxistipp

Da bloße Schiedsvergleiche im Ausland nicht überall vollstreckbar sind, empfiehlt sich für die Praxis ein Schiedsspruch mit vereinbartem Wortlaut. Dieser gilt wie ein Schiedsspruch in der Sache und ist in der Regel überall vollstreckbar (§ 606 ZPO).[324]

8.3. Klagen vor ordentlichen Gerichten

8.3.1. Allgemeines

Wenn eine Konfliktlösung zwischen den Vertragsparteien nicht anders gelingt, weil zB eine Kompromissbereitschaft fehlt oder keine Schiedsvereinbarung geschlossen wurde, bleibt als Option, den Streitfall vor ein ordentliches Gericht zu bringen. Konflikte zwischen Versicherungsnehmer und Versicherer entstehen meistens in Bezug auf die Auslegung des Versicherungsvertrages, Auslegung der Versicherungsbedingungen, die Wirksamkeit einzelner Vertragsbestimmungen, die Verletzung der Vertragspflichten seitens einer Vertragspartei, Verletzung der vorvertraglichen Anzeigepflichten oder Obliegenheiten, Risikoausschlüsse, Nichtdeckung des Schadens durch die Versicherungsgesellschaft, Leistungshöhe, Versicherungsbetrug etc.

Da das Versicherungsvertragsrecht dem Privatrecht zuzuordnen ist, wird die staatliche Gerichtsbarkeit in versicherungsrechtlichen Rechtsstreitigkeiten durch die **„ordentlichen" Gerichte** ausgeübt. Die Zuständigkeit der ordentlichen Gerichte ist in zivilrechtlichen Rechtssachen in der Jurisdiktionsnorm (JN) geregelt. Als solche gelten in Österreich die Bezirksgerichte, die Landesgerichte, die Oberlandesgerichte und der Oberste Gerichtshof. Für das zivilgerichtliche Verfahren ist hauptsächlich die Zivilprozessordnung (ZPO) maßgebend.

Für die klagende Partei stellt sich die Frage, welches Gericht für den konkreten Rechtsstreit zuständig ist. Die Zuständigkeit ergibt sich entweder aus dem Gesetz, aus einer Gerichtsstandvereinbarung oder aus einer richterlichen Zuweisung. Hier werden vor allem die gesetzlichen Regelungen im Überblick dargestellt.

Das Verfahren wird mit der Erhebung einer Klage durch den Kläger eingeleitet. Die Parteien müssen ab einem Streitwert von Euro 5.000,- und im gesamten Rechtsmittelverfahren durch Rechtsanwälte vertreten sein. In der Praxis wird oft versucht, das Verfahren durch einen Vergleich zu beenden (§ 2014 ZPO).

Die nachfolgenden Ausführungen beinhalten einen groben Überblick über das Verfahren im Zusammenhang mit versicherungsrechtlichen Streitigkeiten.

[324] *Rechberger/Simotta*, Zivilprozessrecht[9] Rz 1229.

8.3.1.1. Instanzenzug und sachliche Zuständigkeit

Im Zivilverfahren ist der Instanzenzug dreistufig (§§ 49–64 JN).

Die **sachliche Zuständigkeit** eines Gerichtes ergibt sich nach der Rechtsnatur der Streitsache (Eigenzuständigkeit) oder dem Streitwert (Wertzuständigkeit). Liegt keine Eigenzuständigkeit vor, richtet sich die Zuständigkeit eines Gerichtes nach der Höhe des Streitwertes.

Handelt es sich bei der Rechtsstreitigkeit um einen Streitwert **bis** Euro 15.000,-, so ist in **erster Instanz** das **Bezirksgericht sachlich zuständig**. Die Berufung geht an das Landesgericht in zweiter Instanz. Fälle, die Rechtsfragen von grundsätzlicher Bedeutung zum Gegenstand haben, können in dritter Instanz bis zum Obersten Gerichtshof weitergezogen werden. Für Versicherungssachen ist der Senat 7 beim Obersten Gerichtshof zuständig. Hier fallen pro Jahr circa 70 Versicherungsfälle an.

Beträgt der Streitwert **über** Euro 15.000,-, so ist in **erster Instanz** das **Landesgericht** zuständig. Die Berufung geht in diesem Fall an das Oberlandesgericht in zweiter Instanz. In wichtigen Fällen ist auch hier ein Rechtszug an den Obersten Gerichtshof möglich.

Für das Bundesland Wien ist das Bezirksgericht für Handelssachen Wien zuständig für Klagen gegen Unternehmer mit Sitz in Wien bis zu Euro 15.000,- Streitwert. Rechtsstreitigkeiten mit einem Streitwert über Euro 15.000,- behandelt in erster Instanz das Handelsgericht Wien. Wenn also der Versicherungsnehmer eine Klage gegen den Versicherer in Wien erhebt, sind je nach Streitwert entweder das Bezirksgericht für Handelssachen oder das Handelsgericht Wien zuständig.

8.3.1.2. Örtliche Zuständigkeit

Wenn feststeht, welches Gericht sachlich zuständig ist, muss die **örtliche Zuständigkeit** geprüft werden. Grundsätzlich ist das sachlich zuständige Gericht erster Instanz zuständig, in dessen Sprengel der **Beklagte** den **allgemeinen Gerichtsstand** hat. Dieser wird durch den **Wohnsitz** bzw **gewöhnlichen Aufenthalt** der **beklagten Partei** begründet (§§ 65–104 JN). Bei juristischen Personen bestimmt sich der allgemeine Gerichtsstand nach ihrem **Sitz,** im Zweifel gilt als Sitz der Ort, wo die Verwaltung geführt wird (§ 75 JN).

Die Jurisdiktionsnorm sieht ferner **besondere Gerichtsstände** vor. Diese unterteilen sich in **ausschließliche Gerichtsstände** und **Wahlgerichtsstände**. Ausschließliche Gerichtsstände schließen den allgemeinen Gerichtsstand sowie den Wahlgerichtsstand aus (§§ 76–84 JN). Parteien können durch eine **Gerichtsstandvereinbarung** von einem ausschließlichen Gerichtsstand abweichen. Ist das von Gesetzes wegen nicht möglich, liegt ein **Zwangsgerichtsstand** (zB § 14 Konsumentenschutzgesetz) vor. Dieser kann nicht durch Vereinbarungen der Parteien abgeändert werden.

Die **Wahlgerichtsstände** stehen dem Kläger **neben** dem allgemeinen Gerichtsstand zur Verfügung. Die klagende Partei kann wählen, ob sie am allgemeinen Gerichtsstand oder am Wahlgerichtsstand klagen möchte. Solche **Wahlgerichtsstände** sind zB Gerichtsstand der Niederlassung, Gerichtsstand der Schadenszufügung, Gerichtsstand des Erfüllungsortes, Gerichtsstand der Streitgenossenschaft (§§ 86a–103 JN).

Für Klagen aus dem Versicherungsverhältnis gelten die inländischen Gerichtsstände gemäß §§ 66, 75, 87, 88 JN und § 15b VersVG.

8.3.1.3. Besondere Gerichtsstände im Versicherungsprozess

Im Folgenden werden einige besondere Gerichtsstände im Versicherungsprozess erwähnt.

Ein ganz wichtiger besonderer Gerichtsstand ist derjenige für **Verbraucher** gemäß § 14 KSchG. Versicherungsnehmer in der Eigenschaft der Verbraucher (also Privatkunden) dürfen vom Versicherungsunternehmen nur beim Gericht ihres Wohnsitzes, Aufenthaltsortes oder Beschäftigungsortes geklagt werden (Zwangsgerichtsstand). Ansonsten hat der Versicherer seine Klage am allgemeinen Gerichtsstand des Versicherungsnehmers (Wohnsitz oder gewöhnlicher Aufenthalt) oder am Sitz des Versicherungsnehmers bzw dessen Niederlassung zu erheben (§§ 66, 75, 87 JN).

Als ein weiteres Beispiel für einen besonderen Gerichtsstand gilt der „Vertretergerichtsstand" des § 48 VersVG. Vermittelt oder schließt ein Versicherungsvertreter den Versicherungsvertrag ab, so ist für Klagen der Versicherungsnehmer **gegen** den **Versicherer** das Gericht örtlich zuständig, in dessen Sprengel der **Versicherungsvertreter** zur Zeit der Vermittlung oder des Vertragsabschlusses seinen Sitz (gewerbliche Niederlassung) oder in deren Ermangelung seinen Wohnsitz hatte. Hierbei handelt es sich um einen Wahlgerichtsstand, denn Versicherungsnehmer können auswählen, ob sie ihre Klagen aus dem Versicherungsvertrag gegen den Versicherer am Sitz des Versicherers nach § 75 JN, am Niederlassungsort des Versicherers nach § 87 JN oder am erwähnten Gerichtsstand nach § 48 VersVG erheben.

Die Bestimmung des § 48 VersVG **gilt nicht** für den Direktanspruch des geschädigten Dritten gemäß § 26 KHVG. Hier greift der Gerichtsstand der Schadenszufügung nach § 92a JN.[325]

Der Versicherungsnehmer und die Mitversicherten können bei Kfz-Haftpflichtrechtsstreitigkeiten ihre Klage aus dem Versicherungsverhältnis auch am Gericht des Wohnsitzes/Sitzes des Versicherungsnehmers oder der Mitversicherten anbringen (§ 23 KHVG).

Für Klagen, die auf Grund des Eisenbahn- und Kraftfahrzeughaftpflichtgesetz (EKHG) erhoben werden, ist auch das **Gericht des Unfallortes** zuständig (§ 20 EKHG). Hier kann der Geschädigte gegen den Lenker bzw Halter und dessen Ersatzpflichtigen (Kfz-Haftpflichtversicherer) eine Klage erheben.

325 *Gruber* in *Fenyves/Schauer*, VersVG § 48 Rz 5,6.

8.3.1.4. Aktiv- und Passivlegitimation im Versicherungsprozess

Im Versicherungsprozess sind einige Besonderheiten zu beachten.

Im Bereich der Haftpflichtversicherung ist zwischen dem schadenersatzrechtlichen **Haftpflichtverhältnis** (Schädiger-Geschädigter) und dem **Deckungsverhältnis** (Versicherungsnehmer/Versicherter-Versicherer) zu unterscheiden. Der durch den Versicherungsnehmer/Versicherten geschädigte Dritte kann grundsätzlich den Versicherer nicht direkt auf Schadenersatz klagen.[326] Er verfügt hier über keine Aktivlegitimation. Auch der Haftpflichtversicherer besitzt in diesem Fall keine Passivlegitimation. Der Geschädigte hat nur gegen den Schädiger einen Direktanspruch auf den Ersatz seines Schadens. Es ist somit nur der Schädiger passiv legitimiert.

Auch für die obligatorische Haftpflichtversicherung (Pflichthaftpflichtversicherung) gilt grundsätzlich, dass der geschädigte Dritte keinen Direktanspruch gegen den Haftpflichtversicherer hat (§ 158c VersVG). **Ausnahmen** bilden zB § 26 KHVG, § 52d Abs 6 Ärztegesetz, § 26c Abs 6 Zahnärztegesetz, § 5c Abs 3 Krankenanstalten- und Kuranstaltengesetz, § 166 Luftfahrtgesetz, § 4 Abs 3 Z 1 Wertpapieraufsichtsgesetz. Hier steht dem Geschädigten ein unmittelbarer Schadenersatzanspruch gegen den Versicherer zu.

Im Falle der Versicherung für fremde Rechnung ist der Versicherte nur dann klageberechtigt, wenn er im Besitze des Versicherungsscheines ist (§ 75 Abs 2 VersVG).

8.3.1.5. Beweislast im Versicherungsprozess

Die Verteilung der Beweislast vollzieht sich auf drei Stufen.

Der **Versicherungsnehmer** muss den **Eintritt des Versicherungsfalls** (primäre Risikoabgrenzung), in der Schadenversicherung auch die **Schadenhöhe**, beweisen.[327] Wegen der großen Beweisschwierigkeiten beim vollen Beweis des Versicherungsfalls, genügt nach herrschender Auffassung, wenn der Versicherungsnehmer ein Mindestmaß an Tatsachen beweist, die das äußere Erscheinungsbild eines Versicherungsfalls bilden.[328]

Der **Versicherer** kann sodann die **Umstände** beweisen, die **gegen das Vorliegen des Versicherungsfalls** sprechen.[329] Wenn dem Versicherungsnehmer der Beweis des Versicherungsfalls gelingt, hat der **Versicherer** die Möglichkeit, sich auf **Risikoausschluss und Leistungsfreiheit** (grobe Fahrlässigkeit, Verletzung von vorvertraglichen Anzeigepflichten, Verletzung der Obliegenheiten, arglistige Täuschung etc) zu berufen (sekundäre Risikoabgrenzung).

---

[326] *Reisinger* in *Fenyves/Perner/Riedler*, VersVG (2020), § 149 Rz 42 ff.

[327] *Schauer*, Versicherungsvertragsrecht[3] 193.

[328] *Schauer*, Versicherungsvertragsrecht[3] 194; Beispielhaft OGH 7 Ob 20173/96w.

[329] Beispielhaft OGH 7 Ob 20173/96w.

Der **Versicherungsnehmer** kann nun **Ausnahmen von Risikoausschlüssen** (Wiedereinschlusstatbestände; tertiäre Risikoabgrenzung) beweisen oder einen **Kausalitätsgegenbeweis** führen.[330]

8.3.2. Gerichtsstandklauseln

Für Klagen aus dem Versicherungsverhältnis gelten die inländischen Gerichtsstände gemäß §§ 66, 75, 87, 88 JN und § 15b VersVG. Vertragsparteien können grundsätzlich die Zuständigkeit der staatlichen Gerichte vereinbaren (§ 104 JN, **Gerichtsstandvereinbarung/Gerichtsstandklausel/Zuständigkeitsvereinbarung**). Die Vereinbarung bedarf für ihre Rechtsgültigkeit der **Schriftlichkeit** (urkundlicher Nachweis), sie muss sich auf einen **bestimmten Rechtsstreit** oder ein **bestimmtes Rechtsverhältnis** beziehen und das gewählte **Gericht** muss **bestimmbar** sein. Mit der Vereinbarung des Gerichtsstandes wird – solange die Vertragsparteien nicht ausdrücklich anderes festgelegt haben – nur ein Wahlgerichtsstand begründet.[331]

Die Vereinbarung des Gerichtsstandes ist unzulässig, wenn ein **Zwangsgerichtsstand** im Gesetz vorgesehen ist.[332] Um die Verbraucher zu schützen, ist zB die Möglichkeit der Gerichtstandvereinbarung durch das Konsumentenschutzgesetz eingeschränkt (Gerichtsstand des Verbrauchers, § 14 KSchG). Sie ist nur dann zulässig, wenn sich der vereinbarte Gerichtsstand mit dem Wohnsitz, gewöhnlichen Aufenthalt oder den Beschäftigungsort des Verbrauchers deckt. Das gilt allerdings nicht für bereits entstandene Rechtsstreitigkeiten.[333]

Die Gerichtsstandvereinbarung ist auch dann unzulässig, wenn eine Eigenzuständigkeit eines anderen Gerichtes vorliegt oder die Erstzuständigkeit des Landesgerichts nicht gegeben ist.[334]

In Versicherungsangelegenheiten kann eine Gerichtsstandvereinbarung nur für Rechtsstreitigkeiten getroffen werden, die bereits entstanden sind (§ 15b VersVG).

330 *Schauer*, Versicherungsvertragsrecht³ 255.
331 *Rechberger/Simotta*, Zivilprozessrecht⁹, Rz 322.
332 *Rechberger/Simotta*, Zivilprozessrecht⁹, Rz 316.
333 *Rechberger/Simotta*, Zivilprozessrecht⁹, Rz 312.
334 *Seitlinger*, Grundzüge des Zivilprozessrechts 12

9. Anhang: Polizzenmuster

9.1. Muster: Haushaltversicherung – Polizze

Versicherungsschutz Haushaltversicherung (Standard) mit Wertanpassung Versicherungsort *Adresse*

Wohnfläche	... m^2
Vertragsbeginn	*Datum (12 Uhr)*
Vertragsende	*Datum (12 Uhr)*

Diese Polizze enthält alle getroffenen Vereinbarungen. Darüber hinausgehende Nebenabreden wurden nicht getroffen.

Erstprämie: von *Datum* bis *Datum* EUR …

Folgeprämie ab *Datum* Jahresprämie EUR …

Laufzeitrabatt von 20%

Versicherte Gefahren in der Sachversicherung

a) Feuer (zB Brand, direkter und indirekter Blitzschlag, Explosion)
a) Sturm, Hagel, Schneedruck, Felssturz, Erdrutsch, Steinschlag
b) Austritt von Leitungswasser und durch Frost (zB Aquarium, Wasserbett)
c) Privat- und Sporthaftpflichtversicherung mit einer Pauschalversicherungssumme für Personen- und Sachschäden von EUR …
d) Glasbruch (zB Ceranfelder, Vordächer, Terrassenverglasungen, Duschkabinen, Kunststoffverglasungen, Spiegel, Vitrinen)
e) Einbruchdiebstahl, einfacher Diebstahl, Beraubung, Vandalismus

Versicherte Sachen in der Sachversicherung

a) Gesamter Wohnungsinhalt im Eigentum des Versicherungsnehmers, des Ehegatten/Lebensgefährten, der Kinder und anderer Verwandter, die im gemeinsamen Haushalt leben
b) Fremde Sachen (subsidiär), sofern diese vom versicherten Personenkreis zum eigenen Gebrauch entliehen oder gemietet worden sind und sich diese innerhalb der Wohnung des Versicherungsnehmers befinden
c) Tiefkühlgut bis EUR …

Es gelten die Allgemeinen Bedingungen für die Haushaltversicherung (ABH *Jahreszahl*), Fassung *Datum*

Wertanpassung nach dem Index der Verbraucherpreise.

Vertragsgrundlagen

Die Versicherungsgesellschaft (XY) bietet nach Maßgabe des gestellten Antrages und dieser Polizze Versicherungsschutz. Die gegenseitigen Rechte und Pflichten richten sich weiters nach den gesetzlichen Bestimmungen und den Allgemeinen und Besonderen Versicherungsbedingungen (Klauseln).

Abweichung vom Antrag

Sollte bei der Ausfertigung dieses Dokumentes eine Abweichung vom Antrag notwendig gewesen sein, so ist darauf im Polizzentext ausdrücklich hingewiesen. Sofern die Abweichung nicht Ihrer Zustimmung entspricht, bitten wir Sie, innert eines Monats schriftlich zu widersprechen, andernfalls gilt die Abweichung als genehmigt.

Laufzeitrabattrückforderung

Die auf Grund der vereinbarten mehrjährigen Vertragsdauer entstandenen kalkulatorischen Kostenvorteile wurden als Laufzeitrabatt berücksichtigt. Bei vorzeitiger Auflösung ist der gewährte Rabatt gemäß folgenden %-Sätzen nachzuzahlen.

Nach dem Ablauf von:

3	4	5	6	7	8	Versicherungsjahre
60 %	50 %	40 %	30 %	20 %	10 %	der Jahresprämie

Bemessungsgrundlage für die Nachzahlung ist die ausgewiesene Jahresprämie im ersten Versicherungsjahr.

Rücktrittsrecht

(1) Sie können von Ihrem Versicherungsvertrag innerhalb von 14 Tagen ohne Angabe von Gründen in geschriebener Form (z. B. Brief, Fax, E-Mail) zurücktreten.
(2) Die Rücktrittsfrist beginnt mit der Verständigung vom Zustandekommen des Versicherungsvertrages (= Zusendung der Polizze bzw. Versicherungsschein), jedoch nicht, bevor Sie den Versicherungsschein und die Versicherungsbedingungen einschließlich der Bestimmungen über die Prämienfestsetzung oder -änderung und diese Belehrung über das Rücktrittsrecht erhalten haben.
(3) Die Rücktrittserklärung ist zu richten an: [Name/Firma und ladungsfähige Anschrift des Adressaten der Rücktrittserklärung. Zusätzlich können angegeben werden: Telefaxnummer und E-Mail-Adresse]. Zur Wahrung der Rücktrittsfrist reicht es aus, dass Sie die Rücktrittserklärung vor Ablauf der Rücktrittsfrist absenden. Die Erklärung ist auch wirksam, wenn sie in den Machtbereich Ihres Versicherungsvertreters gelangt.

(4) Mit dem Rücktritt enden ein allfällig bereits gewährter Versicherungsschutz und Ihre künftigen Verpflichtungen aus dem Versicherungsvertrag. Hat der Versicherer bereits Deckung gewährt, so gebührt ihm eine der Deckungsdauer entsprechende Prämie. Wenn Sie bereits Prämien an den Versicherer geleistet haben, die über diese Prämie hinausgehen, so hat sie Ihnen der Versicherer ohne Abzüge zurückzuzahlen.

(5) Ihr Rücktrittsrecht erlischt spätestens einen Monat, nachdem Sie den Versicherungsschein einschließlich dieser Belehrung über das Rücktrittsrecht erhalten haben.

9.2. Muster: Fondsgebundene Lebensversicherung – Polizze

Mit dieser Polizze übernimmt *Name der Versicherungsgesellschaft* den beantragten Versicherungsschutz.

Versicherungsbeginn	*Datum,* (00:00 Uhr)
Prämienzahlungsende	*Datum*
Versicherungsdauer	(XY) Jahre/bis *Datum,* (00.00 Uhr)
Jahresprämie	EUR…

Versichert

Name des Versicherungsnehmers, Geburtsdatum

Nach dem Ableben der versicherten Person wird das vorhandene Fondsvermögen zuzüglich 10% der Prämiensumme ausbezahlt, mindestens jedoch EUR …

Im Erlebensfall wird das vorhandene Fondsvermögen zum geplanten Versicherungsende fällig. Es wurde keine garantierte Erlebensleistung vereinbart.

Vermögensaufbaustrategie: Individuell Fondsaufteilung:

Fonds

100% *Name des Fonds*

Bezugsrecht im Ablebensfall:

Die Erben *oder* mit folgender Aufteilung (*Name der Person, geboren am*) Bezugsrecht im Erlebensfall:

Der Versicherungsnehmer bzw die Versicherungsnehmerin Besondere Vertragsbeilage(n):

Bedingungen (XY) Nr…

Allgemeine Besondere Vertragsbeilage(n):

Investmentorientierte Anpassungsvereinbarung Nr. …

Nachversicherungsgarantie Nr. …

Der Antrag wurde am *Datum* unterfertigt.

Erstprämie vom *Datum* bis *Datum* EUR

Folgeprämie ab *Datum* monatlich EUR

Vertragsgrundlagen

Die gegenseitigen Rechte und Pflichten ergeben sich aus dem Antrag, dieser Versicherungspolizze, den Versicherungsbedingungen und dem Versicherungsvertragsgesetz.

Abweichung vom Antrag

Sollte bei der Ausfertigung dieses Dokumentes eine Abweichung vom Antrag notwendig gewesen sein, so ist darauf im Polizzentext ausdrücklich hingewiesen. Sofern die Abweichung nicht Ihrer Zustimmung entspricht, bitten wir Sie, innert eines Monats schriftlich zu widersprechen, andernfalls gilt die Abweichung als genehmigt.

Rücktrittsrecht

(1) Sie können von Ihrem Versicherungsvertrag innerhalb von 30 Tagen ohne Angabe von Gründen in geschriebener Form (zB Brief, Fax, E-Mail) zurücktreten.

(2) Die Rücktrittsfrist beginnt mit der Verständigung vom Zustandekommen des Versicherungsvertrages (= Zusendung der Polizze bzw Versicherungsschein), jedoch nicht, bevor Sie den Versicherungsschein und die Versicherungsbedingungen einschließlich der Bestimmungen über die Prämienfestsetzung oder -änderung und diese Belehrung über das Rücktrittsrecht erhalten haben.

(3) Die Rücktrittserklärung ist zu richten an: [Name/Firma und ladungsfähige Anschrift des Adressaten der Rücktrittserklärung. Zusätzlich können angegeben werden: Telefaxnummer und E-Mail-Adresse]. Zur Wahrung der Rücktrittsfrist reicht es aus, dass Sie die Rücktrittserklärung vor Ablauf der Rücktrittsfrist absenden. Die Erklärung ist auch wirksam, wenn sie in den Machtbereich Ihres Versicherungsvertreters gelangt.

(4) Mit dem Rücktritt enden ein allfällig bereits gewährter Versicherungsschutz und Ihre künftigen Verpflichtungen aus dem Versicherungsvertrag. Hat der Versicherer bereits Deckung gewährt, so gebührt ihm eine der Deckungsdauer entsprechende Prämie. Wenn Sie bereits Prämien an den Versicherer geleistet haben, die über diese Prämie hinausgehen, so hat sie Ihnen der Versicherer ohne Abzüge zurückzuzahlen.

(5) Ihr Rücktrittsrecht erlischt spätestens einen Monat, nachdem Sie den Versicherungsschein einschließlich dieser Belehrung über das Rücktrittsrecht erhalten haben.

10. Anhang: Unverbindliche Musterbedingungen des Verbands der Versicherungsunternehmen Österreichs

VV Versicherungsverband Österreich

Allgemeine Bedingungen für die Unfallversicherung (AUVB 2022)

***Unverbindliche Musterbedingungen** des Verbandes der Versicherungsunternehmen Österreichs. Ihre Verwendung durch die Versicherungsunternehmen ist rein fakultativ. Die Versicherungsunternehmen haben die Möglichkeit, davon zur Gänze abzuweichen und/oder mit ihren Kunden einzelne Klauseln zu vereinbaren, die nicht mit den Musterbedingungen übereinstimmen.*

Wichtig: Bitte lesen Sie alle Gesetzesstellen, die im Anhang abgedruckt sind, weil darauf in den folgenden Versicherungsbedingungen Bezug genommen wird.

INHALTSVERZEICHNIS

Präambel

Soweit in diesen Bedingungen personenbezogene Bezeichnungen verwendet werden, umfassen sie alle Geschlechter gleichermaßen.
Versicherungsnehmer ist jene Person, die dem Versicherer als Vertragspartner des Versicherungsvertrags gegenübersteht.
Versicherte Person ist die Person, deren Gesundheitsschädigung infolge eines Unfalles versichert ist.
Versicherungsprämie ist das vom Versicherungsnehmer zu zahlende Entgelt.
Gesetzesstellen des Versicherungsvertragsgesetzes (VersVG) **und des Signatur- und Vertrauensdienstegesetz (SVG)**, die in den Versicherungsbedingungen angeführt werden, sind im Anhang im vollen Wortlaut wiedergegeben.

Artikel 1

Geltungsbereich der Versicherung; Versicherungsfall; Unfallbegriff

1. Geltungsbereich und Versicherungsfall

Versicherungsschutz besteht weltweit, wenn der versicherten Person ein Unfall zustößt.

Versicherungsfall ist der Eintritt eines Unfalls, der während der Wirksamkeit des Versicherungsschutzes eintritt.

2. Begriff des Unfalls

2.1. Ein Unfall liegt vor, wenn die versicherte Person durch ein plötzlich von außen auf ihren Körper wirkendes Ereignis (Unfallereignis) unfreiwillig eine Gesundheitsschädigung erleidet.

2.2. Als Unfall gelten auch plötzliche Verrenkungen von Gliedern sowie Zerrungen und Zerreißungen von an den Gliedmaßen und an der Wirbelsäule befindlichen Muskeln, Sehnen, Bändern und Kapseln sowie plötzliche Meniskusverletzungen.

2.3. Krankheiten gelten nicht als Unfälle, übertragbare Krankheiten auch nicht als Unfallfolgen. Eine Ausnahme besteht für Kinderlähmung, Wundstarrkrampf, Tollwut und die durch Zeckenbiss übertragene Frühsommer-Meningoencephalitis, jeweils ausschließlich im Rahmen und Umfang des Artikels 2 Punkt 1.7. und Punkt 3.4.

2.4. Der Versicherungsschutz gilt auch für Unfälle, die die versicherte Person als Fluggast in motorischen Luftfahrzeugen erleidet, sofern nicht ein Ausschlusstatbestand gemäß Artikel 4 Punkt 1. gegeben ist.

2.5. Selbsttötung und Selbsttötungsversuch gelten nicht als Unfall.

Artikel 2

Leistungsbausteine der Unfallversicherung

Die folgenden Leistungsbausteine des Versicherungsschutzes können grundsätzlich im Rahmen einer Unfallversicherung versichert werden. Welche Leistungsbausteine tatsächlich versichert wurden und mit welchen Versicherungssummen, ist im Versicherungsvertrag ersichtlich.

1. Leistungsbaustein Dauernde Invalidität

Soweit nichts anderes vereinbart ist, gilt:

1.1. Voraussetzungen für die Leistung:

1.1.1. Begriff der dauernden Invalidität: Die versicherte Person ist durch den Unfall auf Lebenszeit in ihrer körperlichen oder geistigen Leistungsfähigkeit beeinträchtigt.

1.1.2. Die dauernde Invalidität ist innerhalb eines Jahres nach dem Unfall eingetreten. Sie ist unter Vorlage eines ärztlichen Befundberichtes, aus dem Art und Umfang der Gesundheitsschädigung und die Möglichkeit einer auf Lebenszeit dauernden Invalidität hervorgeht, beim Versicherer innerhalb von x-Monaten vom Unfalltag an gerechnet geltend gemacht worden.

1.1.3. Kein Anspruch auf Invaliditätsleistung besteht, wenn die versicherte Person unfallbedingt innerhalb eines Jahres nach dem Unfall stirbt. Stirbt die versicherte Person aus unfallfremder Ursache innerhalb eines Jahres nach dem Unfall oder – gleichgültig aus welcher Ursache – später als ein Jahr nach dem Unfall, ist nach jenem Invaliditätsgrad zu leisten, mit dem aufgrund der zuletzt erhobenen ärztlichen Befunde zu rechnen gewesen wäre.

1.2. Höhe der Leistung:

1.2.1. Die Invaliditätsleistung zahlt der Versicherer als prozentuellen Kapitalbetrag der vereinbarten Versicherungssumme unter Anwendung des Invaliditätsgrades (ermittelt gemäß den Bestimmungen der Punkte 1.2.2. bis 1.6.) und unter nachfolgender Berücksichtigung einer allfällig vereinbarten Progression.

1.2.2. Soweit nichts anderes vereinbart ist, gelten die folgenden Invaliditätsgrade für die nachstehend genannten Körperteile und Sinnesorgane bei vollständigem Verlust oder vollständiger Funktionsunfähigkeit:

eines Armes	x %
eines Daumens	x %
eines Zeigefingers	x %
eines anderen Fingers	x %
eines Beines	x %
einer großen Zehe	x %
einer anderen Zehe	x %
der Sehkraft beider Augen	x %
der Sehkraft eines Auges	x %
sofern die Sehkraft des anderen Auges vor Eintritt des Versicherungsfalles bereits vollständig funktionslos war	x %
des Gehörs beider Ohren	x %
des Gehörs eines Ohres	x %
sofern jedoch das Gehör des anderen Ohres vor Eintritt des Versicherungsfalles bereits vollständig funktionslos war	x%
des Geruchsinnes	x %
des Geschmacksinnes	x.%
der Milz	x.%
der Niere	x %
beider Nieren oder wenn die Funktion der zweiten Niere vor dem Eintritt des Versicherungsfalles bereits funktionslos war	x %

1.2.3. Bei Teilverlust oder Funktionsbeeinträchtigung gilt der entsprechende Teil des jeweiligen Prozentsatzes.

1.2.4. Für andere Körperteile und Sinnesorgane bemisst sich der Invaliditätsgrad prozentuell vom ganzen Körper danach, inwieweit die normale körperliche oder geistige Funktionsfähigkeit insgesamt beeinträchtigt ist. Dabei sind ausschließlich medizinische Gesichtspunkte zu berücksichtigen.

1.3. Der maßgebliche Prozentsatz des Invaliditätsgrades für eine Leistungspflicht ergibt sich erst nach Anwendung der Bestimmung über die sachliche Begrenzung des Versicherungsschutzes gemäß Artikel 3.

1.4. Ist die Funktion mehrerer Körperteile oder Sinnesorgane durch den Unfall beeinträchtigt, werden die nach den vorstehenden Bestimmungen ermittelten Invaliditätsgrade zusammengerechnet. Mehr als 100 % werden jedoch nicht berücksichtigt.

1.5. Im ersten Jahr nach dem Unfall wird eine Invaliditätsleistung vom Versicherer nur erbracht, wenn Art und Umfang der Unfallfolgen aus ärztlicher Sicht eindeutig feststehen und mit hoher Wahrscheinlichkeit auszuschließen ist, dass die versicherte Person innerhalb eines Jahres nach dem Unfall durch die Unfallfolgen verstirbt.

1.6. Steht der Grad der dauernden Invalidität nicht eindeutig fest, sind sowohl die versicherte Person als auch der Versicherer berechtigt, den Invaliditätsgrad jährlich bis x Jahre ab dem Unfalltag ärztlich neu bemessen zu lassen.

1.7. Der Versicherungsschutz für diesen Leistungsbaustein wird auf die Krankheitsfolgen von Kinderlähmung, Wundstarrkrampf, Tollwut und der durch Zeckenbiss übertragenen Frühsommer- Meningoencephalitis erweitert.

Als Zeitpunkt des Versicherungsfalls gilt der Tag, an dem erstmals ein Arzt wegen Beschwerden im Zusammenhang mit der allenfalls auch erst später als Kinderlähmung, Wundstarrkrampf, Tollwut oder Frühsommer-Meningoencephalitis diagnostizierten Krankheit konsultiert wurde.

Voraussetzung für den Versicherungsschutz ist, dass die Erkrankung serologisch festgestellt wurde und im Fall von

- Kinderlähmung frühestens x Tage nach Beginn, jedoch spätestens x Tage nach Erlöschen der Versicherung
- Wundstarrkrampf frühestens x Tage nach Beginn, jedoch spätestens x Tage nach Erlöschen der Versicherung
- Tollwut frühestens x Tage nach Beginn, jedoch spätestens x Tage nach Erlöschen der Versicherung
- der durch Zeckenbiss übertragenen Frühsommer-Meningoencephalitis frühestens x Tage nach Beginn, jedoch spätestens x Tage nach Erlöschen der Versicherung

zum Ausbruch kommt.

Die Leistung bleibt aber mit der vereinbarten Versicherungssumme begrenzt. Dabei kommt eine allfällig vereinbarte Leistungserhöhung nicht zur Anwendung.

2. Leistungsbaustein Unfallrente

Soweit nichts anderes vereinbart ist, gilt:

2.1. Führt der Unfall zu einem Invaliditätsgrad gemäß Punkt 1. nach Anwendung der sachlichen Begrenzung des Versicherungsschutzes gemäß Artikel 3 von mindestens x%, wird unabhängig vom Lebensalter der versicherten Person die Unfallrente bezahlt.

2.2. Die Zahlung der Unfallrente erfolgt monatlich im Nachhinein. Die erste Unfallrente wird rückwirkend mit dem Monat, in welchem sich der Unfall ereignet hat, fällig. Die Rentenzahlung endet, wenn die versicherte Person stirbt.

2.3. Stirbt die versicherte Person unfallbedingt innerhalb des ersten Jahres nach dem Unfall, besteht kein Anspruch auf eine Unfallrente.

3. Leistungsbaustein Todesfall

Soweit nichts anderes vereinbart ist, gilt:

3.1. Tritt innerhalb eines Jahres vom Unfalltag an gerechnet der Tod als Folge des Unfalles ein, wird die für den Todesfall versicherte Summe gezahlt.

3.2. Auf die Todesfallleistung werden nur Zahlungen, die für dauernde Invalidität gemäß Punkt 1. aus demselben Ereignis geleistet worden sind, angerechnet. Einen Mehrbetrag an Leistung für dauernde Invalidität kann der Versicherer nicht zurückverlangen.

3.3. Für Personen, die zum Zeitpunkt des unfallbedingten Ablebens das 15. Lebensjahr noch nicht vollendet haben, werden im Rahmen der Versicherungssumme nur die tatsächlich aufgewendeten Beerdigungskosten maximal bis zur Höhe des aktuell durch die FMA auf Grund der Beerdigungskostenverordnung 2016 (Stammfassung BGBl II NR. 172/2015) verordneten Betrages für Beerdigungskosten rückerstattet.

3.4. Der Versicherungsschutz für diesen Leistungsbaustein wird auf den Tod infolge von Kinderlähmung, Wundstarrkrampf, Tollwut und der durch Zeckenbiss übertragenen Frühsommer- Meningoencephalitis erweitert.

Als Zeitpunkt des Versicherungsfalls gilt der Tag, an dem erstmals ein Arzt wegen Beschwerden im Zusammenhang mit der allenfalls auch erst später als Kinderlähmung, Wundstarrkrampf, Tollwut oder Frühsommer-Meningoencephalitis diagnostizierten Krankheit konsultiert wurde.

Voraussetzung für den Versicherungsschutz ist, dass die Erkrankung serologisch festgestellt wurde und im Fall von

- Kinderlähmung frühestens x Tage nach Beginn, jedoch spätestens x Tage nach Erlöschen der Versicherung
- Wundstarrkrampf frühestens x Tage nach Beginn, jedoch spätestens x Tage nach Erlöschen der Versicherung
- Tollwut frühestens x Tage nach Beginn, jedoch spätestens x Tage nach Erlöschen der Versicherung

- der durch Zeckenbiss übertragenen Frühsommer-Meningoencephalitis frühestens x Tage nach Beginn, jedoch spätestens x Tage nach Erlöschen der Versicherung

zum Ausbruch kommt.

Die Leistung bleibt aber mit der vereinbarten Versicherungssumme begrenzt. Dabei kommt eine allfällig vereinbarte Leistungserhöhung nicht zur Anwendung.

4. Leistungsbaustein Taggeld

Soweit nichts anderes vereinbart ist, gilt:

4.1. Taggeld wird bei dauernder oder vorübergehender unfallbedingter Invalidität für die Dauer der vollständigen Arbeitsunfähigkeit in der Erwerbstätigkeit der versicherten Person für längstens x Tage innerhalb von x Jahren ab dem Unfalltag gezahlt.

4.2. Wenn eine Taggeldleistung erst ab einem bestimmten Tag nach dem Unfall einsetzen soll (Karenzfrist), ist die betreffende Vereinbarung im Versicherungsvertrag ersichtlich. In diesem Fall wird das Taggeld beginnend mit dem ersten Tag nach Ablauf dieser Karenzfrist geleistet.

5. Leistungsbaustein Spitalgeld

Soweit nichts anderes vereinbart ist, gilt:

5.1. Spitalgeld wird für jeden Kalendertag, an dem sich die versicherte Person wegen eines Versicherungsfalles in medizinisch notwendiger stationärer Heilbehandlung in einem Spital befindet, längstens für x Tage innerhalb von x Jahren ab dem Unfalltag gezahlt.

5.2. Als Spitäler gelten Krankenanstalten und Sanatorien, die sanitätsbehördlich genehmigt sind, unter ständiger ärztlicher Leitung und Betreuung stehen und sich nicht auf die Anwendung bestimmter Behandlungsmethoden beschränken, sowie Rehabilitationszentren der Sozialversicherungsträger, Werksspitäler und Krankenreviere der Exekutive.

5.3. Nicht als Spitäler gelten z.B. Heil- und Pflegeanstalten für Lungenkranke sowie für unheilbar chronisch Erkrankte, Erholungs- und Genesungsheime, Altersheime und deren Kranken- abteilungen sowie Kuranstalten, ferner Heil- und Pflegeanstalten für Nerven- und Geisteskranke.

6. Leistungsbaustein Unfallkosten

Soweit nichts anderes vereinbart ist, gilt:

Bis zur Höhe der hierfür vereinbarten Versicherungssumme werden vom Versicherer Unfallkosten ersetzt, sofern sie innerhalb von x Jahren vom Unfalltag an gerechnet entstehen und soweit nicht von einem Sozialversicherungsträger oder von einem sonstigen Leistungsträger Ersatz zu erlangen ist.

Unfallkosten sind:

6.1. Heilkosten,

6.1.1. die zur Behebung der Unfallfolgen aufgewendet wurden und nach ärztlicher Verordnung notwendig waren. Hierzu zählen auch die notwendigen Kosten des bodengebundenen Verletztentransportes zur Erstbehandlung, der erstmaligen Anschaffung künstlicher Gliedmaßen und erstmaliger Herstellung eines – auch nur teilweisen – Zahnersatzes und/oder teilweiser Zahnsanierung sowie anderer, nach ärztlichem Ermessen erforderlicher erstmaliger Anschaffungen.

6.1.2. Kosten für Bade-, Erholungsreisen und -aufenthalte, ferner Kosten der Reparatur oder der Wiederbeschaffung eines Zahnersatzes oder einer Zahnsanierung, künstlicher Gliedmaßen oder sonstiger künstlicher Behelfe sind nicht versichert.

6.2. Bergungskosten, die notwendig werden, wenn die versicherte Person

6.2.1. einen Unfall erlitten hat oder in Berg, See- oder Wassersnot geraten ist und verletzt oder unverletzt geborgen werden muss.

6.2.2. durch einen Unfall oder infolge Berg-, See- oder Wassersnot den Tod erleidet und ihre Bergung erfolgen muss.

Bergungskosten sind die nachgewiesenen Kosten des Suchens nach der versicherten Person und ihres Transportes bis zur nächsten befahrbaren Straße oder bis zu dem, dem Unfallort nächstgelegenen Spital.

6.3. Rückholkosten,

das sind die unfallbedingten Kosten des ärztlich empfohlenen bodengebundenen Verletzten- transportes, wenn die versicherte Person außerhalb ihres Wohnortes verunfallt ist, von der Unfallstelle bzw. dem Krankenhaus, in das sie nach dem Unfall gebracht wurde, an ihren Wohnort bzw. zum nächstgelegenen Krankenhaus. Bei einem tödlichen Unfall werden auch die Kosten der Überführung des Toten zu dessen letztem Wohnort in Österreich bezahlt.

Artikel 3

Sachliche Begrenzung des Versicherungsschutzes

Eine Versicherungsleistung wird nur für die durch den eingetretenen Unfall hervorgerufenen Folgen (körperliche Schädigung oder Tod) erbracht.

Darüberhinausgehend gilt, *soweit nichts anderes vereinbart ist*:

1. Bei der Bemessung des Invaliditätsgrades wird ein Abzug in Höhe einer Vorinvalidität nur vorgenommen, wenn durch den Unfall eine körperliche oder geistige Funktion betroffen ist, die schon vorher beeinträchtigt war. Die Vorinvalidität wird nach Artikel 2 Punkte 1.2. und 1.3. bemessen.

2. Haben Krankheiten oder Gebrechen bei der durch ein Unfallereignis hervorgerufenen Gesundheits- schädigung – insbesondere solche Verletzungen, die durch krankhaft anlagebedingte oder abnützungsbedingte Einflüsse verursacht oder mitverursacht worden sind – oder deren Folgen mitgewirkt, ist bei einem Mitwirkungsanteil von mindestens ... % die Versicherungsleistung wie folgt zu ermitteln:

2.1. Bei den Versicherungsleistungen dauernde Invalidität gemäß Artikel 2 Punkt 1. oder Unfallrente gemäß Artikel 2 Punkt 2. wird der Prozentsatz des Invaliditätsgrades um den Mitwirkungsanteil vermindert.

2.2. Bei allen anderen Versicherungsleistungen gemäß Artikel 2 wird die Leistung entsprechend dem Mitwirkungsanteil vermindert.

Dies gilt insbesondere auch, wenn die Gesundheitsschädigung durch einen abnützungsbedingten Einfluss mit Krankheitswert, wie beispielsweise Arthrose, mitverursacht worden ist.

3. Für Gesundheitsschädigungen, die aufgrund akuter Mangeldurchblutung des Herzmuskels entstanden sind (z.B. Herzinfarkt), wird nur dann eine Leistung erbracht, wenn ein überwiegender Kausalzusammenhang mit einer unmittelbaren Verletzung der betreffenden Koronararterie besteht und diese Verletzung durch eine direkte mechanische Einwirkung von außen auf den Brustkorb verursacht worden ist. Unfälle infolge von Herzinfarkt und Schlaganfall gelten auch als mitversichert.

4. Für Gesundheitsschädigungen, die auf Grund einer Mangeldurchblutung des Gehirns (z.B.: Schlaganfall) entstanden sind, wird nur dann eine Leistung erbracht, wenn die Mangeldurchblutung durch eine mechanische Einwirkung von außen auf den Körper verursacht wird und unmittelbar nach dem Unfall auftritt und weder Krankheit noch Gebrechen mitgewirkt haben.

5. Für organisch bedingte Störungen des Nervensystems wird eine Leistung nur erbracht, wenn und soweit diese Störung auf eine durch den Unfall verursachte organische Schädigung zurückzuführen ist. Seelische Fehlhaltungen (z.B. Neurosen, Psychoneurosen) gelten nicht als Unfallfolgen.

6. Bei Bandscheibenhernien wird eine Leistung nur erbracht, wenn sie durch direkt mechanische Einwirkung auf die Wirbelsäule entstanden sind und es sich nicht um eine Verschlimmerung von vor dem Unfall bestandenen Krankheitserscheinungen handelt.

7. Für Bauch- und Unterleibsbrüche jeder Art wird eine Leistung nur erbracht, wenn sie durch eine von außen kommende mechanische Einwirkung direkt herbeigeführt worden sind und nicht anlagebedingt waren.

Artikel 4

Ausschlüsse vom Versicherungsschutz

Soweit nichts anderes vereinbart ist, umfasst der Versicherungsschutz nicht Unfälle und sonstige Leistungsfälle:

1. die die versicherte Person erleidet:

- als verantwortlicher Pilot eines Luftfahrzeuges. Luftfahrzeuge sind Fahrzeuge, die sich zur Fortbewegung von Personen oder Sachen in der Luft ohne mechanische Verbindung mit der Erde eignen, gleichgültig, ob sie schwerer als Luft (zum Beispiel Flugzeuge, Segelflugzeuge, Hänge- oder Paragleiter, Schwingenflugzeuge, Hubschrauber, Tragschrauber und Fallschirme) oder leichter als Luft (zum Beispiel Luftschiffe und Freiballone) sind.
- als sonstiges Besatzungsmitglied eines Luftfahrzeuges,
- bei einer ausschließlich mit Hilfe eines Luftfahrzeuges auszuübenden beruflichen Tätigkeit,
- als Pilot, Besatzung oder Passagier von ferngesteuerten Luftfahrzeugen,
- als Pilot, Besatzung oder Passagier von Raumfahrzeugen.

2. die bei Beteiligung an motorsportlichen Wettbewerben, Wertungsfahrten, Teilnahme an Rallyes und den jeweils dazugehörigen Trainingsfahrten, weiters bei jeglichem Fahren auf Rennstrecken und Motocross- Strecken, entstehen.

3. die bei Teilnahme an Landes-, Bundes- oder internationalen Sportwettbewerben auf dem Gebiet des...... sowie bei offiziellen Trainings für diese Veranstaltungen entstehen.

4. die beim Versuch oder der Begehung gerichtlich strafbarer Handlungen durch die versicherte Person entstehen, für die Vorsatz Tatbestandsmerkmal ist.

5. die in ursächlichem Zusammenhang stehen mit:

- Kriegsereignissen jeder Art, mit oder ohne Kriegserklärung,

- bewaffneten Konflikten und Gewalthandlungen zwischen Staaten,
- Gewalthandlungen politischer oder terroristischer Organisationen,
- inneren Unruhen, Bürgerkrieg,
- Revolution, Rebellion, Aufruhr, Aufstand, wenn die versicherte Person auf Seiten dieser Revolutionäre, Rebellen, Aufrührer, Aufständischen daran teilgenommen hat.

6. die in ursächlichem Zusammenhang stehen mit:

- atomaren, biologischen oder chemischen Waffen,
- Einwirkung von Kernenergie, oder
- dem Einfluss ionisierender Strahlen im Sinne der jeweils geltenden Fassung des Strahlenschutzgesetzes, sofern die Bestrahlung nicht durch Heilbehandlungen aufgrund eines Versicherungsfalls veranlasst war.

7. die die versicherte Person infolge einer Bewusstseinsstörung oder einer wesentlichen Beeinträchtigung ihrer psychischen Leistungsfähigkeit durch Alkohol, Suchtgifte oder Medikamente erleidet.

8. Weiters nicht versichert sind:

Gesundheitsschäden, die durch Heilmaßnahmen oder Eingriffe am Körper der versicherten Person entstehen. Versicherungsschutz besteht jedoch, wenn die Heilmaßnahmen oder Eingriffe durch einen vom Versicherungsschutz umfassten Unfall medizinisch bedingt waren.

Artikel 5

Versicherungsperiode; Prämie; Beginn und Voraussetzungen des Versicherungsschutzes

1. Als Versicherungsperiode gilt, wenn der Versicherungsvertrag nicht für kürzere Zeit abgeschlossen ist, der Zeitraum eines Jahres, und zwar auch dann, wenn die Jahresprämie vertragsgemäß in Teilbeträgen zu entrichten ist.

Jede Versicherungsperiode endet zum Hauptfälligkeitstermin, jeweils um 0:00 Uhr.

Der Hauptfälligkeitstermin ist jeweils der Erste jenes Monats, in dem die in der Polizze ausgewiesene Versicherungsdauer endet.

2. Die erste oder die einmalige Prämie einschließlich Steuern ist vom Versicherungsnehmer gegen Übermittlung der Polizze binnen 14 Tagen nach Abschluss des Versicherungsvertrages (Zugang der Polizze oder einer gesonderten Antragsannahmeerklärung) und Aufforderung zur Prämienzahlung zu zahlen.

3. Der Versicherungsschutz beginnt mit dem vereinbarten Versicherungsbeginn, jedoch nur unter der Voraussetzung, dass der Versicherungsnehmer die erste oder einmalige Prämie einschließlich Steuern rechtzeitig, das heißt innerhalb der Frist von 14 Tagen gemäß Punkt 2. oder ohne schuldhaften Verzug zahlt.

4. Die nähere Bestimmung des Beginns dieser Frist von 14 Tagen, die weiteren Voraussetzungen für die Leistungsfreiheit bei Zahlungsverzug oder bei nur teilweiser Zahlung der ersten oder einmaligen Prämie, die Bestimmung des Beginns des Versicherungsschutzes bei nicht rechtzeitiger Prämienzahlung sowie weitere Rechtsfolgen des Zahlungsverzugs sind in den §§ 38 und 39a VersVG geregelt.

5. Die nicht rechtzeitige Zahlung der ersten oder einmaligen Prämie einschließlich Steuern berechtigt den Versicherer gemäß den Voraussetzungen des § 38 VersVG zum Rücktritt vom Vertrag.

6. Die Folgeprämien sind zu den jeweils vereinbarten Fälligkeitsterminen zu zahlen. Die Rechtsfolgen des Zahlungsverzugs mit Folgeprämien sind in den §§ 39 und 39a VersVG geregelt.

Artikel 6

Rechtsstellung der am Vertrag beteiligten Personen

1. Die Unfallversicherung kann gegen Unfälle, die dem Versicherungsnehmer oder gegen Unfälle, die einem anderen zustoßen, genommen werden.

Eine Versicherung gegen Unfälle, die einem anderen zustoßen, gilt im Zweifel als für Rechnung des anderen genommen. Die Vorschriften der §§ 74 bis 80 VersVG, Versicherung für fremde Rechnung, sind mit der Maßgabe anzuwenden, dass die Ausübung der Rechte aus dem Versicherungsvertrag ausschließlich dem Versicherungsnehmer zusteht.

Wird eine Versicherung gegen Unfälle, die einem anderen zustoßen, vom Versicherungsnehmer für eigene Rechnung genommen, so ist zur Gültigkeit des Vertrages die schriftliche Zustimmung des anderen erforderlich. Ist der andere geschäftsunfähig oder in der Geschäftsfähigkeit beschränkt und steht die Vertretung in den seine Person betreffenden Angelegenheiten dem Versicherungsnehmer zu, so kann dieser den anderen bei der Erteilung der Zustimmung nicht vertreten.

1.1. Alle für den Versicherungsnehmer getroffenen Bestimmungen gelten sinngemäß auch für die versicherte Person und jene Personen, die Ansprüche aus dem Versicherungsvertrag geltend machen. Diese Personen sind neben dem Versicherungsnehmer für die Erfüllung der Obliegenheiten, der Schadenminderungs- und Rettungspflicht verantwortlich.

Artikel 7

Pflichten des Versicherungsnehmers während der gesamten Vertragsdauer

1. Anzeige gefahrerhöhender Änderung von Berufstätigkeit, Beschäftigung, Nebenbeschäftigung sowie Freizeitaktivität:

1.1. Veränderungen der dem Versicherer bekanntgegebenen Berufstätigkeit, Beschäftigung, Nebenbeschäftigung sowie Freizeitaktivitäten der versicherten Person sind dem Versicherer unverzüglich anzuzeigen, wenn mit der Veränderung eine erhebliche Gefahrerhöhung im Sinne der

§§ 23 oder 27 VersVG verbunden ist. Eine solche erhebliche Gefahrerhöhung liegt vor, wenn die Wahrscheinlichkeit für den Eintritt des Versicherungsfalls oder das Ausmaß der drohenden Unfallfolgen nicht bloß geringfügig erhöht wird.

Einberufungen zum ordentlichen Präsenzdienst, zum Zivildienst sowie zu kurzfristigen militärischen Reserveübungen gelten nicht als Änderung der Berufstätigkeit oder Beschäftigung.

1.2. Ergibt sich für eine dem Versicherer bekanntgegebene neue Berufstätigkeit, Beschäftigung, Nebenbeschäftigung oder Freizeitaktivität der versicherten Person nach dem Tarif, der dem Vertrag zugrunde liegt,

1.2.1. eine niedrigere Prämie, so ist ab Zugang der Anzeige an den Versicherer nur diese zu bezahlen. Im Übrigen kommen in diesem Fall die Bestimmungen des § 41a VersVG zur Anwendung.

1.2.2. eine höhere Prämie, so besteht für die Dauer von drei Monaten ab dem Zeitpunkt, in dem die Anzeige dem Versicherer hätte zugehen müssen, auch für die neue Berufstätigkeit, Beschäftigung, Nebenbeschäftigung oder Freizeitaktivität der volle Versicherungsschutz. Danach besteht der volle Versicherungsschutz nur bei Zahlung einer dem höheren Risiko angepassten Prämie.

Dazu hat der Versicherer unverzüglich nach Zugang der Anzeige oder sonst erfolgter Kenntniserlangung ein Änderungsangebot und für den Fall der Ablehnung desselben die Kündigung des Versicherungsvertrages in geschriebener Form zu übermitteln. Ein solches Angebot mit Prämienerhöhung ist vom Versicherer unter Zugrundelegung des im Abschlusszeitpunkt des ursprünglichen Vertrags geltenden Tarifs des Versicherers zu erstellen.

Ein Angebot des Versicherers zur Änderung des Versicherungsvertrages gilt als abgelehnt, wenn es nicht innerhalb eines Monats nach seinem Zugang vom Versicherungsnehmer angenommen wird. Bei Ablehnung des Änderungsangebots gilt der Versicherungsvertrag als vom Versicherer gekündigt. In diesem Fall endet der Versicherungsvertrag einen Monat nach Ablauf der Monatsfrist zur Annahme des Änderungsangebots. Im Änderungsanbot hat der Versicherer auf diese Rechtsfolgen ausdrücklich hinzuweisen.

1.2.3. dass die Übernahme der höheren Gefahr nach den im Abschlusszeitpunkt des ursprünglichen Vertrags für den Geschäftsbetrieb des Versicherers maßgebenden Grundsätzen auch gegen eine höhere Prämie nicht möglich ist, kann der Versicherer den Vertrag innerhalb eines Monats ab Kenntnis der höheren Gefahr kündigen. Diese Kündigung muss in geschriebener Form und unter Einhaltung einer Kündigungsfrist von einem Monat erfolgen.

2. Kraftfahrrechtliche Berechtigung:

Als Obliegenheit, deren Verletzung die Leistungsfreiheit des Versicherers gemäß den Voraussetzungen und Begrenzungen des § 6 Absatz 1 und 2 VersVG bewirkt, wird bestimmt, dass die versicherte Person als Lenker eines Kraftfahrzeuges die jeweilige kraftfahrrechtliche Berechtigung besitzt, die zum Lenken dieses oder eines typengleichen Kraftfahrzeuges erforderlich ist. Dies gilt auch dann, wenn dieses Fahrzeug nicht auf Straßen mit öffentlichem Verkehr gelenkt wird.

Artikel 8

Pflichten des Versicherungsnehmers nach Eintritt des Versicherungsfalls

Soweit nichts anderes vereinbart ist, gilt:

Als Obliegenheiten, deren Verletzung die Leistungsfreiheit des Versicherers gemäß den Voraussetzungen und Begrenzungen des § 6 Absatz 3 VersVG bewirkt, werden bestimmt:

1. Ein Unfall ist dem Versicherer unverzüglich, spätestens innerhalb einer Woche, in geschriebener Form, sofern nicht die Schriftform vereinbart ist, anzuzeigen. Zu Erklärungen in geschriebener Form und Schriftform siehe Artikel 13 Punkt 1.

2. Ein Todesfall ist dem Versicherer innerhalb von x Tagen anzuzeigen, und zwar auch dann, wenn der Unfall bereits gemeldet ist.

3. Es sind dem Versicherer alle sachdienlichen Auskünfte zu erteilen und nach Möglichkeit ist zur Feststellung des Sachverhaltes beizutragen.

4. Nach dem Unfall ist unverzüglich ärztliche Hilfe in Anspruch zu nehmen und die ärztliche Behandlung bis zum Abschluss des Heilverfahrens fortzusetzen; ebenso ist für eine angemessene Krankenpflege und nach Möglichkeit für die Abwendung und Minderung der Unfallfolgen zu sorgen.

5. Der Versicherer kann verlangen, dass sich die versicherte Person durch die vom Versicherer bezeichneten Ärzte untersuchen lässt.

6. Ist auch Spitalgeld versichert, so ist dem Versicherer, wenn die versicherte Person in ein Spital gemäß Artikel 2 Punkt 5.2. eingewiesen ist, nach der Entlassung aus dem Spital eine Aufenthaltsbestätigung der Spitalsverwaltung zuzusenden.

Artikel 9

Fälligkeit der Leistung des Versicherers

1. Geldleistungen des Versicherers werden mit Beendigung der Erhebungen fällig, die zur Feststellung des Versicherungsfalls und des Umfangs der Leistung nötig sind.

2. Die Fälligkeit tritt jedoch unabhängig davon ein, wenn der Versicherungsnehmer nach Ablauf zweier Monate seit dem Begehren nach einer Geldleistung eine Erklärung vom Versicherer verlangt, aus welchen Gründen die Erhebungen noch nicht beendet werden konnten, und der Versicherer diesem Verlangen nicht binnen eines Monats entspricht.

3. Sind diese Erhebungen bis zum Ablauf eines Monates seit der Anzeige des Versicherungsfalles nicht beendet, so kann der Versicherungsnehmer in Anrechnung auf die Gesamtforderung Abschlagszahlungen in der Höhe des Betrages verlangen, den der Versicherer nach Lage der Sache mindestens zu zahlen hat.

4. Für Leistungen wegen Eintritts dauernder Invalidität sind überdies die Bestimmungen des Artikel 2 Punkte 1.5. und 1.6. zu beachten.

Artikel 10

Verfahren bei Meinungsverschiedenheiten

1. Im Fall von Meinungsverschiedenheiten über Art und Umfang der Unfallfolgen oder darüber, in welchem Umfang die eingetretene Beeinträchtigung auf den Unfall zurückzuführen ist, ferner über die Beeinflussung der Unfallfolgen durch Krankheiten oder Gebrechen entscheidet verbindlich ein Schiedsgutachter, sofern dies der Versicherungsnehmer bzw. der Bezugsberechtigte (im Folgenden: der Anspruchsberechtigte) oder der Versicherer verlangen und diese Meinungsverschiedenheiten auf insofern abweichenden medizinischen Gutachten des vom Versicherer im Anlassfall beigezogenen sowie eines vom Anspruchsberechtigten beauftragten Gutachterarztes beruhen.

2. Gemäß § 184 VersVG ist die Entscheidung des Schiedsgutachters nur dann nicht verbindlich, wenn sie offenbar von der wirklichen Sachlage erheblich abweicht. In diesem Fall entscheidet ein ordentliches Gericht über die strittige Frage. Letzteres gilt auch, wenn der Schiedsgutachter die Feststellung nicht treffen kann oder will oder sie länger als drei Monate verzögert oder wenn der Schiedsgutachter nicht entscheidet, weil der Anspruchsberechtigte zwar die Entscheidung des Schiedsgutachters verlangt hat, aber nicht fristgerecht gemäß dem nachfolgenden Punkt 7. mitgeteilt hat, mit dem ihm mitgeteilten Maximalbetrag einverstanden zu sein.

3. Das Recht, die Entscheidung eines Schiedsgutachters zu verlangen, steht sowohl dem Anspruchs- berechtigten als auch dem Versicherer zu. Das Verlangen einer Entscheidung des Schiedsgutachters hat (*wenn vereinbart:* „binnen xxx Monaten ab Zugang der in geschriebener Form übermittelten Entscheidung des Versicherers über die jeweils strittige Fragestellung im Sinne von Punkt 1.") unter Bekanntgabe der Forderung bzw. Auffassung und unter Vorlage eines diese Forderung/Auffassung begründenden medizinischen Gutachtens zu erfolgen. Auf dieses Recht sowie die dafür geltenden Erfordernisse und Rahmenbedingungen wird der Versicherer den Anspruchsberechtigten in seiner Entscheidung über den Anspruch und/oder die strittige Fragestellung in geschriebener Form hinweisen.

4. Als Schiedsgutachter bestellen der vom Versicherer im Anlassfall beigezogene sowie der vom Anspruchsberechtigten mit der bisherigen Fallbeurteilung beauftragte Gutachterarzt einvernehmlich einen in der österreichischen Ärzteliste eingetragenen Arzt mit ius practicandi (Recht zur Berufsausübung), welcher in die Liste der in Österreich gerichtlich zertifizierten medizinischen Sachverständigen eingetragen ist.

5. Einigen sich die beiden Ärzte über die Person des Schiedsgutachters nicht, wird ein für die Beurteilung der strittigen Fragen zuständiger medizinischer Sachverständiger durch die Österreichische Ärztekammer als Schiedsgutachter bestellt.

6. Die Obliegenheiten gemäß Artikel 8 Punkte 4., 5. und 6. gelten sinngemäß für das Schiedsgutachter- verfahren. Die versicherte Person trifft demnach auch die Obliegenheit, sich vom Schiedsgutachter untersuchen zu lassen.

7. Der Schiedsgutachter hat ein Gutachten zu erstatten und über die strittigen Tatsachen im Sinne von Punkt 1. zu entscheiden. Diese Entscheidung des Schiedsgutachters hat eine schriftliche Begründung zu umfassen, die sich mit den vorhandenen Gutachten auseinandersetzt.

8. Verlangt der Versicherer die Entscheidung des Schiedsgutachters, so trägt der Versicherer dessen Kosten allein.

Verlangt der Anspruchsberechtigte die Entscheidung des Schiedsgutachters, hat der Versicherer dem Anspruchsberechtigten vor Aufnahme der Tätigkeit des Schiedsgutachters in geschriebener Form den Maximalbetrag der vom Anspruchsberechtigten zu tragenden Kosten mitzuteilen. Dieser Maximalbetrag ist vom Versicherer unter Bedachtnahme auf die zu erwartenden objektiv notwendigen Kosten des Schiedsgutachters zu bestimmen und darf nicht mehr als ... % der für Tod und dauernde Invalidität zusammen versicherten Summe, höchstens jedoch ... % des strittigen Betrages betragen.

Der Schiedsgutachter wird nur dann tätig, wenn der Anspruchsberechtigte innerhalb von vier Wochen ab Erhalt der Mitteilung erklärt, mit dem ihm mitgeteilten Maximalbetrag einverstanden zu sein. Die endgültigen Kosten des Schiedsgutachters werden von ihm anhand der im Rahmen seiner Tätigkeit angefallenen objektiv notwendigen Kosten festgesetzt und sind im Verhältnis des Obsiegens der beiden Parteien zu tragen, vom Anspruchsberechtigten jedoch maximal bis zur Höhe des ihm mitgeteilten Maximalbetrags. Bei Unverbindlichkeit der Entscheidung des Schiedsgutachters, wie oben in Punkt 2. beschrieben, trägt der Versicherer die Kosten des Schiedsgutachters.

Artikel 11

Vertragsdauer und Verlängerung; Ablaufkündigung

1. Beträgt die vereinbarte Vertragsdauer weniger als ein Jahr, endet der Vertrag ohne Kündigung zum vereinbarten Zeitpunkt.

2. Beträgt die vereinbarte Vertragsdauer mindestens ein Jahr, gilt der Versicherungsvertrag zunächst für die vertraglich vereinbarte Dauer.

2.1. Die Vertragsdauer verlängert sich aber jeweils automatisch um ein weiteres Jahr, wenn der Vertrag nicht spätestens x Monat(e) vor Ablauf gekündigt wird (Ablaufkündigung).

Für den Zugang der Erklärung der Ablaufkündigung steht die gesamte Vertragsdauer unter Beachtung der genannten x-monatigen Kündigungsfrist zur Verfügung.

2.2. Für Versicherungsverträge, deren Abschluss nicht zum Betrieb eines Unternehmens des Versicherungsnehmers gehört (Verbraucherverträge) ist vereinbart, dass der Versicherer den Versicherungsnehmer frühestens x Monate, spätestens aber y Monate vor Ablauf der vereinbarten Vertragsdauer darüber informieren und besonders hinweisen wird,

2.2.1. dass sich der Vertrag automatisch um ein Jahr verlängert, wenn der Versicherungsnehmer ihn nicht kündigt,

2.2.2. dass es zur Verhinderung dieser Vertragsverlängerung notwendig ist, dass der Versicherungsnehmer den Versicherungsvertrag zum Ablauf der vereinbarten Vertragsdauer kündigt, und zwar durch eine Erklärung an den Versicherer, dass er den Vertrag kündigt,

2.2.3. dass die Frist zur Kündigung für diese Kündigung offen ist und spätestens x Monat(e) vor Ablauf endet, und

2.2.4. welche Rechtsfolgen die Vertragsverlängerung bei unterbliebener Kündigung sowie die Vertragsbeendigung bei Vornahme der Kündigung haben.

2.3. Für den neuerlichen Ablauf der verlängerten Vertragsdauer gelten wiederum die Regelungen der Punkte 2.1. und 2.2.

Artikel 12

Kündigung nach Versicherungsfall

1. Der Versicherer kann den Versicherungsvertrag unter Einhaltung einer Kündigungsfrist von einem Monat kündigen, wenn

1.1. innerhalb einer Versicherungsperiode mehr als ein Versicherungsfall eintritt und die Summe aus den Versicherungsleistungen das x-fache der Jahresprämie dieser Versicherungsperiode übersteigt. Die Kündigung hat binnen eines Monats ab dem Zeitpunkt zu erfolgen, in dem die x-fache Jahresprämie durch eine oder mehrere Auszahlungen von Versicherungsleistungen erreicht ist; oder

1.2. ein Versicherungsfall eintritt, zu dem der Versicherer eine Versicherungsleistung anerkannt hat, die das y-fache der Jahresprämie jener Versicherungsperiode erreicht, in der der Versicherungsfall eingetreten ist. Die Kündigung hat binnen eines Monats nach Anerkenntnis der Versicherungsleistung zu erfolgen.

1.3. eine Versicherungsleistung wegen eines arglistig erhobenen Anspruchs abgelehnt wird.

2. Der Versicherungsnehmer kann den Versicherungsvertrag kündigen

2.1. wenn der Versicherer einen gerechtfertigten Anspruch auf die Versicherungsleistung ablehnt oder seine Anerkennung schuldhaft verzögert;

2.2. nach Anerkennung dem Grunde nach und nach erbrachter Versicherungsleistung;

2.3. nach Entscheidung des Schiedsgutachters und nach Rechtskraft eines Gerichtsurteils über einen Deckungsanspruch aus diesem Vertrag.

Der Versicherungsnehmer kann per sofort, jedoch nicht für einen späteren Zeitpunkt als zum Ende der laufenden Versicherungsperiode kündigen.

3. Bei Kündigung des Versicherungsvertrags steht dem Versicherer die anteilige Prämie bis zur Wirksamkeit der Vertragsauflösung zu.

Artikel 13

Form von Anzeigen und Erklärungen; Änderung der Anschrift

1. Form von Anzeigen und Erklärungen

Für sämtliche Anzeigen und Erklärungen an den Versicherer ist die geschriebene Form erforderlich, sofern nicht die Schriftform ausdrücklich und mit gesonderter Erklärung vereinbart wurde.

Der geschriebenen Form wird durch Zugang eines Textes in Schriftzeichen entsprochen, aus dem die Person des Erklärenden hervorgeht (z.B. E-Mail oder – sofern vereinbart – elektronische Kommunikation). Schriftform bedeutet, dass dem Erklärungsempfänger das Original der Erklärung mit eigenhändiger Unterschrift des Erklärenden oder mit qualifizierter elektronischer Signatur gemäß § 4 Absatz 1 SVG zugehen muss.

2. Änderung der Anschrift

Der Versicherungsnehmer hat eine Änderung seiner Anschrift dem Versicherer bekanntzugeben. Solange der Versicherungsnehmer die Änderung seiner Anschrift dem Versicherer nicht bekannt gibt und der Versicherer keine Kenntnis von der neuen Anschrift des Versicherungsnehmers hat, gelten Erklärungen des Versicherers an die ihm vom Versicherungsnehmer zuletzt bekannt gegebene Anschrift als dem Versicherungsnehmer in jenem Zeitpunkt zugegangen, in welchem sie ohne Änderung der Anschrift bei regelmäßiger Beförderung dem Versicherungsnehmer zugegangen wären.

Anhang

Auszug aus dem Versicherungsvertragsgesetz 1958 (VersVG, BGBl. Nr. 2/1959 in der jeweils geltenden Fassung) und Signatur- und Vertrauensdienstegesetz (SVG).

§ 6. (1) Ist im Vertrag bestimmt, daß bei Verletzung einer Obliegenheit, die vor dem Eintritt des Versicherungsfalles dem Versicherer gegenüber zu erfüllen ist, der Versicherer von der Verpflichtung zur Leistung frei sein soll, so tritt die vereinbarte Rechtsfolge nicht ein, wenn die Verletzung als eine unverschuldete anzusehen ist. Der Versicherer kann den Vertrag innerhalb eines Monates, nachdem er von der Verletzung Kenntnis erlangt hat, ohne Einhaltung einer Kündigungsfrist kündigen, es sei denn, daß die Verletzung als eine unverschuldete anzusehen ist. Kündigt der Versicherer innerhalb eines Monates nicht, so kann er sich auf die vereinbarte Leistungsfreiheit nicht berufen.

(1a) Bei der Verletzung einer Obliegenheit, die die dem Versicherungsvertrag zugrundeliegende Äquivalenz zwischen Risiko und Prämie aufrechterhalten soll, tritt die vereinbarte Leistungsfreiheit außerdem nur in dem Verhältnis ein, in dem die vereinbarte hinter der für das höhere Risiko tarifmäßig vorgesehenen Prämie zurückbleibt. Bei der Verletzung von Obliegenheiten zu sonstigen bloßen Meldungen und Anzeigen, die keinen Einfluß auf die Beurteilung des Risikos durch den Versicherer haben, tritt Leistungsfreiheit nur ein, wenn die Obliegenheit vorsätzlich verletzt worden ist.

(2) Ist eine Obliegenheit verletzt, die vom Versicherungsnehmer zum Zweck der Verminderung der Gefahr oder der Verhütung einer Erhöhung der Gefahr dem Versicherer gegenüber - unabhängig von der Anwendbarkeit des Abs. 1a - zu erfüllen ist, so kann sich der Versicherer auf die vereinbarte Leistungsfreiheit nicht berufen, wenn die Verletzung keinen Einfluß auf den Eintritt des Versicherungsfalls oder soweit sie keinen Einfluß auf den Umfang der dem Versicherer obliegenden Leistung gehabt hat.

(3) Ist die Leistungsfreiheit für den Fall vereinbart, daß eine Obliegenheit verletzt wird, die nach dem Eintritt des Versicherungsfalles dem Versicherer gegenüber zu erfüllen ist, so tritt die vereinbarte Rechtsfolge nicht ein, wenn die Verletzung weder auf Vorsatz noch auf grober Fahrlässigkeit beruht. Wird die Obliegenheit nicht mit dem Vorsatz verletzt, die Leistungspflicht des Versicherers zu beeinflussen oder die Feststellung solcher Umstände zu beeinträchtigen, die erkennbar für die Leistungspflicht des Versicherers bedeutsam sind, so bleibt der Versicherer zur Leistung verpflichtet, soweit die Verletzung weder auf die Feststellung des Versicherungsfalls noch auf die Feststellung oder den Umfang der dem Versicherer obliegenden Leistung Einfluß gehabt hat.

(4) Eine Vereinbarung, nach welcher der Versicherer bei Verletzung einer Obliegenheit zum Rücktritt berechtigt sein soll, ist unwirksam.

(5) Der Versicherer kann aus der fahrlässigen Verletzung einer vereinbarten Obliegenheit Rechte nur ableiten, wenn dem Versicherungsnehmer vorher die Versicherungsbedingungen oder eine andere Urkunde zugegangen sind, in der die Obliegenheit mitgeteilt wird.

§ 23. (1) Nach Abschluß des Vertrages darf der Versicherungs- nehmer ohne Einwilligung des Versicherers weder eine Erhöhung der Gefahr vornehmen noch ihre Vornahme durch einen Dritten gestatten.

(2) Erlangt der Versicherungsnehmer davon Kenntnis, daß durch eine von ihm ohne Einwilligung des Versicherers vorgenommene oder gestattete Änderung die Gefahr erhöht ist, so hat er dem Versicherer unverzüglich Anzeige zu machen.

§ 24. (1) Verletzt der Versicherungsnehmer die Vorschrift des § 23 Abs. 1, so kann der Versicherer das Versicherungsverhältnis ohne Einhaltung einer Kündigungsfrist kündigen. Beruht die Verletzung nicht auf einem Verschulden des Versicherungsnehmers, so muß dieser die Kündigung erst mit dem Ablauf eines Monates gegen sich gelten lassen.

(2) Das Kündigungsrecht erlischt, wenn es nicht innerhalb eines Monates von dem Zeitpunkt an ausgeübt wird, in welchem der Versicherer von der Erhöhung der Gefahr Kenntnis erlangt, oder wenn der Zustand wiederhergestellt ist, der vor der Erhöhung bestanden hat.

§ 25. (1) Der Versicherer ist im Fall einer Verletzung der Vorschrift des § 23 Abs. 1 von der Verpflichtung zur Leistung frei, wenn der Versicherungsfall nach der Erhöhung der Gefahr eintritt.

(2) Die Verpflichtung des Versicherers bleibt bestehen, wenn die Verletzung nicht auf einem Verschulden des Versicherungs- nehmers beruht. Der Versicherer ist jedoch auch in diesem Fall von der Verpflichtung zur Leistung frei, wenn die im § 23 Abs. 2 vorgesehene Anzeige nicht unverzüglich gemacht wird und der Versicherungsfall später als einen Monat nach dem Zeitpunkt eintritt, in welchem die Anzeige dem Versicherer hätte zugehen müssen, es sei denn, daß ihm in diesem Zeitpunkt die Erhöhung der Gefahr bekannt war.

(3) Die Verpflichtung des Versicherers zur Leistung bleibt auch dann bestehen, wenn zur Zeit des Eintritts des Versicherungsfalls die Frist für die Kündigung des Versicherers abgelaufen und eine Kündigung nicht erfolgt ist oder wenn die Erhöhung der Gefahr keinen Einfluß auf den Eintritt des Versicherungsfalls oder soweit sie keinen Einfluß auf den Umfang der Leistung des Versicherers gehabt hat.

§ 26. Die Vorschriften der §§ 23 bis 25 sind nicht anzuwenden, wenn der Versicherungsnehmer zu der Erhöhung der Gefahr durch das Interesse des Versicherers oder durch ein Ereignis, für das der Versicherer haftet, oder durch ein Gebot der Menschlichkeit veranlaßt wird.

§ 27. (1) Tritt nach dem Abschluß des Vertrages unabhängig vom Willen des Versicherungsnehmers eine Erhöhung der Gefahr ein, so ist der Versicherer berechtigt, das Versicherungsverhältnis unter Einhaltung einer Kündigungsfrist von einem Monat zu kündigen. Das Kündigungsrecht erlischt, wenn es nicht innerhalb eines Monats von dem Zeitpunkt an ausgeübt wird, in dem der Versicherer von der Erhöhung der Gefahr Kenntnis erlangt hat, oder wenn der Zustand wiederhergestellt ist, der vor der Erhöhung bestanden hat.

(2) Der Versicherungsnehmer hat, sobald er von der Erhöhung der Gefahr Kenntnis erlangt, dem Versicherer unverzüglich Anzeige zu machen.

(3) Ist die Erhöhung der Gefahr durch allgemein bekannte Umstände verursacht, die nicht nur auf die Risken bestimmter Versicherungsnehmer einwirken, etwa durch eine Änderung von Rechtsvorschriften, so erlischt das Kündigungsrecht des Versicherers nach Abs. 1 erst

nach einem Jahr und ist Abs. 2 nicht anzuwenden.

§ 28. (1) Wird die im § 27 Abs. 2 vorgesehene Anzeige nicht unverzüglich gemacht, so ist der Versicherer von der Verpflichtung zur Leistung frei, wenn der Versicherungsfall später als einen Monat nach dem Zeitpunkt eintritt, in welchem die Anzeige dem Versicherer hätte zugehen müssen.

(2) Die Verpflichtung des Versicherers bleibt bestehen, wenn ihm die Erhöhung der Gefahr in dem Zeitpunkt bekannt war, in welchem ihm die Anzeige hätte zugehen müssen. Das gleiche gilt, wenn zur Zeit des Eintritts des Versicherungsfalls die Frist für die Kündigung des Versicherers abgelaufen und eine Kündigung nicht erfolgt ist oder wenn die Erhöhung der Gefahr keinen Einfluß auf den Eintritt des Versicherungsfalls oder soweit sie keinen Einfluß auf den Umfang der Leistung des Versicherers gehabt hat.

§ 29. Eine unerhebliche Erhöhung der Gefahr kommt nicht in Betracht. Eine Erhöhung der Gefahr kommt auch dann nicht in Betracht, wenn nach den Umständen als vereinbart anzusehen ist, daß das Versicherungsverhältnis durch die Erhöhung der Gefahr nicht berührt werden soll.

§ 30. Die Vorschriften der §§ 23 bis 29 sind auch auf eine in der Zeit zwischen Stellung und Annahme des Versicherungsantrages eingetretene Erhöhung der Gefahr anzuwenden, die dem Versicherer bei der Annahme des Antrages nicht bekannt war.

§ 38. (1) Ist die erste oder einmalige Prämie innerhalb von 14 Tagen nach dem Abschluß des Versicherungsvertrags und nach der Aufforderung zur Prämienzahlung nicht gezahlt, so ist der Versicherer, solange die Zahlung nicht bewirkt ist, berechtigt, vom Vertrag zurückzutreten. Es gilt als Rücktritt, wenn der Anspruch auf die Prämie nicht innerhalb dreier Monate vom Fälligkeitstag an gerichtlich geltend gemacht wird.

(2) Ist die erste oder einmalige Prämie zur Zeit des Eintritts des Versicherungsfalls und nach Ablauf der Frist des Abs. 1 noch nicht gezahlt, so ist der Versicherer von der Verpflichtung zur Leistung frei, es sei denn, daß der Versicherungsnehmer an der rechtzeitigen Zahlung der Prämie ohne sein Verschulden verhindert war.

(3) Die Aufforderung zur Prämienzahlung hat die im Abs. 1 und 2 vorgesehenen Rechtsfolgen nur, wenn der Versicherer den Versicherungsnehmer dabei auf diese hingewiesen hat.

(4) Die Nichtzahlung von Zinsen oder Kosten löst die Rechtsfolgen der Abs. 1 und 2 nicht aus.

§ 39. (1) Wird eine Folgeprämie nicht rechtzeitig gezahlt, so kann der Versicherer dem Versicherungsnehmer auf dessen Kosten schriftlich eine Zahlungsfrist von mindestens zwei Wochen bestimmen; zur Unterzeichnung genügt eine Nachbildung der eigenhändigen Unterschrift. Dabei sind die Rechtsfolgen anzugeben, die nach Abs. 2 und 3 mit dem Ablauf der Frist verbunden sind. Eine Fristbestimmung, ohne Beachtung dieser Vorschriften, ist unwirksam.

(2) Tritt der Versicherungsfall nach dem Ablauf der Frist ein und ist der Versicherungsnehmer zur Zeit des Eintrittes mit der Zahlung der Folgeprämie im Verzug, so ist der Versicherer von der Verpflichtung zur Leistung frei, es sei denn, daß der Versicherungsnehmer an der rechtzeitigen Zahlung ohne sein Verschulden verhindert war.

(3) Der Versicherer kann nach dem Ablauf der Frist das Versicherungsverhältnis ohne Einhaltung einer Kündigungsfrist kündigen, wenn der Versicherungsnehmer mit der Zahlung im Verzug ist. Die Kündigung kann bereits mit der Bestimmung der Zahlungsfrist so verbunden werden, daß sie mit Fristablauf wirksam wird, wenn der Versicherungsnehmer in diesem Zeitpunkt mit der Zahlung im Verzug ist; darauf ist der Versicherungsnehmer bei der Kündigung ausdrücklich aufmerksam zu machen. Die Wirkungen der Kündigung fallen fort, wenn der Versicherungsnehmer innerhalb eines Monates nach der Kündigung oder, falls die Kündigung mit der Fristbestimmung verbunden worden ist, innerhalb eines Monates nach dem Ablauf der Zahlungsfrist die Zahlung nachholt, sofern nicht der Versicherungsfall bereits eingetreten ist.

(4) Die Nichtzahlung von Zinsen oder Kosten löst die Rechtsfolgen der Abs. 1 bis 3 nicht aus.

§ 39a. Ist der Versicherungsnehmer bloß mit nicht mehr als 10 vH der Jahresprämie, höchstens aber mit 60 Euro im Verzug, so tritt eine im § 38 oder § 39 vorgesehene Leistungsfreiheit des Versicherers nicht ein.

§ 41a. (1) Ist wegen bestimmter, die Gefahr erhöhender Umstände eine höhere Prämie vereinbart, so kann der Versicherungsnehmer, wenn diese Umstände in der Zeit zwischen Stellung und Annahme des Antrages oder nach Abschluß des Vertrages wegfallen oder ihre Bedeutung verlieren, verlangen, daß die Prämie für die künftigen Versicherungsperioden angemessen herabgesetzt wird.

(2) Das gleiche gilt, wenn die Bemessung der höheren Prämie durch irrtümliche Angaben des Versicherungsnehmers über einen solchen Umstand veranlaßt worden ist.

§ 74. (1) Die Versicherung kann von demjenigen, welcher den Vertrag mit dem Versicherer abschließt, im eigenen Namen für einen anderen, mit oder ohne Benennung der Person des Versicherten, genommen werden (Versicherung für fremde Rechnung).

(2) Wird die Versicherung für einen anderen genommen, so ist, auch wenn der andere benannt wird, im Zweifel anzunehmen, daß der Vertragschließende nicht als Vertreter, sondern im eigenen Namen für fremde Rechnung handelt.

§ 75. (1) Bei der Versicherung für fremde Rechnung stehen die Rechte aus dem Versicherungsvertrag dem Versicherten zu. Die Übermittlung eines Versicherungsscheines kann jedoch nur der Versicherungsnehmer verlangen.

(2) Der Versicherte kann ohne Zustimmung des Versicherungs nehmers über seine Rechte nur dann verfügen und diese Rechte nur dann gerichtlich geltend machen, wenn er im Besitz eines Versicherungsscheines ist.

§ 76. (1) Der Versicherungsnehmer kann über die dem Versicherten aus dem Versicherungsvertrag zustehenden Rechte im eigenen Namen verfügen.

(2) Ist ein Versicherungsschein ausgestellt, so ist der Versicherungsnehmer ohne Zustimmung des Versicherten nur dann zur Annahme der Zahlung und zur Übertragung der Rechte des Versicherten befugt, wenn er im Besitz des Scheines ist.

(3) Der Versicherer ist zur Zahlung an den Versicherungsnehmer nur verpflichtet, wenn dieser ihm gegenüber nachweist, daß der Versicherte seine Zustimmung zur Versicherung erteilt hat.

§ 77. Der Versicherungsnehmer ist nicht verpflichtet, dem Versicherten oder, falls über das Vermögen des Versicherten ein Insolvenzverfahren eröffnet ist, dem Insolvenzverwalter beziehungsweise dem Treuhänder der Gläubiger den Versicherungsschein auszuliefern, bevor er wegen der ihm gegen den Versicherten in Bezug auf die versicherte Sache zustehenden Ansprüche befriedigt ist. Er kann sich für diese Ansprüche aus der Entschädigungsforderung gegen den Versicherer und nach der Einziehung der Forderung aus der Entschädigungssumme vor dem Versicherten und dessen Gläubigern befriedigen.

§ 78. Soweit nach den Vorschriften dieses Bundesgesetzes die Kenntnis und das Verhalten des Versicherungsnehmers von rechtlicher Bedeutung ist, kommt bei der Versicherung für fremde Rechnung auch die Kenntnis und das Verhalten des Versicherten in Betracht.

§ 79. (1) Auf die Kenntnis des Versicherten kommt es nicht an, wenn der Vertrag ohne sein Wissen abgeschlossen worden ist oder eine rechtzeitige Benachrichtigung des Versicherungsnehmers nicht tunlich war.

(2) Hat der Versicherungsnehmer den Vertrag ohne Auftrag des Versicherten abgeschlossen und beim Abschluß das Fehlen des Auftrages dem Versicherer nicht angezeigt, so braucht dieser die Einwendung, daß der Vertrag ohne Wissen des Versicherten abgeschlossen worden ist, nicht gegen sich gelten zu lassen.

§ 80. (1) Ergibt sich aus den Umständen nicht, daß die Versicherung für einen anderen genommen werden soll, so gilt sie als für eigene Rechnung genommen.

(2) Ist die Versicherung für Rechnung „wen es angeht" genommen oder ist sonst aus dem Vertrag zu entnehmen, daß unbestimmt gelassen werden soll, ob eigenes oder fremdes Interesse versichert ist, so sind die Vorschriften der §§ 75 bis 79 anzuwenden, wenn sich ergibt, daß fremdes Interesse versichert ist.

§ 184. (1) Sollen nach dem Vertrag einzelne Voraussetzungen des Anspruches aus der Versicherung oder das Maß der durch den Unfall herbeigeführten Einbuße an Erwerbsfähigkeit durch Sachverständige festgestellt werden, so ist die getroffene Feststellung nicht verbindlich, wenn sie offenbar von der wirklichen Sachlage erheblich abweicht. Die Feststellung erfolgt in diesem Falle durch Urteil. Das gleiche gilt, wenn die Sachverständigen die Feststellung nicht treffen können oder wollen oder sie verzögern.

(2) Sind nach dem Vertrag die Sachverständigen vom Gericht zu bestellen, so sind auf die Bestellung die Vorschriften des § 64 Abs. 2 entsprechend anzuwenden.

(3) Eine Vereinbarung, die von der Vorschrift des Abs. 1 Satz 1 abweicht, ist nichtig.

Signatur- und Vertrauensdienstegesetz (SVG)
§ 4. (1) Eine qualifizierte elektronische Signatur erfüllt das rechtliche Erfordernis der Schriftlichkeit im Sinne des § 886 ABGB. Andere gesetzliche Formerfordernisse, insbesondere solche, die die Beiziehung eines Notars oder eines Rechtsanwalts vorsehen, sowie vertragliche Vereinbarungen über die Form bleiben unberührt.

Versicherungsverband
Österreich

Allgemeine Bedingungen für die Feuerversicherung (AFB 2001)

Unverbindliche Musterbedingungen *des Verbandes der Versicherungsunternehmen Österreichs. Die Möglichkeit, durch andere Vereinbarungen von Regelungen dieser Musterbedingungen abzuweichen, bleibt unberührt. Die Musterbedingungen sind für jede interessierte Person zugänglich und werden auf einfache*
Anfrage hin übermittelt.

Allgemeiner Teil

Auf die Versicherung finden die Bestimmungen der Allgemeinen Bedingungen für die Sachversicherung (Musterbedingungen ABS) Anwendung.

Besonderer Teil

Artikel 1
Versicherte Gefahren und Schäden

1. **Versicherte Gefahren**

1.1. **Brand**; Brand ist ein Feuer, das sich mit schädigender Wirkung und aus eigener Kraft ausbreitet (Schadenfeuer).

1.2. **Blitzschlag**; Blitzschlag ist die unmittelbare Kraft- oder Wärmeeinwirkung eines Blitzes auf Sachen (direkter Blitzschlag).

1.3. **Explosion**; Explosion ist eine plötzlich verlaufende Kraftäußerung, die auf dem Ausdehnungsbestreben von Gasen oder Dämpfen beruht.

1.4. Eine Explosion eines Behälters (Kessel, Rohrleitungen und dergleichen) liegt nur vor, wenn seine Wandung in einem solchen Umfang zerrissen wird, dass ein plötzlicher Ausgleich des Druckunterschiedes innerhalb und außerhalb des Behälters stattfindet.

Eine im Inneren eines Behälters durch chemische Umsetzung hervorgerufene Explosion gilt auch dann als Explosion, wenn die Wandung des Behälters nicht zerrissen ist.

1.5. **Flugzeugabsturz**; Flugzeugabsturz ist der Absturz oder Anprall von Luft- oder Raumfahrzeugen, deren Teile oder Ladung.

2. **Versicherte Schäden**

Versichert sind **Sachschäden**, die

2.1.. durch die **unmittelbare Einwirkung** einer versicherten Gefahr (Schadenereignis) eintreten;

2.2. als **unvermeidliche Folge** eines Schadenereignisses eintreten;

2.3. bei einem Schadenereignis durch **Löschen, Niederreißen** oder **Ausräumen** verursacht werden;

2.4. durch **Abhandenkommen** bei einem Schadenereignis eintreten.

Artikel 2
Nicht versicherte Schäden

Soweit nichts anderes vereinbart ist, sind nicht versichert:

1. Schäden an Sachen, die bestimmungsgemäß einem Nutzfeuer, der Wärme oder dem Rauch ausgesetzt werden;

2. Schäden an Sachen, die in ein Nutzfeuer fallen oder geworfen werden;

3. Sengschäden;

4. Schäden an elektrischen Einrichtungen durch die Energie des elektrischen Stromes (z.B. Steigerung der Stromstärke, Überspannung, Isolationsfehler, Kurzschluss, Erdschluss, Kontaktfehler, Versagen von Mess-, Regel- und Sicherheitseinrichtungen, Überschlag, Überlastung).

Solche Schäden sind auch dann nicht versichert, wenn dabei Licht-, Wärme- oder explosionsartige Erscheinungen auftreten;

5. Schäden an elektrischen Einrichtungen durch Überspannung oder durch Induktion infolge Blitzschlages oder atmosphärischer Entladungen (indirekter Blitzschlag);

6. Schäden durch mechanische Betriebsauswirkungen und Schäden an Verbrennungskraftmaschinen durch die im Verbrennungsraum auftretenden Explosionen;

7. Schäden durch Projektile aus Schusswaffen;

8. Schäden durch Unterdruck (Implosion);

9. Schäden durch die unmittelbare oder mittelbare Wirkung von

9.1. Kriegsereignissen jeder Art, mit oder ohne Kriegserklärung, einschließlich aller Gewalthandlungen von Staaten und aller Gewalthandlungen politischer oder terroristischer Organisationen;

9.2. inneren Unruhen, Bürgerkrieg, Revolution, Rebellion, Aufruhr, Aufstand;

9.3. allen mit den genannten Ereignissen (Punkte 9.1. und 9.2.) verbundenen militärischen oder behördlichen Maßnahmen;

9.4. Erdbeben oder anderen außergewöhnlichen Naturereignissen;

9.5. Kernenergie, radioaktiven Isotopen oder ionisierender Strahlung.

Zu den Punkten 1. bis 8. gilt: Wenn solche Schäden zu einem Brand oder zu einer Explosion führen, ist der dadurch entstehende Schaden versichert.
Zu den Punkten 2., 3., 4., 6., 7. und 8. gilt: Solche Schäden sind versichert, wenn sie als unvermeidliche Folge eines Schadenereignisses eintreten.
Zu Punkt 9. gilt: Ist der Versicherungsnehmer Unternehmer im Sinne des Konsumentenschutzgesetzes, so hat er nachzuweisen, dass der Schaden mit den in den Punkten 9.1. bis 9.5. genannten Ereignissen oder deren Folgezuständen weder unmittelbar noch mittelbar im Zusammenhang steht.

Artikel 3
Versicherte Sachen und Kosten

1. Versicherte Sachen

1.1. Versichert sind die in der Polizze bezeichneten Sachen, die im Eigentum des Versicherungsnehmers stehen, ihm unter Eigentumsvorbehalt verkauft und übergeben oder ihm verpfändet wurden.

1.2. Fremde Sachen sind nur aufgrund besonderer Vereinbarung, und nur soweit nicht aus einem anderen Versicherungsvertrag Entschädigung erlangt werden kann, versichert.

Bei der Versicherung fremder Sachen ist für den Versicherungswert das Interesse des Eigentümers maßgebend, soweit nichts anderes vereinbart ist.

2. Versicherte Kosten

2.1. Versichert sind Kosten für Maßnahmen, auch für erfolglose, die der Versicherungsnehmer bei einem Schadenereignis zur Abwendung oder Minderung des Schadens für notwendig halten durfte.

Der Ersatz dieser Kosten und die Entschädigung für die versicherten Sachen betragen zusammen höchstens die Versicherungssumme; dies gilt jedoch nicht, soweit Maßnahmen auf Weisung des Versicherers erfolgt sind.

2.2. Nur aufgrund besonderer Vereinbarung sind versichert:

2.2.1. **Feuerlöschkosten**, das sind Kosten für die Brandbekämpfung, ausgenommen Kosten gemäß Punkt 2.3.

2.2.2. Bewegungs- und Schutzkosten, das sind Kosten, die dadurch entstehen, dass zum Zweck der Wiederherstellung oder Wiederbeschaffung versicherter Sachen andere Sachen bewegt, verändert oder geschützt werden müssen; insbesondere sind das Kosten für De- und Remontage von Maschinen oder Einrichtungen sowie für Durchbruch, Abriss oder Wiederaufbau von Gebäudeteilen.

2.2.3. **Abbruch- und Aufräumkosten**, das sind Kosten für Tätigkeiten am Versicherungsort und soweit sie versicherte Sachen betreffen, und zwar für den nötigen Abbruch stehengebliebener, vom Schaden betroffener Teile sowie für das Aufräumen einschließlich Sortieren der Reste und Abfälle.

Darunter fallen nicht Entsorgungskosten nach Punkt 2.2.4.

2.2.4. **Entsorgungskosten**, das sind Kosten für Untersuchung, Abfuhr, Behandlung und Deponierung vom Schaden betroffener versicherter Sachen.

2.3. *Soweit nichts anderes vereinbart ist*, sind nicht versichert:

2.3.1. Kosten, die durch Gesundheitsschäden bei Erfüllung der Rettungspflicht verursacht werden;

2.3.2. Kosten für Leistungen der im öffentlichen Interesse oder auf behördliche Anordnung tätig gewordenen Feuerwehren und anderen Verpflichteten.

Artikel 4
Örtliche Geltung der Versicherung

Bewegliche Sachen sind - *soweit nichts anderes vereinbart ist* - nur an dem in der Polizze bezeichneten Versicherungsort versichert. Werden sie von dort entfernt, ruht der Versicherungsschutz. Erfolgt die Entfernung auf Dauer, erlischt für diese Sachen der Versicherungsvertrag.

Artikel 5
Obliegenheiten des Versicherungsnehmers im Schadenfall

1. Schadenminderungspflicht

1.1. Nach Möglichkeit ist bei einem unmittelbar drohenden oder eingetretenen Schaden

- für die Erhaltung, Rettung und Wiedererlangung der versicherten Sachen zu sorgen;
- dazu Weisung des Versicherers einzuholen und einzuhalten.

1.2. Bei Verlust von Sparbüchern und Wertpapieren muss die Sperre von Auszahlungen unverzüglich beantragt und, soweit möglich, das gerichtliche Kraftloserklärungsverfahren eingeleitet werden.

2. Schadenmeldungspflicht

Jeder Schaden ist unverzüglich dem Versicherer zu melden und der Sicherheitsbehörde anzuzeigen. In der Anzeige bei der Sicherheitsbehörde sind insbesondere alle abhanden gekommenen Sachen anzugeben.

3. Schadenaufklärungspflicht

3.1. Dem Versicherer ist nach Möglichkeit jede Untersuchung über die Ursache und Höhe des Schadens und über den Umfang seiner Entschädigungsleistung zu gestatten.

3.2. Bei der Schadenermittlung ist unterstützend mitzuwirken und auf Verlangen sind dem Versicherer entsprechende Unterlagen zur

Verfügung zu stellen. Die Kosten dafür trägt der Versicherungsnehmer.

3.3. Bei Gebäudeschäden ist dem Versicherer auf Verlangen ein beglaubigter Grundbuchauszug nach dem Stand vom Tag des Schadenereignisses vorzulegen. Die Kosten dafür trägt der Versicherungsnehmer.

3.4. Der durch den Schaden herbeigeführte Zustand darf, solange der Schaden nicht ermittelt ist, ohne Zustimmung des Versicherers nicht verändert werden, es sei denn, dass eine solche Veränderung zum Zweck der Schadenminderung oder im öffentlichen Interesse notwendig ist.

4. Leistungsfreiheit

Verletzt der Versicherungsnehmer eine der vorstehenden Obliegenheiten, ist der Versicherer nach Maßgabe des § 6 Versicherungsvertragsgesetz (VersVG) - im Fall einer Verletzung der Schadenminderungspflicht nach Maßgabe des § 62 VersVG - von der Verpflichtung zur Leistung frei.

Artikel 6
Versicherungswert

1. Spezielle Bestimmungen zum Versicherungswert

1.1. Als Versicherungswert von **Gebäuden** kann vereinbart werden:

1.1.1. der **Neuwert**.

Als Neuwert eines Gebäudes gelten die ortsüblichen Kosten seiner Neuherstellung einschließlich der Planungs- und Konstruktionskosten;

1.1.2. der **Zeitwert**.

Der Zeitwert eines Gebäudes wird aus dem Neuwert durch Abzug eines dem Zustand des Gebäudes, insbesondere seines Alters und seiner Abnützung entsprechenden Betrages ermittelt;

1.1.3. der **Verkehrswert**.

Der Verkehrswert eines Gebäudes ist der erzielbare Verkaufspreis, wobei der Wert des Grundstückes außer Ansatz bleibt.

1.2. Als Versicherungswert von **Gebrauchsgegenständen und Betriebseinrichtungen** kann vereinbart werden:

1.2.1. der **Neuwert**.

Als Neuwert gelten die Kosten für die Wiederbeschaffung von neuen Sachen gleicher Art und Güte;

1.2.2. der **Zeitwert**.

Der Zeitwert wird aus dem Neuwert durch Abzug eines dem Zustand der Sache, insbesondere ihres Alters und ihrer Abnützung entsprechenden Betrages ermittelt;

1.2.3. der **Verkehrswert**.

Der Verkehrswert ist der erzielbare Verkaufspreis für die Sache.

1.3. Als Versicherungswert von **Waren und Vorräten** gelten die **Kosten für die Wiederherstellung oder Wiederbeschaffung** von Sachen gleicher Art und Güte.

Ist bei Waren und Vorräten der erzielbare Verkaufspreis niedriger als die Kosten für die Wiederherstellung oder Wiederbeschaffung, so gilt dieser als Versicherungswert.

1.4. Als Versicherungswert gelten bei

- **Geld und Geldeswerten** der Nennwert,
- **Sparbüchern ohne Losungswort** der Betrag des Guthabens,
- **Sparbüchern mit Losungswort** die Kosten des Kraftloserklärungsverfahrens,
- **Wertpapieren mit amtlichem Kurs** die jeweils letzte amtliche Notierung,
- **sonstigen Wertpapieren** der Marktpreis.

1.5. Als Versicherungswert von **Datenträgern** mit den darauf befindlichen Programmen und Daten, **Reproduktionshilfsmitteln, Urkunden, Mustern, Prototypen und dergleichen** gelten die **Kosten für die Wiederherstellung oder Wiederbeschaffung**.

1.6. Als Versicherungswert **behördlich zugelassener Straßen-, Wasser- und Luftfahrzeuge** gilt der **Verkehrswert**.

1.7. Als Versicherungswert **sonstiger, in den Punkten 1.2. bis 1.6. nicht genannter beweglicher Sachen** gilt der **Verkehrswert**.

2. Allgemeine Bestimmungen zum Versicherungswert

2.1. Unabhängig von den Bestimmungen der Punkte 1.1. bis 1.7. gilt als Versicherungswert jedenfalls der **Verkehrswert**:

2.1.1. bei **Sachen von historischem oder künstlerischem Wert**, bei denen die Alterung im allgemeinen zu keiner Entwertung führt;

2.1.2. bei **beweglichen Sachen, die gewerbsmäßig verliehen werden**, z.B. Leihbücher, Leihvideobänder, Leihmaschinen und Leihgeräte.

2.2. Bei der Ermittlung des Versicherungswertes wird ein **persönlicher Liebhaberwert** nicht berücksichtigt.

Artikel 7
Entschädigung

1. Für **Gebäude, Gebrauchsgegenstände und Betriebseinrichtungen** (Artikel 6, Punkte 1.1. und 1.2.):

1.1. Ist die Versicherung zum **Neuwert** gemäß Artikel 6 vereinbart,

1.1.1. wird bei **Zerstörung oder Abhandenkommen** der Versicherungswert unmittelbar vor Eintritt des Schadenereignisses ersetzt;

1.1.2. werden bei **Beschädigung** die notwendigen Reparaturkosten zur Zeit des Eintrittes des Schadenereignisses (Neuwertschaden), höchstens jedoch der Versicherungswert unmittelbar vor Eintritt des Schadenereignisses, ersetzt.

1.1.3. War der Zeitwert der vom Schaden betroffenen Sache unmittelbar vor Eintritt des Schadenereignisses kleiner als 40% des Neuwertes, wird höchstens der Zeitwert ersetzt.

1.1.4. War die vom Schaden betroffene Sache unmittelbar vor Eintritt des Schadenereignisses dauernd entwertet, wird höchstens der Verkehrswert ersetzt.

Ein Gebäude ist insbesondere dann dauernd entwertet, wenn es zum Abbruch bestimmt oder allgemein oder für seinen Betriebszweck nicht mehr verwendbar ist.

Gebrauchsgegenstände und Betriebseinrichtungen sind insbesondere dann dauernd entwertet, wenn sie dauernd aus dem Betrieb ausgeschieden oder allgemein oder für ihren Betriebszweck nicht mehr verwendbar sind.

1.2. Ist die Versicherung zum **Zeitwert** gemäß Artikel 6 vereinbart,

1.2.1. wird bei **Zerstörung oder Abhandenkommen** der Versicherungswert unmittelbar vor Eintritt des Schadenereignisses ersetzt;

1.2.2. werden bei **Beschädigung** die notwendigen Reparaturkosten zur Zeit des Eintrittes des Schadenereignisses, gekürzt im Verhältnis Zeitwert zu Neuwert, höchstens jedoch der Versicherungswert unmittelbar vor Eintritt des Schadenereignisses, ersetzt.

1.2.3. War die vom Schaden betroffene Sache unmittelbar vor Eintritt des Schadenereignisses dauernd entwertet (Punkt 1.1.4.), wird höchstens der Verkehrswert ersetzt.

1.3. Ist die Versicherung zum **Verkehrswert** gemäß Artikel 6 vereinbart,

1.3.1. wird bei **Zerstörung oder Abhandenkommen** der Versicherungswert unmittelbar vor Eintritt des Schadenereignisses ersetzt;

1.3.2. werden bei **Beschädigung** die notwendigen Reparaturkosten zur Zeit des Eintrittes des Schadenereignisses, gekürzt im Verhältnis Verkehrswert zu Neuwert, höchstens jedoch der Versicherungswert unmittelbar vor Eintritt des Schadenereignisses, ersetzt.

2. Für **Waren und Vorräte** (Artikel 6, Punkt 1.3.)

2.1. wird bei **Zerstörung oder Abhandenkommen** der Versicherungswert unmittelbar vor Eintritt des Schadenereignisses ersetzt;

2.2. werden bei **Beschädigung** die notwendigen Reparaturkosten zur Zeit des Eintrittes des Schadenereignisses, höchstens jedoch der Versicherungswert unmittelbar vor Eintritt des Schadenereignisses, ersetzt.

2.3. War der erzielbare Verkaufspreis abzüglich der ersparten Kosten unmittelbar vor Eintritt des Schadenereignisses niedriger als die Kosten der Wiederherstellung oder Wiederbeschaffung, wird höchstens dieser niedrigere Wert ersetzt.

3. Für **Geld und Geldeswerte, Sparbücher und Wertpapiere** (Artikel 6, Punkt 1.4.) werden die Kosten der Wiederbeschaffung, höchstens jedoch der Versicherungswert unmittelbar vor Eintritt des Schadenereignisses, ersetzt.

4. Für **Datenträger und dergleichen** (Artikel 6, Punkt 1.5.) werden die Kosten der Wiederherstellung oder Wiederbeschaffung ersetzt, soweit die Wiederherstellung oder Wiederbeschaffung notwendig ist und innerhalb von zwei Jahren ab dem Eintritt des Schadenereignisses tatsächlich erfolgt; andernfalls wird nur der Materialwert ersetzt.

5. Für **Fahrzeuge** und **sonstige bewegliche Sachen** (Artikel 6, Punkte 1.6., 1.7. und 2.1.)

5.1. wird bei **Zerstörung oder Abhandenkommen** der Versicherungswert unmittelbar vor Eintritt des Schadenereignisses ersetzt;

5.2. werden bei **Beschädigung** die notwendigen Reparaturkosten zur Zeit des Eintrittes des Schadenereignisses, höchstens jedoch der Versicherungswert unmittelbar vor Eintritt des Schadenereignisses, ersetzt.

6. Für versicherte Kosten (Artikel 3, Punkt 2.) werden die tatsächlich anfallenden Kosten ersetzt.

7. Allgemeine Bestimmungen zur Entschädigung

7.1. Wird durch die **Reparatur** einer Sache ihr Versicherungswert gegenüber ihrem Versicherungswert unmittelbar vor Eintritt des Schadenereignisses erhöht, werden die Reparaturkosten um den Betrag der Werterhöhung gekürzt.

7.2. Der **Wert verbliebener Reste** wird jedenfalls angerechnet; behördliche Beschränkungen der Wiederherstellung oder Wiederbeschaffung werden bei der Bewertung der Reste nicht berücksichtigt.

7.3. Für **abhanden gekommene und später wiederherbeigeschaffte Sachen** gilt vereinbart:

7.3.1. Der Versicherungsnehmer ist zur Zurücknahme dieser Sachen verpflichtet, soweit dies zumutbar ist.

7.3.2. Werden Sachen nach Zahlung der Entschädigung wiederherbeigeschafft, hat der Versicherungsnehmer die erhaltene Entschädigung, abzüglich der Vergütung für einen allfälligen Minderwert, zurückzugeben. Sachen, deren Zurücknahme nicht zumutbar ist, sind dem Versicherer zu übereignen.

7.4. Bei **zusammengehörigen Einzelsachen** wird die allfällige Entwertung, welche die unbeschädigt gebliebenen Einzelsachen durch die Beschädigung, Zerstörung oder das Abhandenkommen der anderen erleiden, nicht berücksichtigt.

Artikel 8
Unterversicherung

Gemäß Artikel 7 ermittelte Entschädigungen werden bei Vorliegen einer Unterversicherung nach den Bestimmungen der ABS gekürzt; dies gilt nicht, wenn Versicherung auf Erstes Risiko vereinbart ist.

Artikel 9
Zahlung der Entschädigung; Wiederherstellung, Wiederbeschaffung; Realgläubiger

1. Der Versicherungsnehmer hat vorerst nur Anspruch:

1.1. Bei **Gebäuden**

1.1.1. bei Zerstörung auf Ersatz des Zeitwertes, höchstens jedoch des Verkehrswertes;

1.1.2. bei Beschädigung auf Ersatz des Zeitwertschadens, höchstens jedoch des Verkehrswertschadens.

1.2. Bei **Gebrauchsgegenständen und Betriebseinrichtungen**

1.2.1. bei Zerstörung oder Abhandenkommen auf Ersatz des Zeitwertes;

1.2.2. bei Beschädigung auf Ersatz des Zeitwertschadens.

1.3. Der Zeitwertschaden verhält sich zum Neuwertschaden wie der Zeitwert zum Neuwert.

Der Verkehrswertschaden verhält sich zum Neuwertschaden wie der Verkehrswert zum Neuwert.

2. Den Anspruch auf den die Zahlung gemäß Punkt 1. übersteigenden Teil der Entschädigung erwirbt der Versicherungsnehmer erst dann und nur insoweit, als folgende Voraussetzungen erfüllt sind:

2.1. es ist gesichert, dass die Entschädigung zur Gänze zur Wiederherstellung bzw. Wiederbeschaffung verwendet wird.

Sachen, die vor dem Eintritt des Schadenereignisses bereits hergestellt, angeschafft oder bestellt waren, oder sich in Herstellung befanden, gelten nicht als wiederhergestellt bzw. wiederbeschafft;

2.2. die Wiederherstellung eines Gebäudes erfolgt an der bisherigen Stelle. Ist die Wiederherstellung an dieser Stelle behördlich verboten, so genügt die Wiederherstellung an anderer Stelle innerhalb Österreichs;

2.3. die wiederhergestellten bzw. wiederbeschafften Sachen dienen dem gleichen Betriebs- bzw. Verwendungszweck;

2.4. die Wiederherstellung bzw. Wiederbeschaffung erfolgt innerhalb von drei Jahren ab dem Eintritt des Schadenereignisses.

3. Für Gebäude, die zur Zeit des Eintrittes des Schadenereignisses mit Hypotheken, nach den Vorschriften der Exekutionsordnung erworbenen Befriedigungsrechten, Reallasten oder Fruchtniesungsrechten belastet sind, wird die Entschädigung nur gezahlt, soweit ihre Verwendung zur Wiederherstellung gesichert ist.

Die Zahlung wird vorbehaltlos geleistet, wenn die zur Zeit des Eintrittes des Schadenereignisses eingetragenen Realgläubiger innerhalb eines Monats, nachdem sie von der Absicht, ohne Sicherung der bestimmungsgemäßen Verwendung des Geldes auszuzahlen, verständigt wurden, nicht widersprochen haben.

Seitens der Realgläubiger, die ihr Pfandrecht beim Versicherer angemeldet haben, bedarf es zur vorbehaltlosen Auszahlung der schriftlichen Zustimmung.

Artikel 10

Sachverständigenverfahren

Für das Sachverständigenverfahren wird ergänzend zu den Bestimmungen der ABS vereinbart:

1. Die Feststellung der beiden Sachverständigen muss auch den Versicherungswert der vom Schaden betroffenen Sachen unmittelbar vor Eintritt des Schadenereignisses sowie den Wert der Reste enthalten.
2. Auf Verlangen eines Vertragspartners muss auch eine Feststellung des Versicherungswertes der versicherten, vom Schaden nicht betroffenen Sachen erfolgen.

Artikel 11

Regress; Versicherungssumme nach dem Schadenfall

1. Soweit der Versicherer dem Versicherungsnehmer oder Versicherten den Schaden ersetzt, gehen allfällige Schadenersatzansprüche des Versicherungsnehmers oder Versicherten gegen Dritte auf den Versicherer über.
2. *Soweit nichts anderes vereinbart ist*, wird die Versicherungssumme nicht dadurch vermindert, dass eine Entschädigung gezahlt wurde.

Versicherungsverband Österreich

Allgemeine und Ergänzende Allgemeine Bedingungen für die Haftpflichtversicherung (AHVB 2005* und EHVB 2005*) Version 2012

(unverbindliche Musterbedingungen des Verbandes der Versicherungsunternehmen Österreichs - die Möglichkeit zur Vereinbarung abweichender Bedingungen bleibt unberührt.)

Die Allgemeinen Bedingungen für die Haftpflichtversicherung (AHVB) finden insoweit Anwendung, als in den Ergänzenden Allgemeinen Bedingungen für die Haftpflichtversicherung (EHVB) keine Sonderregelungen getroffen werden.

Inhaltsverzeichnis

Allgemeine Bedingungen für die Haftpflichtversicherung (AHVB)

*) Bei den im Bedingungstext vorhandenen Hinweisen auf Bedingungsstellen heißt es unter Weglassen der Jahreszahl einfach AHVB oder EHVB.

Ergänzende Allgemeine Bedingungen für die Haftpflichtversicherung (EHVB)

Allgemeine Bedingungen für die Haftpflichtversicherung (AHVB)

Artikel 1
Was gilt als Versicherungsfall und was ist versichert?

1 Versicherungsfall

1.1 Versicherungsfall ist ein Schadenereignis, das dem versicherten Risiko entspringt und aus welchem dem Versicherungsnehmer Schadenersatzverpflichtungen (Pkt.2) erwachsen oder erwachsen könnten.

1.2 Serienschaden

Mehrere auf derselben Ursache beruhende Schadenereignisse gelten als ein Versicherungsfall. Ferner gelten als ein Versicherungsfall Schadenereignisse, die auf gleichartigen, in zeitlichem Zusammenhang stehenden Ursachen beruhen, wenn zwischen diesen Ursachen ein rechtlicher, wirtschaftlicher oder technischer Zusammenhang besteht.

2 Versicherungsschutz

2.1 Im Versicherungsfall übernimmt der Versicherer

2.1.1 die Erfüllung von Schadenersatzverpflichtungen, die dem Versicherungsnehmer wegen eines Personenschadens, eines Sachschadens oder eines Vermögensschadens, der auf einen versicherten Personen- oder Sachschaden zurückzuführen ist, aufgrund gesetzlicher Haftpflichtbestim- PXQJHQ SULYDWUHFKWOLFKHQ ,QKDOWV HUZDFKVHQ (LQ GHU)ROJH NXU] Ä6FKDGHQHUVatzverpflichtunJHQ³ genannt).

2.1.2 die Kosten der Feststellung und der Abwehr einer von einem Dritten behaupteten Schadenersatzverpflichtung im Rahmen des Art.5, Pkt.5.

2.2 Schadenersatzverpflichtungen aus Verlust oder Abhandenkommen körperlicher Sachen sind

- soweit nichts anderes vereinbart ist - nur dann versichert, wenn eine in den Ergänzenden Allgemeinen Versicherungsbedingungen für die Haftpflichtversicherung (EHVB) vorgesehene besondere Vereinbarung getroffen wurde. In derartigen Fällen finden die Bestimmungen über Sachschäden Anwendung.

2.3 Personenschäden sind die Tötung, Körperverletzung oder Gesundheitsschädigung von Menschen. Sachschäden sind die Beschädigung oder die Vernichtung von körperlichen Sachen.

Verlust, Veränderung oder Nichtverfügbarkeit von Daten auf elektronischen Speichermedien gelten nicht als Sachschäden.

Artikel 2
Was gilt bei Vergrößerung des versicherten Risikos?

1 Die Versicherung erstreckt sich auch auf Erhöhungen und betriebs- oder berufsbedingte Erweiterungen des versicherten Risikos.

2 Wird eine Erhöhung des versicherten Risikos durch Änderung oder Neuschaffung von Rechtsnormen bewirkt, so kann der Versicherer innerhalb eines Jahres ab Inkrafttreten der Rechtsnormen mittels eingeschriebenen Briefes den Versicherungsvertrag unter Einhaltung einer Frist von einem Monat kündigen.

Artikel 3
Wo gilt die Versicherung? (Örtlicher Geltungsbereich)

1 Der Versicherungsschutz bezieht sich ***- soweit nichts anderes vereinbart ist -*** auf in Österreich eingetretene Versicherungsfälle. Nicht versichert sind Schadenersatzansprüche aus Schäden, die nach US-amerikanischem, kanadischem oder australischem Recht - bei welchem Gerichtsstand auch immer - klagsweise geltend gemacht werden.

2 Schadenersatzverpflichtungen (Regressverpflichtungen) gegenüber den österreichischen Sozialver- sicherungsträgern fallen jedoch auch dann unter Versicherungsschutz, wenn der Versicherungsfall im Ausland eingetreten ist.

Artikel 4
Wann gilt die Versicherung? (Zeitlicher Geltungsbereich)

Soweit nichts anderes vereinbart ist, gilt:

1 Die Versicherung erstreckt sich auf Versicherungsfälle, die während der Wirksamkeit des Versicherungsschutzes (Laufzeit des Versicherungsvertrages unter Beachtung der §§ 38 ff. VersVG) eingetreten sind.

Versicherungsfälle, die zwar während der Wirksamkeit des Versicherungsschutzes eingetreten sind, deren Ursache jedoch in die Zeit vor Abschluss des Versicherungsvertrages fällt, sind nur gedeckt, wenn dem Versicherungsnehmer oder dem Versicherten bis zum Abschluss des Versicherungsvertrages von der Ursache, die zu dem Versicherungsfall geführt hat, nichts bekannt war.

2 Ein Serienschaden gilt als in dem Zeitpunkt eingetreten, in dem das erste Schadenereignis der Serie eingetreten ist, wobei der zum Zeitpunkt des ersten Schadenereignisses vereinbarte Umfang des Versicherungsschutzes maßgebend ist. Wenn der Versicherer das Versicherungsverhältnis gemäß Art.12 kündigt oder bei Risikowegfall (Art.12, Pkt.4), besteht nicht nur für die während der Wirksamkeit des Versicherungsschutzes, sondern auch für die nach Beendigung des Vertrages eintretenden Schadenereignisse einer Serie Versicherungsschutz.

Ist das erste Schadenereignis einer Serie vor Abschluss des Versicherungsvertrages eingetreten und war dem Versicherungsnehmer oder Versicherten vom Eintritt des Serienschadens nichts bekannt, dann gilt der Serienschaden mit dem ersten in die Wirksamkeit des Versicherungsschutzes fallenden Schadenereignis als eingetreten, sofern hierfür nicht anderweitig Versicherungsschutz besteht.

Ist das erste Schadenereignis einer Serie während einer Unterbrechung des Versicherungsschutzes eingetreten und war dem Versicherungsnehmer oder Versicherten vom Eintritt des Serienschadens nichts bekannt, dann gilt der Serienschaden mit dem ersten in den Wiederbeginn des Versicherungsschutzes fallenden Schadenereignis als eingetreten.

3 Bei einem Personenschaden gilt im Zweifel der Versicherungsfall mit der ersten nachprüfbaren Feststellung der Gesundheitsschädigung durch einen Arzt als eingetreten.

Artikel 5
Bis zu welcher Höhe und bis zu welchem Umfang leistet der Versicherer?

Soweit nichts anderes vereinbart ist, gilt:

1 Die Versicherungssumme stellt die Höchstleistung des Versicherers für einen Versicherungsfall im Sinne des Art.1, Pkt.1 dar, und zwar auch dann, wenn sich der Versicherungsschutz auf mehrere schadenersatzpflichtige Personen erstreckt.

Ist eine Pauschalversicherungssumme vereinbart, so gilt diese für Personenschäden, Sachschäden und Vermögensschäden, die auf einen versicherten Personen- oder Sachschaden zurückzuführen sind, zusammen.

2 Der Versicherer leistet für die innerhalb eines Versicherungsjahres eingetretenen Versicherungsfälle höchstens das fache der jeweils maßgebenden Versicherungssumme.

3 An einer Sicherheitsleistung oder Hinterlegung, die der Versicherungsnehmer kraft Gesetzes oder gerichtlicher Anordnung zur Deckung einer Schadenersatzverpflichtung vorzunehmen hat, beteiligt sich der Versicherer in demselben Umfang wie an der Ersatzleistung.

4 Hat der Versicherungsnehmer Rentenzahlungen zu leisten und übersteigt der Kapitalwert der Rente die Versicherungssumme oder den nach Abzug etwaiger sonstiger Leistungen aus demselben Versicherungsfall noch verbleibenden Restbetrag der Versicherungssumme, so wird die zu leistende Rente nur im Verhältnis der Versicherungssumme bzw. ihres Restbetrages zum Kapitalwert der Rente erstattet. Der Kapitalwert der Rente wird zu diesem Zweck aufgrund der vereinbarten Rententafel und eines Zinsfußes von jährlich % ermittelt.

5 Rettungskosten; Kosten

5.1 Die Versicherung umfasst den Ersatz von Rettungskosten.

5.2 Die Versicherung umfasst ferner die den Umständen nach gebotenen gerichtlichen und außergerichtlichen Kosten der Feststellung und Abwehr einer von einem Dritten behaupteten Schadenersatzpflicht, und zwar auch dann, wenn sich der Anspruch als unberechtigt erweist.

5.3 Die Versicherung umfasst weiters die Kosten der über Weisung des Versicherers (siehe Art.8, Pkt.1.5) geführten Verteidigung in einem Straf- oder Disziplinarverfahren.

Kosten gemäß den Punkten 5.1 bis 5.3 und Zinsen werden auf die Versicherungssumme angerechnet.

6 Falls die vom Versicherer verlangte Erledigung einer Schadenersatzverpflichtung durch Anerkenntnis, Befriedigung oder Vergleich am Widerstand des Versicherungsnehmers scheitert und der Versicherer mittels eingeschriebenen Briefes die Erklärung abgibt, seinen vertragsmäßigen Anteil an Entschädigung und Kosten zur Befriedigung des Geschädigten zur Verfügung zu halten, hat der Versicherer für den von der erwähnten Erklärung an entstehenden Mehraufwand an Hauptsache, Zinsen und Kosten nicht aufzukommen.

Artikel 6
Wie ist der Versicherungsschutz bei Sachschäden durch Umweltstörung geregelt?

Für Schadenersatzverpflichtungen aus Sachschäden durch Umweltstörung - einschließlich des Schadens an Erdreich oder Gewässern - besteht Versicherungsschutz nur aufgrund besonderer Vereinbarung nach Maßgabe der nachstehend angeführten Bedingungen:

1 Umweltstörung ist die Beeinträchtigung der Beschaffenheit von Luft, Erdreich oder Gewässern durch Immissionen.

2 Versicherungsschutz für Sachschäden durch Umweltstörung - einschließlich des Schadens an Erdreich oder Gewässern - besteht, wenn die Umweltstörung durch einen einzelnen, plötzlich eingetretenen, unvorhergesehenen Vorfall ausgelöst wird, welcher vom ordnungsgemäßen, störungsfreien Betriebsgeschehen abweicht.

Somit besteht insbesondere kein Versicherungsschutz, wenn nur durch mehrere in der Wirkung gleichartige Vorfälle (wie Verkleckern, Verdunsten) eine Umweltstörung, die bei einzelnen Vorfällen dieser Art nicht eingetreten wäre, ausgelöst wird.

Art.7, Pkt.11 findet keine Anwendung.

3 Besondere Regelungen für den Versicherungsschutz gemäß Pkt.2.

3.1 Versicherungsfall

3.1.1 Versicherungsfall ist abweichend von Art.1, Pkt.1 die erste nachprüfbare Feststellung einer Umweltstörung, aus welcher dem Versicherungsnehmer Schadenersatzverpflichtungen erwachsen oder erwachsen könnten.

3.1.2 Serienschaden

Abweichend von Art.1, Pkt.1.2 gilt die Feststellung mehrerer durch denselben Vorfall ausgelöster Umweltstörungen als ein Versicherungsfall. Ferner gelten als ein Versicherungsfall Feststellungen von Umweltstörungen, die durch gleichartige in zeitlichem Zusammenhang stehende Vorfälle ausgelöst werden, wenn zwischen diesen Vorfällen ein rechtlicher, wirtschaftlicher oder technischer Zusammenhang besteht.

Art.4, Pkt.2 AHVB findet sinngemäß Anwendung.

Soweit nichts anderes vereinbart ist, gilt weiters:

3.2 Örtlicher Geltungsbereich

Versicherungsschutz besteht abweichend von Art.3, wenn die schädigenden Folgen der Umweltstörung in Österreich eingetreten sind; die Einschränkung nach Art.3, Pkt.1, 2. Satz AHVB findet Anwendung.

3.3 Zeitlicher Geltungsbereich

Abweichend von Art.4 erstreckt sich der Versicherungsschutz auf eine Umweltstörung, die während der Wirksamkeit des Versicherungsschutzes oder spätestens zwei Jahre danach festgestellt wird (Pkt.3.1.1). Der Vorfall muss sich während der Wirksamkeit des Versicherungsschutzes ereignen.

Eine Umweltstörung, die zwar während der Wirksamkeit des Versicherungsschutzes festgestellt wird, die aber auf einen Vorfall vor Abschluss des Versicherungsvertrages zurückzuführen ist, ist nur dann versichert, wenn sich dieser Vorfall frühestens zwei Jahre vor Abschluss des Versicherungsvertrages ereignet hat und dem Versicherungsnehmer oder dem Versicherten bis zum Abschluss des Versicherungsvertrages der Vorfall oder die Umweltstörung nicht bekannt war und auch nicht bekannt sein konnte.

Art.4, Pkt.2 findet sinngemäß Anwendung.

3.4 Obliegenheiten

Der Versicherungsnehmer ist - bei sonstiger Leistungsfreiheit des Versicherers gemäß den Voraussetzungen und Begrenzungen des § 6 VersVG (siehe Anlage) - verpflichtet,

3.4.1 die für ihn maßgeblichen einschlägigen Gesetze, Verordnungen, behördlichen Vorschriften und Auflagen, die einschlägigen Ö-Normen und die Richtlinien des Österreichischen Wasserwirtschaftsverbandes einzuhalten;

3.4.2 umweltgefährdende Anlagen und sonstige umweltgefährdende Einrichtungen fachmännisch zu warten oder warten zu lassen. Notwendige Reparaturen und Wartungsarbeiten sind unverzüglich auszuführen.

Mindestens alle fünf Jahre - sofern nicht gesetzlich oder behördlich eine kürzere Frist vorgeschrieben ist - müssen diese Anlagen und Einrichtungen durch Fachleute überprüft werden. Diese Frist beginnt ungeachtet des Beginnes des Versicherungsschutzes mit Inbetriebnahme der Anlage oder deren letzter Überprüfung.

3.5 Selbstbehalt

Der Selbstbehalt des Versicherungsnehmers beträgt in jedem Versicherungsfall % des Schadens und der Kosten gemäß Art.5, Pkt.5 AHVB.

3.6 Ausschlüsse vom Versicherungsschutz

Kein Versicherungsschutz besteht für Abwasserreinigungsanlagen, Kläranlagen und Abfallbehandlungsanlagen; weiters für Zwischenlagerung von gefährlichen Abfällen sowie für die Endlagerung (Deponierung) von Abfällen jeder Art.

Artikel 7

Was ist nicht versichert? (Risikoausschlüsse)

Soweit nichts anderes vereinbart ist, gilt:

1 Unter die Versicherung gemäß Art.1 fallen insbesondere nicht

1.1 Ansprüche aus Gewährleistung für Mängel;

1.2 Ansprüche, soweit sie aufgrund eines Vertrages oder einer besonderen Zusage über den Umfang der gesetzlichen Schadenersatzpflicht hinausgehen;

1.3 die Erfüllung von Verträgen und die an die Stelle der Erfüllung tretende Ersatzleistung.

2 Die Versicherung erstreckt sich nicht auf Schadenersatzverpflichtungen der Personen, die den Schaden, für den sie von einem Dritten verantwortlich gemacht werden, rechtswidrig und vorsätzlich herbeigeführt haben. Dem Vorsatz wird gleichgehalten

2.1 eine Handlung oder Unterlassung, bei welcher der Schadenseintritt mit Wahrscheinlichkeit erwartet werden musste, jedoch in Kauf genommen wurde (z. B. im Hinblick auf die Wahl einer kosten- oder zeitsparenden Arbeitsweise);

2.2 die Kenntnis der Mangelhaftigkeit oder Schädlichkeit von hergestellten oder gelieferten Waren oder geleisteten Arbeiten.

3 Die Versicherung erstreckt sich nicht auf Schadenersatzverpflichtungen aufgrund des Amtshaftungs- (BGBl. Nr. 20/1949) und des Organhaftpflichtgesetzes (BGBl. Nr. 181/1967), beide in der jeweils geltenden Fassung.

4 Die Versicherung erstreckt sich nicht auf Schadenersatzverpflichtungen aus Schäden, die in unmittelbarem oder mittelbarem Zusammenhang mit Auswirkungen der Atomenergie stehen, insbesondere mit

4.1 Reaktionen spaltbarer oder verschmelzbarer Kernbrennstoffe;

4.2 der Strahlung radioaktiver Stoffe sowie der Einwirkung von Strahlen, die durch Beschleunigung geladener Teilchen erzeugt werden;

4.3 der Verseuchung durch radioaktive Stoffe.

5 Die Versicherung erstreckt sich nicht auf Schadenersatzverpflichtungen aus Schäden, die der Versicherungsnehmer oder die für ihn handelnden Personen verursachen durch Haltung oder Verwendung von

5.1 Luftfahrzeugen,

5.2 Luftfahrtgeräten,

5.3 Kraftfahrzeugen oder Anhängern, die nach ihrer Bauart und Ausrüstung oder ihrer Verwendung im Rahmen des versicherten Risikos ein behördliches Kennzeichen tragen müssen oder tatsächlich tragen. Dieser Ausschluss bezieht sich jedoch nicht auf die Verwendung von Kraftfahrzeugen als ortsgebundene Kraftquelle.

Die Begriffe Luftfahrzeug und Luftfahrtgerät sind im Sinne des Luftfahrtgesetzes (BGBI. Nr. 253/1957), die Begriffe Kraftfahrzeug, Anhänger und behördliche Kennzeichen im Sinne des Kraftfahrgesetzes (BGBI. Nr. 267/1967), beide in der jeweils geltenden Fassung, auszulegen.

6 Es besteht kein Versicherungsschutz aus Schäden, die zugefügt werden

6.1 dem Versicherungsnehmer (den Versicherungsnehmern) selbst;

6.2 Angehörigen des Versicherungsnehmers (als Angehörige gelten der Ehegatte, Verwandte in gerader aufsteigender und absteigender Linie, Schwieger-, Adoptiv- und Stiefeltern, im gemeinsamen Haushalt lebende Geschwister; außereheliche Gemeinschaft ist in ihrer Auswirkung der ehelichen gleichgestellt);

6.3 Gesellschaftern des Versicherungsnehmers und deren Angehörigen (Pkt.6.2);

6.4 Gesellschaften, an denen der Versicherungsnehmer oder seine Angehörigen (Pkt.6.2) beteiligt sind, und zwar im Ausmaß der prozentuellen Beteiligung des Versicherungsnehmers und seiner Angehörigen (Pkt.6.2) an diesen Gesellschaften; weiters

Gesellschaften, die demselben Konzern (im Sinne des § 15 AktG) wie der Versicherungsnehmer oder seine Angehörigen (Pkt.6.2) zugehören und zwar im Ausmaß der unmittelbaren und/oder mittelbaren prozentuellen Beteiligung des herrschenden Unternehmens an diesen Gesellschaften.

Bei juristischen Personen, geschäftsunfähigen oder beschränkt geschäftsfähigen Personen werden deren gesetzliche Vertreter und Angehörige dem Versicherungsnehmer und seinen Angehörigen gleichgehalten.

7 Die Versicherung erstreckt sich nicht auf Schadenersatzverpflichtungen aus Schäden, die durch Veränderung des Erbguts von menschlichen Keimzellen oder Embryonen entstehen, gleichgültig ob die Veränderung auf die Übertragung oder indirekte Einwirkung transgenen Erbguts oder auf direkten gen- oder fortpflanzungstechnischen Eingriff zurückzuführen ist.

Nicht versichert sind Schäden im Zusammenhang mit gentechnisch veränderten Organismen.

8 Der Versicherer leistet keinen Versicherungsschutz für Schäden, die entstehen durch Gewalthandlungen von Staaten oder gegen Staaten und ihre Organe, Gewalthandlungen von politischen und terroristischen Organisationen, Gewalthandlungen anlässlich öffentlicher Versammlungen, Kundgebungen und Aufmärschen sowie Gewalthandlungen anlässlich von Streiks und Aussperrungen.

9 Die Versicherung erstreckt sich nicht auf Schadenersatzverpflichtungen wegen Schäden, die an den vom Versicherungsnehmer (oder in seinem Auftrag oder für seine Rechnung von Dritten) hergestellten oder gelieferten Arbeiten oder Sachen infolge einer in der Herstellung oder Lieferung liegenden Ursache entstehen.

10 Die Versicherung erstreckt sich nicht auf Schadenersatzverpflichtungen wegen Schäden an

10.1 Sachen, die der Versicherungsnehmer oder die für ihn handelnden Personen entliehen, gemietet, geleast oder gepachtet haben;

10.2 Sachen, die der Versicherungsnehmer oder die für ihn handelnden Personen in Verwahrung genommen haben, wobei dies auch im Zuge der Verwahrung als Nebenverpflichtung gilt (z. B. Übergabe einer Sache zu Reparatur und/oder Servicearbeiten);

10.3 Sachen, deren Besitz dem Versicherungsnehmer oder den für ihn handelnden Personen im Rahmen von bloßen Gefälligkeitsverhältnissen überlassen wurde;

10.4 beweglichen Sachen, die bei oder infolge ihrer Benützung, Beförderung, Bearbeitung oder einer sonstigen Tätigkeit an oder mit ihnen entstehen;

10.5 jenen Teilen von unbeweglichen Sachen, die unmittelbar Gegenstand der Bearbeitung, Benützung oder einer sonstigen Tätigkeit sind.

11 Die Versicherung erstreckt sich nicht auf Schadenersatzverpflichtungen wegen Schäden an Sachen durch allmähliche Emission oder allmähliche Einwirkung von Temperatur, Gasen, Dämpfen, Flüssigkeiten, Feuchtigkeit oder nicht atmosphärischen Niederschlägen (wie Rauch, Ruß, Staub usw.).

12 Die Versicherung erstreckt sich nicht auf Schadenersatzverpflichtungen aus Schäden an Sachen durch Überflutungen aus stehenden und fließenden Gewässern, die durch solche Anlagen, Maßnahmen und Einbringungen des Versicherungsnehmers verursacht werden, für die eine Bewilligung nach dem Wasserrechtsgesetz (BGBI. Nr. 215/1959), in der jeweils geltenden Fassung, erforderlich ist. Ebenso wenig erstreckt sich die Versicherung auf derartige Schadenersatzverpflichtungen, die daraus entstehen, dass der Versicherungsnehmer an der Herstellung, Lieferung, Wartung oder Reparatur solcher Anlagen unmittelbar mitwirkt.

13 Die Versicherung erstreckt sich nicht auf Schadenersatzverpflichtungen aus Schäden, die in unmittelbarem oder mittelbarem Zusammenhang mit Auswirkungen elektromagnetischer Felder stehen.

14 Nicht versichert sind Schadenersatzverpflichtungen aus Schäden, die direkt oder indirekt auf Asbest oder asbesthaltige Materialien zurückzuführen sind oder mit diesen im Zusammenhang stehen.

15 Die Versicherung erstreckt sich nicht auf Schadenersatzverpflichtungen wegen Sach- und/oder Vermögensschäden, die unter die Tatbestände des Abschnitt A, Z.2, Pkt.4 EHVB (erweiterte Deckung der Produktehaftpflicht) fallen.

16 Die Versicherung erstreckt sich nicht auf Schadenersatzverpflichtungen wegen Schäden aus Persönlichkeits- oder Namensrechtsverletzungen.

17 Die Versicherung erstreckt sich nicht auf Schadenersatzverpflichtungen wegen Schäden aus Anfeindung, Schikane, Belästigung, Ungleichbehandlung oder sonstigen Diskriminierungen.

Artikel 8

Was ist vor bzw. nach Eintritt des Versicherungsfalles zu beachten? (Obliegenheiten) Wozu ist der Versicherer bevollmächtigt?

1 Obliegenheiten

Als Obliegenheiten, deren Verletzung die Leistungsfreiheit des Versicherers gemäß den Voraussetzungen und Begrenzungen des § 6 VersVG (siehe Anlage) bewirkt, werden ***soweit nichts anderes vereinbart ist*** bestimmt:

1.1 Zum Zweck der Aufrechterhaltung der Äquivalenz zwischen Risiko und Prämie ist der Versicherungsnehmer verpflichtet, dem Versicherer die Angaben gemäß Art.11, Pkt.3.1 auf Anfrage wahrheitsgemäß mitzuteilen.

1.2 Der Versicherungsnehmer ist verpflichtet, besonders gefahrdrohende Umstände, deren Beseitigung der Versicherer billigerweise verlangen konnte und verlangt hatte, innerhalb einer angemessenen Frist zu beseitigen. Ein Umstand, welcher schon zu einem Schaden geführt hat, gilt im Zweifel als besonders gefahrdrohend.

1.3 Der Versicherungsnehmer hat alles ihm Zumutbare zu tun, um Ursachen, Hergang und Folgen des Versicherungsfalles aufzuklären und den entstandenen Schaden gering zu halten.

1.4 Er hat den Versicherer umfassend und unverzüglich, spätestens innerhalb einer Woche ab Kenntnis, falls erforderlich auch fernmündlich, zu informieren.

Insbesondere sind anzuzeigen:

1.4.1 der Versicherungsfall;

1.4.2 die Geltendmachung einer Schadenersatzforderung;

1.4.3 die Zustellung einer Strafverfügung sowie die Einleitung eines Straf-, Verwaltungsstraf- oder Disziplinarverfahrens gegen den Versicherungsnehmer oder den Versicherten;

1.4.4 alle Maßnahmen Dritter zur gerichtlichen Durchsetzung von Schadenersatzforderungen.

1.5 Der Versicherungsnehmer hat den Versicherer bei der Feststellung und Erledigung oder Abwehr des Schadens zu unterstützen.

1.5.1 Der Versicherungsnehmer hat den vom Versicherer bestellten Anwalt (Verteidiger, Rechtsbeistand) zu bevollmächtigen, ihm alle von ihm benötigten Informationen zu geben und ihm die Prozessführung zu überlassen.

1.5.2 Ist dem Versicherungsnehmer die rechtzeitige Einholung der Weisungen des Versicherers nicht möglich, so hat der Versicherungsnehmer aus eigenem innerhalb der vorgeschriebenen Frist alle gebotenen Prozesshandlungen (auch Einspruch gegen eine Strafverfügung) vorzunehmen.

1.5.3 Der Versicherungsnehmer ist nicht berechtigt, ohne vorherige Zustimmung des Versicherers eine Schadenersatzverpflichtung ganz oder zum Teil anzuerkennen es sei denn, der Versicherungsnehmer konnte die Anerkennung nicht ohne offenbare Unbilligkeit verweigern - oder zu vergleichen.

2 Vollmacht des Versicherers

Der Versicherer ist bevollmächtigt, im Rahmen seiner Verpflichtung zur Leistung alle zweckmäßig erscheinenden Erklärungen im Namen des Versicherungsnehmers abzugeben.

Artikel 9

Wann können Versicherungsansprüche abgetreten oder verpfändet werden?

Der Versicherungsanspruch darf vor seiner endgültigen Feststellung ohne ausdrückliche Zustimmung des Versicherers weder abgetreten noch verpfändet werden.

Artikel 10

Wem steht die Ausübung der Rechte aus dem Versicherungsvertrag zu, wer hat die Pflichten aus dem Versicherungsvertrag zu erfüllen? (Rechtsstellung der am Vertrag beteiligten Personen)

Soweit die Versicherung neben Schadenersatzverpflichtungen des Versicherungsnehmers selbst auch Schadenersatzverpflichtungen anderer Personen umfasst, sind alle in dem Versicherungsvertrag bezüglich des Versicherungsnehmers getroffenen Bestimmungen auch auf diese Personen sinngemäß anzuwenden; sie sind neben dem Versicherungsnehmer im gleichen Umfang wie dieser für die Erfüllung der Obliegenheiten verantwortlich. Die Ausübung der Rechte aus dem Versicherungsvertrag steht ausschließlich dem Versicherungsnehmer zu.

Artikel 11

Was gilt als Versicherungsperiode, wann ist die Prämie zu bezahlen und wann beginnt der Versicherungsschutz? In welchen Fällen kommt es zur Prämienabrechnung?

1 Versicherungsperiode

Als Versicherungsperiode gilt, wenn der Versicherungsvertrag nicht für eine kürzere Zeit abgeschlossen ist, der Zeitraum eines Jahres.

2 Prämie, Beginn des Versicherungsschutzes

2.1 Die erste oder die einmalige Prämie einschließlich Gebühren und Versicherungssteuer ist vom Versicherungsnehmer innerhalb von 14 Tagen nach dem Abschluss des Versicherungsvertrages (Zugang der Polizze oder einer gesonderten Antragsannahmeerklärung) und nach der Aufforderung zur Prämienzahlung zu bezahlen (Einlösung der Polizze). Der Versicherungsschutz beginnt mit der Einlösung der Polizze, jedoch nicht vor dem vereinbarten Zeitpunkt. Wird die erste oder die einmalige Prämie erst danach eingefordert, dann aber binnen 14 Tagen oder ohne schuldhaften weiteren Verzug gezahlt, ist der Versicherungsschutz ab dem vereinbarten Versicherungsbeginn gegeben.

2.2 Folgeprämien einschließlich Gebühren und Versicherungssteuer sind zu den vereinbarten Fälligkeitsterminen zu entrichten.

2.3 Für die Folgen nicht rechtzeitiger Prämienzahlung gelten die §§ 38 ff. VersVG.

3 Prämienabrechnung:

Soweit nichts anderes vereinbart ist, gilt:

3.1 Insoweit die Prämie vertragsgemäß aufgrund der Lohn- und Gehaltssumme, des Umsatzes oder anderer zahlenmäßiger Angaben zu berechnen ist, wird der Bemessung zunächst eine den zu erwartenden Verhältnissen entsprechende Größe zugrunde gelegt.

Nach Ablauf einer jeden Versicherungsperiode hat der Versicherungsnehmer die den tatsächlichen Verhältnissen entsprechenden Größen anzugeben und auf Verlangen nachzuweisen, ferner mitzuteilen, ob und welche Erhöhungen oder betriebs- oder berufsbedingte Erweiterungen des versicherten Risikos eingetreten sind; dieser Verpflichtung hat der Versicherungsnehmer innerhalb eines Monates nach Erhalt der Anfrage des Versicherers nachzukommen.

Der Versicherer hat nach Empfang der Angaben des Versicherungsnehmers die endgültige Abrechnung vorzunehmen; der Mehr- oder Minderbetrag an Prämie ist einen Monat nach Empfang der Abrechnung fällig.

3.2 Hat der Versicherungsnehmer die Angaben nicht rechtzeitig gemacht, so hat der Versicherer die Wahl, auf Nachholung der Angaben zu klagen oder eine Verzugsprämie einzuheben. Diese Verzugsprämie beträgt, wenn die ausständigen Angaben die erste Jahresprämie oder die Prämie für eine Versicherungsdauer von weniger als einem Jahr betreffen, so viel wie jene Prämie, die erstmals zur Vorschreibung gelangt ist, andernfalls so viel wie die Prämie für jenes Versicherungsjahr, das dem abzurechnenden Versicherungsjahr unmittelbar vorangeht. Werden die Angaben nachträglich, aber noch innerhalb zweier Monate nach Empfang der Aufforderung zur Bezahlung der Verzugsprämie gemacht, so hat der Versicherer den etwa zu viel gezahlten Betrag rückzuerstatten.

Für die Verzugsprämie findet Pkt.2.3 Anwendung.

3.3 Einblicksrecht des Versicherers; Folgen unrichtiger Angaben

Der Versicherer hat das Recht, die Angaben des Versicherungsnehmers nachzuprüfen. Der Versicherungsnehmer hat zu diesem Zweck Einblick in sämtliche maßgebenden Unterlagen zu gewähren.

Hat der Versicherungsnehmer unrichtige Angaben gemacht, stellt dies eine Obliegenheitsverletzung dar (siehe Art.8, Pkt.1.1).

4 Begriffsbestimmungen

4.1 Lohn- und Gehaltssumme

Anzurechnen sind alle Löhne, Gehälter, Provisionen, Werkvertrags- und sonstige Entgelte

welche Bezeichnung sie auch immer tragen (z. B. Gefahren-, Montage-, Schmutzzulagen, Weggelder usw.) sämtlicher im Betrieb beschäftigter Personen (auch Heimarbeiter, Leiharbeiter usw.); als anzurechnende Entgelte gelten auch die Vergütungen an freie Dienstnehmer und/oder Zahlungen auf Honorarbasis und an Leiharbeitsfirmen. Auf das Vorliegen eines Arbeitsverhältnisses kommt es nicht an.

Nicht anzurechnen sind Anteile des Arbeitgebers an den Sozialversicherungsbeiträgen; laufende Haushalts- und Kinderzulagen; einmalige Zahlungen bei Heirat, Geburt eines Kindes, Krankheits-, Unglücks- oder Todesfällen sowie Betriebsveranstaltungen, Betriebs- oder Dienstjubiläen; Abfertigungen; ferner staatliche Familien- und Wohnungsbeihilfen.

4.2 Umsatz

Unter dem Jahres-Umsatz ist die Summe aller Entgelte für alle Lieferungen und sonstigen Leistungen zu verstehen, die ein Unternehmen in den Ländern, auf die sich der örtliche Geltungsbereich des Versicherungsschutzes erstreckt, ausführt, exklusive der Erlöse aus Lizenzen, aus Veräußerungen eines Betriebes oder Teilbetriebes sowie aus der Veräußerung von Wirtschaftsgütern des Anlagenvermögens (§ 4 UStG 1994); Umsatz ohne Mehrwertsteuer.

Artikel 12

Wie lange läuft der Versicherungsvertrag? Wer kann nach Eintritt des Versicherungsfalles kündigen? Was gilt bei Wegfall des versicherten Risikos?

1 Vertragsdauer

Beträgt die vereinbarte Vertragslaufzeit mindestens ein Jahr, verlängert sich der Versicherungsvertrag jeweils um ein Jahr, wenn er nicht drei Monate vor Ablauf gekündigt wird. Für Versicherungsverträge, deren Abschluss nicht zum Betrieb eines Unternehmens des Versicherungsnehmers gehört (Verbraucherverträge) ist vereinbart, dass der Versicherer den Versicherungsnehmer auf die Rechtsfolge der Vertragsverlängerung bei unterlassener Kündigung frühestens sechs Monate, spätestens aber vier Monate vor Ablauf der vereinbarten Laufzeit besonders hinweisen wird.

2 Kündigung nach Eintritt des Versicherungsfalles

Für die Kündigung nach Eintritt des Versicherungsfalles gilt § 158 VersVG.

3 Konkurs, Ausgleich des Versicherungsnehmers

Nach Eröffnung des Konkurses oder des Ausgleichsverfahrens über das Vermögen des Versicherungsnehmers kann der Versicherer den Vertrag mit einer Frist von einem Monat kündigen.

4 Risikowegfall

Fällt ein versichertes Risiko vollständig und dauernd weg, so erlischt die Versicherung bezüglich dieses Risikos.

Die Einschränkung der behördlichen Zulassung bewirkt die Einschränkung des Versicherungsvertrages auf den verbleibenden Umfang.

5 Dem Versicherer gebührt jeweils die Prämie für die bis zur Vertragsauflösung verstrichene Vertragslaufzeit.

6 Eine Kündigung nach Pkt.1, Pkt.2 oder ein Risikowegfall nach Pkt.4 schließt die Anwendung der Bestimmungen des Art.11, Pkt.3 nicht aus.

7 Hat der Versicherer mit Rücksicht auf die vereinbarte Vertragszeit eine Ermäßigung der Prämie gewährt, so kann er bei einer vorzeitigen Auflösung des Vertrages die Nachzahlung des Betrages fordern, um den die Prämie höher bemessen worden wäre, wenn der Vertrag nur für den Zeitraum geschlossen worden wäre, während dessen er tatsächlich bestanden hat. Macht der Versicherer vom Kündigungsrecht gemäß Pkt.2 Gebrauch oder wird der Versicherungsvertrag gemäß Pkt.3 gekündigt, so kann eine solche Nachzahlung nicht gefordert werden.

Artikel 13

Wo und wann können Ansprüche aus dem Versicherungsvertrag gerichtlich geltend gemacht werden? (Gerichtsstand und anzuwendendes Recht)

Für die aus diesem Versicherungsverhältnis entstehenden Rechtsstreitigkeiten ist ausschließlich das Gericht des inländischen Wohnsitzes (Sitzes) des Versicherungsnehmers zuständig.

Es ist österreichisches Recht anzuwenden.

Artikel 14

In welcher Form sind Erklärungen abzugeben?

Soweit in den Bedingungen nichts anderes vorgesehen ist, ist für sämtliche Anzeigen und Erklärungen des Versicherungsnehmers an den Versicherer die geschriebene Form erforderlich, sofern nicht die Schriftform ausdrücklich und mit gesonderter Erklärung vereinbart wurde. Der geschriebenen Form wird durch Zugang eines Textes in Schriftzeichen entsprochen, aus dem die Person des Erklärenden hervorgeht (z.B. Telefax oder E-Mail). Schriftform bedeutet, dass dem Erklärungsempfänger das Original der Erklärung mit eigenhändiger Unterschrift des Erklärenden zugehen muss.

Die zitierten Bestimmungen des VersVG sind im Anhang abgedruckt.

Ergänzende Allgemeine Bedingungen für die Haftpflichtversicherung (EHVB)

Abschnitt A: Allgemeine Regelungen für alle Betriebsrisiken

1. Erweiterung des Versicherungsschutzes

Soweit nichts anderes vereinbart ist, gilt:

1 Versichert sind im Rahmen des im Versicherungsvertrag bezeichneten Risikos (Art.1 AHVB) nach Maßgabe des Deckungsumfanges der AHVB Schadenersatzverpflichtungen des Versicherungsnehmers aus Innehabung und Verwendung der gesamten betrieblichen Einrichtung.

Im gleichen Rahmen mitversichert sind Schadenersatzverpflichtungen aus der nicht gewerbsmäßigen Vermietung oder Verleihung von Arbeitsmaschinen und Geräten. Nur bei besonderer Vereinbarung erstreckt sich der Versicherungsschutz auch auf die gewerbsmäßige Ausübung dieser Tätigkeiten.

2 Versichert sind auch Schadenersatzverpflichtungen des Versicherungsnehmers aus

2.1 der Vorführung von Produkten auch außerhalb der Betriebsgrundstücke und aus Führungen im versicherten Betrieb;

2.2 der Beschickung von und Teilnahme an Ausstellungen und Messen;

2.3 der Innehabung von Grundstücken, Gebäuden oder Räumlichkeiten, die ausschließlich für den versicherten Betrieb oder Beruf und/oder ausschließlich für Wohnzwecke des Versicherungsnehmers benützt werden (Abschnitt B, Z.11 EHVB findet Anwendung);

2.4 der Innehabung von Dienstwohnungen und Wohnhäusern samt Nebengebäuden für Leiter und Arbeitnehmer des versicherten Betriebes (Abschnitt B, Z.11 EHVB findet Anwendung);

2.5 Reklameeinrichtungen, auch wenn sich diese außerhalb des Betriebsgrundstückes befinden;

2.6 einer Werksfeuerwehr (Einsatz und Übungen, auch Hilfeleistungen für Dritte, Abschnitt B, Z.15 EHVB findet Anwendung);

2.7 dem Besitz und dem dienstlichen Gebrauch von Hieb-, Stich- und Schusswaffen durch den Versicherungsnehmer oder von ihm beauftragter Personen unter der Voraussetzung der Einhaltung der einschlägigen gesetzlichen und behördlichen Vorschriften (ausgeschlossen bleibt der Waffengebrauch zu Jagdzwecken);

2.8 der medizinischen Betreuung der Arbeitnehmer. Mitversichert ist die persönliche gesetzliche Haftpflicht der Ärzte aus ihrer Tätigkeit im Betrieb, sofern hierfür nicht anderweitig Versicherungsschutz besteht;

2.9 Sozialeinrichtungen für Arbeitnehmer, wie z. B. Werkskantinen, Badeanstalten, Erholungsheimen, Kindergärten und Betriebssportgemeinschaften, auch wenn diese Einrichtungen durch betriebsfremde Personen benützt werden (für die Badeanstalten findet Z.8, für Erholungsheime Z.7, für Betriebssportgemeinschaften Z.14 des Abschnitt B, EHVB sinngemäß Anwendung);

2.10 Betriebsveranstaltungen. Mitversichert ist die persönliche Schadenersatzpflicht der Arbeitnehmer des versicherten Betriebes im Rahmen der Veranstaltung (Pkt.3 findet sinngemäß Anwendung);

2.11 der Haltung von Tieren für betriebliche Zwecke (Abschnitt B, Z.12 EHVB findet Anwendung).

3 Mitversichert sind im Rahmen der Punkte 1 und 2 Schadenersatzverpflichtungen

3.1 der gesetzlichen Vertreter des Versicherungsnehmers und solcher Personen, die er zur Leitung oder Beaufsichtigung des versicherten Betriebes oder eines Teiles desselben angestellt hat;

3.2 sämtlicher übriger Arbeitnehmer für Schäden, die sie in Ausübung ihrer dienstlichen Verrichtung verursachen, jedoch unter Ausschluss von Personenschäden, soweit es sich um Arbeitsunfälle (Berufskrankheiten) unter Arbeitnehmern des versicherten Betriebes im Sinne der Sozialversicherungsgesetze handelt.

Die im Betrieb mittätigen Familienangehörigen des Versicherungsnehmers sind gemäß Pkt.3.1 oder Pkt.3.2 auch ohne Vorliegen eines Arbeitsverhältnisses mitversichert.

2. Produktehaftpflichtrisiko

Das Produktehaftpflichtrisiko ist nach Maßgabe der AHVB und EHVB sowie insbesondere der nachstehend angeführten Bedingungen wie folgt mitversichert:

1 Begriffsbestimmungen

Das **Produktehaftpflichtrisiko** ist die Gesamtheit der gesetzlichen Haftungstatbestände für Schäden, die durch Mängel eines Produktes nach Lieferung oder durch Mängel einer geleisteten Arbeit nach Übergabe verursacht werden.

Der **Mangel** kann insbesondere auf Konzeption, Planung, Herstellung, Bearbeitung, Reparatur, Lagerung, Lieferung (auch Fehllieferung), Gebrauchsanweisung, Werbung oder Beratung zurückzuführen sein.

Als **Produkte** gelten alle körperlichen Sachen oder Teile von solchen, die als Handelsware in Betracht kommen, samt Zubehör und Verpackung.

Die **Lieferung** ist die tatsächliche Übergabe des Produktes durch den Versicherten an einen Dritten, ohne Rücksicht auf den Rechtsgrund. Sie gilt als erfolgt, wenn der Versicherte die tatsächliche Verfügungsgewalt verliert, das heißt die Möglichkeit, einen Einfluss auf das Produkt oder seine Verwendung auszuüben.

Die **Übergabe** einer geleisteten Arbeit ist deren Fertigstellung und tatsächliche Übernahme durch den Auftraggeber oder einen Berechtigten.

2 Versicherungsschutz für Produktions- und Tätigkeitsprogramme

2.1 Der Versicherungsnehmer hat über Aufforderung bei Vertragsabschluss dem Versicherer eine vollständige Information über die zu diesem Zeitpunkt gegebenen Produktions- und Tätigkeitsprogramme zu geben. In diesem Rahmen besteht Versicherungsschutz.

2.2 Art.2 AHVB ist daher mit der Einschränkung anzuwenden, dass sich der Versicherungsschutz nur auf quantitative Erweiterungen des versicherten Risikos (Betriebserweiterungen) erstreckt.

3 Versicherungsschutz für unbewusste Exporte

Soweit nichts anderes vereinbart ist, gilt:

3.1 Der Versicherungsschutz bezieht sich abweichend von Art.3, Pkt.1 AHVB auf in allen Staaten der Erde, ausgenommen USA, Kanada und Australien, eingetretene Versicherungsfälle, sofern dem Versicherungsnehmer oder den für ihn handelnden Personen vom Export (auch nach Beoder Verarbeitung) seiner Produkte bzw. Arbeiten im Zeitpunkt der Lieferung bzw. Übergabe nichts bekannt war und auch nichts bekannt sein konnte; die Einschränkung nach Art.3, Pkt.1, 2. Satz AHVB findet Anwendung.

3.2 Der Versicherungsschutz gemäß Pkt.3.1 ist nicht gegeben, wenn die Schadenermittlung und regulierung oder die Erfüllung sonstiger Pflichten des Versicherers durch Staatsgewalt, Dritte oder den Versicherungsnehmer verhindert wird.

4 Versicherungsschutz aufgrund besonderer Vereinbarung (erweiterte Deckung der Produktehaftpflicht)

4.1 Nur aufgrund besonderer Vereinbarung und unabhängig davon, ob ein Sach- oder Vermögensschaden im Sinne dieser Bedingungen vorliegt, erstreckt sich der Versicherungsschutz abweichend von Art.1 und Art.7, Pkt.15 AHVB auch auf das Produktehaftpflichtrisiko, soweit es sich handelt um

4.1.1 Schäden Dritter infolge Mangelhaftigkeit von Sachen, die erst durch Verbindung, Vermischung oder Verarbeitung von durch den Versicherungsnehmer gelieferten Produkten mit anderen Produkten entstehen, und zwar

4.1.1.1 wegen des vergeblichen Einsatzes der anderen Produkte;

4.1.1.2 wegen der für die Herstellung des Endproduktes aufgewendeten Kosten, mit Ausnahme des Entgelts für das mangelhafte Produkt des Versicherungsnehmers;

4.1.1.3 wegen eines weiteren aus der Unveräußerlichkeit des Endproduktes entstehenden Vermögensnachteiles. Kann das Endprodukt nur mit einem Preisnachlass veräußert werden, so ersetzt der Versicherer anstelle der Versicherungsleistung nach den Punkten 4.1.1.1 und 4.1.1.2 den entstehenden Mindererlös.

Der Versicherer ersetzt den Schaden in dem Verhältnis nicht, in dem das Entgelt für das Produkt des Versicherungsnehmers zu dem Verkaufspreis steht, der bei mangelfreier Lieferung für das Endprodukt zu erwarten gewesen wäre;

4.1.1.4 wegen Aufwendungen, die zusätzlich wegen einer rechtlich notwendigen und wirtschaftlich angemessenen Nachbesserung des Endproduktes oder einer anderen Schadenbeseitigung entstanden sind. Der Versicherer ersetzt die entstandenen Aufwendungen in dem Verhältnis nicht, in dem das Entgelt für das Produkt des Versicherungsnehmers zum Verkaufspreis des Endproduktes steht;

4.1.1.5 wegen der dem direkten Abnehmer des Versicherungsnehmers entstehenden Kosten für die Reinigung und Zurüstung von Maschinen und Anlagen.

4.1.2 Schäden, welche Dritten aus der Weiterbearbeitung oder Weiterverarbeitung mangelhafter durch den Versicherungsnehmer gelieferter Produkte entstehen, ohne dass eine Verbindung, Vermischung oder Verarbeitung mit anderen Produkten stattfand, und zwar

4.1.2.1 wegen der für die Herstellung des Endproduktes aufgewendeten Kosten, mit Ausnahme des Entgelts für das mangelhafte Produkt des Versicherungsnehmers;

4.1.2.2 wegen eines weiteren aus der Unveräußerlichkeit des Endproduktes entstehenden Vermögensnachteiles. Kann das Endprodukt nur mit einem Preisnachlass veräußert werden, so ersetzt der Versicherer anstelle der Versicherungsleistung nach Pkt.4.1.2.1 den entstehenden Mindererlös. Der Versicherer ersetzt den Schaden in dem Verhältnis nicht, in dem das Entgelt für das Produkt des Versicherungsnehmers zu dem Verkaufspreis steht, der bei mangelfreier Lieferung für das Endprodukt zu erwarten gewesen wäre;

4.1.2.3 wegen Aufwendungen, die zusätzlich wegen einer rechtlich notwendigen und wirtschaftlich angemessenen Nachbesserung des Endproduktes oder einer anderen Schadenbeseitigung entstanden sind. Der Versicherer ersetzt die entstandenen Aufwendungen in dem Verhältnis nicht, in dem das Entgelt für das Produkt des Versicherungsnehmers zum Verkaufspreis des Endproduktes steht;

4.1.2.4 wegen der dem direkten Abnehmer des Versicherungsnehmers entstehenden Kosten für die Reinigung und Zurüstung von Maschinen und Anlagen.

4.1.3 Aufwendungen Dritter für Ausbau, Entfernen und Freilegen mangelhafter Produkte und für Einbau, Anbringen oder Verlegen mangelfreier Ersatzprodukte. Ausgenommen hiervon bleiben die Kosten für die Nachlieferung der Ersatzprodukte einschließlich Transportkosten.

Kann der Mangel des Produktes durch verschiedene Maßnahmen beseitigt werden, besteht Versicherungsschutz nur in der Höhe der günstigsten versicherten Kosten.

Soweit nichts anderes vereinbart ist, besteht kein Versicherungsschutz,

4.1.3.1 wenn der Versicherungsnehmer oder die für ihn handelnden Personen die mangelhaften Produkte selbst angebracht, eingebaut oder verlegt haben oder in ihrem Auftrag oder für ihre Rechnung haben anbringen, einbauen oder verlegen lassen.

4.1.4 Schäden Dritter, die daraus entstehen, dass mittels der vom Versicherungsnehmer gelieferten (auch gewarteten oder reparierten) Maschinen Sachen mangelhaft hergestellt oder verarbeitet werden, ohne dass ein Sachschaden gemäß Art.1, Pkt.2.3 AHVB vorliegt, und zwar

4.1.4.1 wegen vergeblichen Einsatzes der in die Maschine eingebrachten Produkte;

4.1.4.2 wegen der für die Herstellung oder Verarbeitung aufgewendeten Kosten;

4.1.4.3 wegen eines weiteren aus der Unveräußerlichkeit des Endproduktes entstehenden Vermögensnachteiles. Kann das Endprodukt nur mit einem Preisnachlass veräußert werden, so ersetzt der Versicherer anstelle der Versicherungsleistungen nach den Punkten 4.1.4.1 und 4.1.4.2 den entstehenden Mindererlös;

4.1.4.4 wegen Aufwendungen, die zusätzlich wegen einer rechtlich notwendigen und wirtschaftlich angemessenen Nachbesserung des Endproduktes oder einer anderen Schadenbeseitigung entstehen;

4.1.4.5 wegen der dem direkten Abnehmer des Versicherungsnehmers entstehenden Kosten für die Reinigung und Zurüstung von Maschinen und Anlagen.

4.2. Besondere Regelungen für Fälle des Pkt.4.1

4.2.1 Versicherungsfall ist abweichend von Art.1, Pkt.1 AHVB, die Lieferung eines mangelhaften Produktes bzw. die Übergabe mangelhaft geleisteter Arbeit (in der Folge kurz „Lieferung“ genannt).

Soweit nichts anderes vereinbart ist, gilt weiters:

4.2.2 Örtlicher Geltungsbereich

Abweichend von Art.3 AHVB erstreckt sich der Versicherungsschutz auf Lieferungen, die in Österreich erfolgen, sofern sich die Tatbestände der Punkte 4.1.1 bis 4.1.4 in Österreich erfüllen. Pkt.3 findet jedoch sinngemäß Anwendung.

4.2.3 Zeitlicher Geltungsbereich

Abweichend von Art.4 AHVB besteht Versicherungsschutz, wenn die Lieferung während der Wirksamkeit des Versicherungsschutzes erfolgt und die Anzeige des Schadens beim Versicherer spätestens ...... Jahre nach Beendigung des Versicherungsvertrages einlangt.

4.2.4 Serienschaden

Abweichend von Art.1, Pkt.1.2 AHVB gelten mehrere Lieferungen als ein Versicherungsfall, wenn sie aus derselben Ursache Schäden auslösen. Ferner gilt als ein Versicherungsfall, wenn mehrere Lieferungen aus gleichartigen in zeitlichem Zusammenhang stehenden Ursachen Schäden auslösen, sofern zwischen diesen Ursachen ein rechtlicher, wirtschaftlicher oder technischer Zusammenhang besteht.

Art.4, Pkt.2 AHVB findet sinngemäß Anwendung.

4.2.5 Selbstbehalt

Der Selbstbehalt des Versicherungsnehmers beträgt in jedem Versicherungsfall % des Schadens und der Kosten gemäß Art.5, Pkt.5 AHVB.

Soweit nichts anderes vereinbart ist, gelten folgende Ausschlüsse vom Versicherungsschutz:

5 Ausschlüsse vom Versicherungsschutz

5.1 Ausgeschlossen vom Versicherungsschutz sind auch im Fall einer besonderen Vereinbarung gemäß Pkt.4

5.1.1 Ansprüche aus Gewährleistung für Mängel, soweit es sich nicht um ausdrücklich gemäß Pkt.4.1 mitversicherte Tatbestände handelt. Auf die Bestimmung des Art.7, Punkte 1.1 und 1.3 sowie Pkt.9 der AHVB wird besonders hingewiesen;

5.1.2 Ansprüche aus Garantiezusagen oder echten Garantieverträgen und Verschleiß, der üblicherweise zu erwarten ist;

5.1.3 Ansprüche aus Schäden, die durch Produkte oder Arbeiten eingetreten sind, deren Verwendung oder Wirkung im Hinblick auf den konkreten Verwendungszweck den jeweiligen Erkenntnissen der Technik und der Wissenschaft gemäß nicht ausreichend erprobt war. Eine solche Erprobung ist jedenfalls nicht gegeben, wenn für die Verwendung eines Produktes die aufgrund gesetzlicher oder behördlicher Vorschriften notwendige Zulassung nicht vorliegt;

5.1.4 Ansprüche aus Schäden, die durch Produkte oder Arbeiten herbeigeführt wurden, deren Herstellung oder Leistung vom Versicherungsnehmer an Dritte in Lizenz vergeben wurde;

5.1.5 Ansprüche aus

5.1.5.1 Planung oder Herstellung von Kraft-, Luft-, Wasser-, Schienen-, Raumfahrzeugen sowie Seilbahnen oder Lieferung von Luft-, Schienen-, Raumfahrzeugen sowie Seilbahnen;

5.1.5.2 Planung oder Herstellung von Teilen für Kraftfahrzeuge, sowie Planung, Herstellung oder Lieferung von Teilen für Luft-, Wasser-, Schienen-, Raumfahrzeuge sowie Seilbahnen, soweit die Teile ersichtlich für den Bau von oder den Einbau in Kraft-, Luft-, Wasser-, Schienen-, Raumfahrzeuge sowie Seilbahnen bestimmt waren;

5.1.5.3 Tätigkeiten an Luft- oder Raumfahrzeugen oder Teilen von Luft- oder Raumfahrzeugen; und zwar sowohl wegen Schäden an Luft- oder Raumfahrzeugen, einschließlich der mit diesen beförderten Sachen und der Insassen, als auch wegen Schäden durch Luft- oder Raumfahrzeuge.

5.2 Nur in den gemäß Pkt.4 durch besondere Vereinbarung versicherbaren Tatbeständen besteht kein Versicherungsschutz für Folgeschäden wie z. B. Betriebsunterbrechung oder Produktionsausfall.

3. Bewusstes Zuwiderhandeln gegen Vorschriften

Der Versicherer ist von der Verpflichtung zur Leistung frei, wenn der Versicherungsfall grob fahrlässig herbeigeführt wurde und bewusst insbesondere im Hinblick auf die Wahl einer kosten- oder zeitsparenden Arbeitsweise den für den versicherten Betrieb oder Beruf geltenden Gesetzen, Verordnungen oder behördlichen Vorschriften zuwidergehandelt wurde, und zwar durch einen Versicherungsnehmer oder dessen gesetzlichen Vertreter oder dessen leitenden Angestellten im Sinne des Arbeitsverfassungsgesetzes (BGBl. Nr. 22/1974), in der jeweils geltenden Fassung, bzw. über Veranlassung oder mit Einverständnis einer dieser Personen.

4. Betriebsübernahme

Wird der Betrieb an einen Dritten veräußert oder aufgrund eines Nießbrauches, eines Pachtvertrages oder eines ähnlichen Rechtsverhältnisses von einem Dritten übernommen, so tritt anstelle des Versicherungsnehmers der Dritte in die während der Dauer seiner Berechtigung sich aus dem Versicherungsverhältnis ergebenden Rechte und Pflichten ein. Die Vorschriften des § 69 Abs. 2 und 3 und der §§ 70, 71 VersVG (siehe Anhang) gelten sinngemäß.

Abschnitt B: Ergänzende Regelungen für spezielle Betriebs- und Nichtbetriebsrisiken

1. Deckung reiner Vermögensschäden

Falls in den nachstehenden Bestimmungen oder in einer Besonderen Bedingung die Deckung reiner Vermögensschäden vorgesehen ist, so gilt ***soweit nichts anderes vereinbart ist*** -Folgendes:

1 Reine Vermögensschäden sind solche Schäden, die weder Personenschäden noch Sachschäden sind (Art.1, Pkt.2 AHVB), noch sich aus solchen Schäden herleiten.

2 Abweichend von Art.1 AHVB ist ein Versicherungsfall ein Verstoß (Handlung oder Unterlassung), der den versicherten Tätigkeiten entspringt und aus welchem dem Versicherungsnehmer Schadenersatzverpflichtungen erwachsen oder erwachsen könnten.

2.1 Serienschaden: Als ein Versicherungsfall gelten auch alle Folgen

2.1.1 eines Verstoßes;

2.1.2 mehrerer auf derselben Ursache beruhender Verstöße;

2.1.3 mehrerer im zeitlichen Zusammenhang stehender und auf gleichartigen Ursachen beruhender Verstöße, wenn zwischen diesen Ursachen ein rechtlicher, technischer oder wirtschaftlicher Zusammenhang besteht.

Art.4, Pkt.2 AHVB findet sinngemäß Anwendung.

3 Abweichend von Art.3 AHVB besteht Versicherungsschutz, wenn der Verstoß in dem in der Polizze vereinbarten örtlichen Geltungsbereich begangen wurde, sich in diesem wirtschaftlich auswirkt und auch die Geltendmachung des Anspruches in diesem örtlichen Geltungsbereich erfolgt; die Einschränkung nach Art.3, Pkt.1, 2. Satz AHVB findet Anwendung.

4 Abweichend von Art.4 AHVB besteht Versicherungsschutz, wenn der Verstoß während der Wirksamkeit des Versicherungsschutzes begangen wurde und die Anzeige des Versicherungsfalles beim Versicherer spätestens Jahre nach Beendigung des Versicherungsvertrages einlangt.

4.1 Wurde ein Schaden durch Unterlassung verursacht, so gilt im Zweifel der Verstoß mit dem Tag als begangen, an dem die versäumte Handlung spätestens hätte vorgenommen werden müssen, um den Eintritt des Schadens abzuwenden.

Soweit nichts anderes vereinbart ist, gilt:

5 Ausgeschlossen vom Versicherungsschutz sind Schäden durch Fehlbeträge bei der Kassenführung, durch Verstöße beim Zahlungsakt, durch Veruntreuung seitens des Personals des Versicherungsnehmers oder anderer für ihn handelnder Personen, durch Verlust oder Abhandenkommen von Geld, Wertpapieren und Wertsachen sowie durch Überschreitung von Kostenvoranschlägen und Krediten.

2. Anschlussbahnen und gemietete bahneigene Lagerplätze

Soweit nichts anderes vereinbart ist, gilt:

1 Anschlussbahnen

1.1 Die Versicherung erstreckt sich abweichend von Art.1, Pkt.2 und Art.7, Pkt.1.2 AHVB auch auf die vertragliche Haftpflicht des Versicherungsnehmers aufgrund des Abschnittes „Haftung" der „Allgemeinen Bestimmungen der Anschlussbahnverträge" der ÖBB (BH 510 in der Fassung der Ausgabe 1979).

1.2 Die Versicherung erstreckt sich ferner abweichend von Art.7, Punkte 10.1 bis 10.4 AHVB auch auf die gesetzliche und vertragliche Haftpflicht (im Sinne von Pkt.1.1) aus der Beschädigung von Fahrbetriebsmitteln, die sich auf dem Anschlussgleis befinden. Nur bei besonderer Vereinbarung erstreckt sich der Versicherungsschutz auch auf die Beschädigung des zu be- oder entladenden Fahrbetriebsmittels beim Be- oder Entladen.

2 Gemietete bahneigene Lagerplätze

Die Versicherung erstreckt sich abweichend von Art.1, Pkt.2 und Art.7, Pkt.1.2 AHVB auch auf die dem Versicherungsnehmer obliegende vertragliche Haftung aufgrund der Punkte 13.1 bis 13.4 der „Allgemeinen Bestimmungen der kommerziellen Bestandverträge" der ÖBB (BH 512 in der Fassung der Ausgabe 1992)..

3 Vertragliche Haftung für reine Vermögensschäden

Der Versicherungsschutz nach den Punkten 1 und 2 erstreckt sich auch auf die dem Versicherungsnehmer nach den dort angeführten Bedingungen obliegende vertragliche Haftung für reine Vermögensschäden. Die Versicherungssumme hierfür beträgt im Rahmen der Pauschalversicherungssumme % davon.

4 Zu den Punkten 1 bis 3

4.1 Soweit bewiesen werden kann, dass das schädigende Ereignis ganz oder teilweise auf ein Verschulden der Bahn oder eines ihrer Organe zurückzuführen ist, tritt eine Aufhebung oder Minderung der Haftung des Versicherers nach Maßgabe des festgestellten Verschuldens ein.

4.2 Die Versicherung erstreckt sich nicht auf Vertragsstrafen jeglicher Art sowie auf die Verpflichtung des Versicherungsnehmers, der Bahn für solche Ausstattungs-, Herstellungs- und Instandhaltungsarbeiten, Anschaffungen und Ähnliches Ersatz zu leisten, die die Bahn übernommen hat, weil der Versicherungsnehmer seinen diesbezüglichen Verpflichtungen nicht nachgekommen ist.

4.3 Haftungen, die über die obgenannten „Allgemeinen Bestimmungen der Anschlussbahnverträge“ und „Allgemeinen Bestimmungen der kommerziellen Bestandverträge“ hinausgehen, fallen nur aufgrund besonderer Vereinbarung mit dem Versicherer unter Versicherungsschutz.

3. Baugewerbe und ähnliche Gewerbe

Soweit nichts anderes vereinbart ist, gilt:

1 Darunter fallen im Sinne dieser Bedingungen:

Hoch- und Tiefbauunternehmen (einschließlich Stahlbauunternehmen), Baumeister (Maurermeister), Zimmermeister, Brunnenmeister, Abdichter gegen Feuchtigkeit und Druckwasser, Asphaltierer und Schwarzdecker, Dachdecker, Fliesenleger, Spengler, Gas- und Wasserleitungsinstallateure, Elektroinstallateure (Elektriker), Heizungs- und Klimatechniker, Abbruchsunternehmer, Baggereien (Deichgräber), Sand- und Schottererzeuger, Sprengungsunternehmer und Sprengmeister, Steinbruchunternehmer und Tiefbohrunternehmer.

2 Die Versicherung erstreckt sich nach Maßgabe des Deckungsumfanges der AHVB und des Abschnitt A der EHVB insbesondere auch auf Schadenersatzverpflichtungen aus

2.1 Personen- und Sachschäden, die aus vom Versicherungsnehmer vorgenommenen Planungen entstehen;

2.2 Schäden an unterirdischen Anlagen (wie Elektrizitäts-, Gas-, Wasserleitungen, Fernmeldekabel, Kanäle und dgl.), wobei Art.7, Punkte 10.4 und 10.5 AHVB keine Anwendung finden;

2.3 Schäden infolge Unterfahrens oder Unterfangens von Bauwerken;

2.4 Schäden durch Senkung von Grundstücken, auch eines darauf errichteten Bauwerkes oder eines Teiles eines solchen sowie durch Erdrutschungen;

2.5 Schäden an benachbarten Bauwerken infolge Unterlassung sachgemäßer Pölzungen (auch Versteifungen und Verspreizungen);

2.6 Schäden durch Sprengungen nach Maßgabe folgender Bestimmungen:

2.6.1 Versicherungsschutz besteht nur dann, wenn die Sprengarbeiten von einem Sprengbefugten im Sinne der Sprengarbeiten-Verordnung (BGBl. Nr. 77/1954), in der jeweils geltenden Fassung, durchgeführt werden.

2.6.2 Sachschäden, die sich innerhalb eines Radius von.................................. m von der Sprengstelle ereignen, sind vom Versicherungsschutz ausgeschlossen.

2.6.3 Darüber hinaus leistet der Versicherer keinen Versicherungsschutz für solche Sachschäden, mit denen bei Sprengarbeiten trotz Anwendung der vorgeschriebenen Sicherheitsmaßnahmen üblicherweise gerechnet werden muss.

3 Der Selbstbehalt des Versicherungsnehmers beträgt in jedem Versicherungsfall bei

3.1 Schäden an unterirdischen Anlagen: ....% des Schadens und der Kosten gemäß Art.5, Pkt.5 AHVB.

3.2 sonstigen Sachschäden ....% des Schadens und der Kosten gemäß Art.5, Pkt.5 AHVB.

4 Die Versicherung erstreckt sich nicht auf Schadenersatzverpflichtungen aus der Beteiligung an Arbeitsgemeinschaften. Das Tätigwerden eines Partners der Arbeitsgemeinschaft als Subunternehmer dieser Arbeitsgemeinschaft aufgrund eines schriftlichen Auftrages gilt nicht als Beteiligung an der Arbeitsgemeinschaft.

4. Kraftfahrzeug-Reparaturwerkstätten und ähnliche Betriebe

Abweichend von Art.7, Pkt.3 AHVB erstreckt sich der Versicherungsschutz auch auf Schadenersatzverpflichtungen aufgrund des Amtshaftungsgesetzes (BGBl. Nr. 20/1949) wegen Personen- oder Sachschäden im Zusammenhang mit Begutachtung nach § 57a Kraftfahrgesetz (BGBl. Nr. 267/1967), beide in der jeweils geltenden Fassung.

5. Rauchfangkehrer

Abweichend von Art.7, Pkt.3 AHVB erstreckt sich der Versicherungsschutz auch auf Schadenersatzverpflichtungen aufgrund des Amtshaftungsgesetzes (BGBl. Nr. 20/1949) in der jeweils geltenden Fassung.

6. Land- und forstwirtschaftliche Betriebe

Soweit nichts anderes vereinbart ist, gilt:

1 Die Versicherung erstreckt sich nach Maßgabe des Deckungsumfanges der AHVB und des Abschnitt A der EHVB auch auf Schadenersatzverpflichtungen

1.1 aus der Tierhaltung ohne Rücksicht auf den Verwendungszweck (Abschnitt B, Z.12 EHVB findet Anwendung).

Nur bei besonderer Vereinbarung besteht Versicherungsschutz für Schadenersatzverpflichtungen aus Schäden an zum Belegen zugeführten Tieren und aus der Überlassung von Reittieren an betriebsfremde Personen.

Durch Weidevieh oder Wild verursachte Schäden an Fluren oder Kulturen sind vom Versicherungsschutz ausgeschlossen.

1.2 aus der Holzschlägerung im eigenen und im fremden Wald, letzterenfalls jedoch nur für den eigenen Bedarf;

1.3 aus der Bekämpfung von Pflanzenschädlingen und Anwendung von Unkrautvertilgungsmitteln in der versicherten Land- und Forstwirtschaft, jedoch mit einem Selbstbehalt in jedem Versicherungsfall von % des Schadens und der Kosten gemäß Art.5, Pkt.5 AHVB.

1.4 aus Sachschäden durch Umweltstörung durch Jauche, Düngemittel und Siloabwässer nach Maßgabe des Art.6 AHVB.

Die Versicherungssumme hierfür beträgt € .... im Rahmen der Pauschalversicherungssumme.

Der Selbstbehalt des Versicherungsnehmers beträgt in jedem Versicherungsfall ....% des Schadens und der Kosten gemäß Art.5, Pkt.5 AHVB.

1.5 aus der Vornahme von Sprengungen für Zwecke der versicherten Land- und Forstwirtschaft, jedoch nur unter der Bedingung, dass die Sprengarbeiten von einem Sprengbefugten im Sinne der Sprengarbeiten-Verordnung (BGBI. Nr. 77/1954), in der jeweils geltenden Fassung, durchgeführt werden. Sachschäden, die sich innerhalb eines Radius von m von der Sprengstelle ereignen, sind vom Versicherungsschutz ausgeschlossen. Der Versicherer haftet nicht für solche Sachschäden, mit denen bei Sprengarbeiten trotz Anwendung der vorgeschriebenen Sicherheitsmaßnahmen üblicherweise gerechnet werden muss;

1.6 aus dem Bau von Güterwegen, wenn die Gesamtkosten des Bauvorhabens unter Einrechnung etwaiger Eigenleistungen € .... nicht überschreiten. Abschnitt B, Z.3, Pkt.2 EHVB findet Anwendung. Für solche Bauvorhaben sind Schadenersatzverpflichtungen des Versicherungsnehmers als Bauherr mitversichert;

1.7 aus Nebengewerben im Sinne des § 2 Abs.1, Z.2 (iVm § 2 Abs.4) der GewO (BGBI. Nr. 194/1994), in der jeweils geltenden Fassung, wenn der jährliche Lohnaufwand unter Hinzurechnung etwa gewährter Naturalleistungen € ..... nicht überschreitet (Pkt.1.1, 2. Absatz findet jedoch Anwendung);

1.8 aus dem Buschenschank im Sinne des § 2 Abs.1, Z.5 (iVm § 2 Abs.9) der GewO (BGBI. Nr. 194/1994), in der jeweils geltenden Fassung, wenn der jährliche Lohnaufwand unter Hinzurechnung etwa gewährter Naturalleistungen € .... nicht überschreitet;

1.9 aus der Fremdenbeherbergung nach Maßgabe von Abschnitt B, Z.7 EHVB, wenn keine behördliche Gewerbeberechtigung erforderlich ist.

2 Versichert ist ferner die Schadenersatzpflicht des Versicherungsnehmers als Privatperson nach Maßgabe von Abschnitt B, Z.16 EHVB sowie die gleichartige Schadenersatzpflicht der in Abschnitt B, Z.16, Punkte 3.1 und 3.2 EHVB mitversicherten Personen.

3 Nur bei besonderer Vereinbarung besteht Versicherungsschutz für Schadenersatzverpflichtungen

3.1 aus der Beförderung von Personen mit Kutschen und Schlitten aller Art;

3.2 aus der gewerblichen Beförderung von Personen mit Anhängern, soweit eine gesetzliche Verpflichtung zum Abschluss einer Haftpflichtversicherung besteht.

7. Fremdenbeherbergung

Soweit nichts anderes vereinbart ist, gilt:

1 Die Versicherung erstreckt sich abweichend von Art.7, Punkte 10.2 bis 10.4 AHVB auch auf die Haftung des Versicherungsnehmers als Verwahrer aus der Beschädigung von eingebrachten Sachen der zur Beherbergung aufgenommenen Gäste. Als eingebracht gelten Sachen, die dem Versicherungsnehmer oder einem seiner Leute übergeben oder an einen von diesen angewiesenen oder hierzu bestimmten Ort gebracht sind.

2 Nur bei besonderer Vereinbarung erstreckt sich der Versicherungsschutz auch auf die gleichartige Haftung des Versicherungsnehmers aus dem Verlust und Abhandenkommen der in Pkt.1 bezeichneten Sachen.

Bei Vorliegen einer solchen Vereinbarung ist der Versicherungsnehmer bei sonstiger Leistungsfreiheit des Versicherers gemäß den Voraussetzungen und Begrenzungen des § 6 VersVG (siehe Anhang) verpflichtet,

2.1 im Fall des Verlustes oder Abhandenkommens einer Sache unverzüglich bei der zuständigen Sicherheitsbehörde Anzeige zu erstatten;

2.2 sofern der Betrieb einer behördlichen Gewerbeberechtigung bedarf, überdies durch augenfälligen Anschlag bekannt zu geben, dass Geld, Wertpapiere (Reisezahlungsmittel) und Kostbarkeiten gegen Bestätigung bei der hierfür bezeichneten Stelle des versicherten Betriebes zu hinterlegen sind.

3 Ausschlüsse vom Versicherungsschutz

Die Ausdehnung des Versicherungsschutzes gemäß den Punkten 1 und 2 erstreckt sich nicht auf Ansprüche aus Schäden

3.1 an den eingebrachten Sachen bei oder infolge einer über den Rahmen der Beförderung hinausgehenden Tätigkeit an oder mit ihnen durch den Versicherungsnehmer oder seine Leute;

3.2 an den von den Gästen eingebrachten Kraft- und Wasserfahrzeugen, deren Zubehör und Bestandteilen und den auf oder in diesen Fahrzeugen befindlichen Sachen, soweit die Schadenersatzverpflichtung auf den §§ 970 oder 970a ABGB beruht.

4 Die Versicherung erstreckt sich abweichend von Art.1, Pkt.2 AHVB auch auf Schadenersatzverpflichtungen aus reinen Vermögensschäden bis zu einer Versicherungssumme von € ......

8. Badeanstalten

Soweit nichts anderes vereinbart ist, gilt:

1 Die Versicherung erstreckt sich abweichend von Art.7, Punkte 10.2 bis 10.4 AHVB auf die Haftung des Versicherungsnehmers als Verwahrer aus der Beschädigung der von den Badegästen eingebrachten Sachen.

2 Nur bei besonderer Vereinbarung erstreckt sich die Versicherung auch auf die gleichartige Haftung des Versicherungsnehmers aus dem Verlust und Abhandenkommen von Sachen, welche von Badegästen in den vom Bad zur Verfügung gestellten Kabinen und Kleiderkästen versperrt gehalten oder von der Badeanstalt in Verwahrung genommen werden.

Bei Vorliegen einer solchen Vereinbarung ist der Versicherungsnehmer bei sonstiger Leistungsfreiheit des Versicherers gemäß den Voraussetzungen und Begrenzungen des § 6 VersVG (siehe Anhang) verpflichtet,

2.1 im Falle des Verlustes oder Abhandenkommens einer Sache unverzüglich bei der zuständigen Sicherheitsbehörde Anzeige zu erstatten;

2.2 durch augenfälligen Anschlag bekannt zu geben, dass Geld, Wertpapiere (Reisezahlungsmittel) und Kostbarkeiten gegen Bestätigung bei der Kasse zu hinterlegen sind.

3 Die Ausdehnung des Versicherungsschutzes gemäß den Punkten 1 und 2 erstreckt sich nicht auf Ansprüche aus Schäden an den von den Badegästen eingebrachten Kraft- und Wasserfahrzeugen, deren Zubehör und Bestandteilen und der auf oder in diesen Fahrzeugen befindlichen Sachen, soweit die Schadenersatzverpflichtung auf den §§ 970 oder 970a ABGB beruht.

4 Abschnitt A, Z.1 und Z.3 EHVB finden Anwendung.

9. Ärzte, Dentisten, Tierärzte (Tierkliniken)

Soweit nichts anderes vereinbart ist, gilt:

1 Abschnitt A EHVB findet Anwendung.

2 Die persönliche Schadenersatzpflicht des Vertreters bei Urlaub und Krankheit ist mitversichert, soweit nicht anderweitig Versicherungsschutz besteht.

3 Die Versicherung erstreckt sich abweichend von Art.1, Pkt.2 AHVB auch auf Schadenersatzverpflichtungen aus reinen Vermögensschäden bis zu einer Versicherungssumme von € .....

4 Der Versicherungsschutz erstreckt sich abweichend von Art.3 AHVB auf Versicherungsfälle, die weltweit eintreten, sofern die schadenverursachende medizinische Behandlung in Österreich erfolgt ist; die Einschränkung nach Art.3, Pkt.1, 2. Satz AHVB findet Anwendung.

Schadenersatzverpflichtungen von Ärzten aus Erste-Hilfe-Leistungen sind abweichend von Art.3 AHVB weltweit mitversichert; die Einschränkung nach Art.3, Pkt.1, 2. Satz AHVB findet keine Anwendung.

5 Schadenersatzverpflichtungen von Tierärzten und Tierkliniken aus Schäden an den behandelten Tieren sind abweichend von Art.7, Pkt.10 AHVB mitversichert.

6 Schadenersatzverpflichtungen aufgrund des Amtshaftungsgesetzes:

Die Versicherung erstreckt sich abweichend von Art.7, Pkt.3 AHVB auch auf Schadenersatzverpflichtungen aufgrund des Amtshaftungsgesetzes (BGBI. Nr. 20/1949) in der jeweils geltenden Fassung.

10. Krankenanstalten, Heil- und Pflegeanstalten, Sanatorien, Genesungsheime, Altersheime u. dgl.

Soweit nichts anderes vereinbart ist, gilt:

1 Abschnitt A EHVB findet Anwendung.

2 Haftung für eingebrachte Sachen der Patienten und ihrer Begleitpersonen: Abschnitt B, Z.7 EHVB findet sinngemäß Anwendung.

3 Die Versicherung erstreckt sich abweichend von Art.1, Pkt.2 AHVB auch auf Schadenersatzverpflichtungen aus reinen Vermögensschäden bis zu einer VersicheUXQJVVXPPH YRQ ¼ .....

4 Der Versicherungsschutz erstreckt sich abweichend von Art.3 AHVB auf Versicherungsfälle die weltweit eintreten, sofern die schadenverursachende medizinische Behandlung in Österreich erfolgt ist; die Einschränkung nach Art.3, Pkt.1, 2. Satz AHVB findet Anwendung.

Schadenersatzverpflichtungen von Ärzten aus Erste-Hilfe-Leistungen sind abweichend von Art.3 AHVB weltweit mitversichert, jedoch nur insoweit, als hierfür nicht anderweitig Versicherungsschutz besteht; die Einschränkung nach Art.3, Pkt.1, 2. Satz AHVB findet keine Anwendung.

5 Schadenersatzverpflichtungen aufgrund des Amtshaftungsgesetzes:

Die Versicherung erstreckt sich abweichend von Art.7, Pkt.3 AHVB auch auf Schadenersatzverpflichtungen aufgrund des Amtshaftungsgesetzes (BGBI. Nr. 20/1949) in der jeweils geltenden Fassung.

11. Haus- und Grundbesitz

Soweit nichts anderes vereinbart ist, gilt:

1 Die Versicherung erstreckt sich nach Maßgabe des Deckungsumfanges der AHVB auf Schadenersatzverpflichtungen

1.1 aus der Innehabung, Verwaltung, Beaufsichtigung, Versorgung, Reinhaltung, Beleuchtung und Pflege der versicherten Liegenschaft einschließlich der in oder auf ihr befindlichen Bauwerke und Einrichtungen wie z. B. Aufzüge, Heizungs- und Klimaanlagen, Schwimmbecken, Kinderspielplätze und Gartenanlagen;

Ein im unmittelbaren räumlichen Zusammenhang mit der versicherten Liegenschaft vorhandener Privatbadestrand ist mitversichert.

1.2 aus der Durchführung von Abbruch-, Bau-, Reparatur- und Grabarbeiten an der versicherten Liegenschaft, wenn die Gesamtkosten des Bauvorhabens unter Einrechnung etwaiger Eigenleistungen € .... nicht überschreiten. Abschnitt B, Z.3, Pkt.2 EHVB findet Anwendung. Für solche Bauvorhaben sind Schadenersatzverpflichtungen des Versicherungsnehmers als Bauherr mitversichert;

1.3 aus der Fremdenbeherbergung auf der versicherten Liegenschaft nach Maßgabe von Abschnitt B,

Z.7 EHVB, wenn keine behördliche Gewerbeberechtigung erforderlich ist;

1.4 aus Sachschäden durch Umweltstörung aus der Lagerung von Mineralölprodukten bis zu einem Lagervolumen von Liter nach Maßgabe des Art.6 AHVB.

Die Versicherungssumme hierfür beträgt € .... im Rahmen der Pauschalversicherungssumme.

Der Selbstbehalt des Versicherungsnehmers beträgt in jedem Versicherungsfall % des Scha-

dens und der Kosten gemäß Art.5, Pkt.5 AHVB.

2 Mitversichert nach Maßgabe des Pkt.1 sind Schadenersatzverpflichtungen

2.1 des Hauseigentümers und -besitzers;

2.2 des Hausverwalters und des Hausbesorgers;

2.3 jener Personen, die im Auftrag des Versicherungsnehmers für ihn handeln, sofern diese Tätigkeit nicht in Ausübung ihres Berufes oder Gewerbes erfolgt;

2.4 jener Personen, die infolge Fruchtnießung, Konkurs- oder Zwangsverwaltung anstelle des Versicherungsnehmers treten.

Ausgeschlossen bleiben Personenschäden, bei welchen es sich um Arbeitsunfälle im Sinne der Sozialversicherungsgesetze unter gleichgestellten, beauftragten Personen gemäß den Punkten 2.1 bis 2.4 handelt.

3 Bei Schäden durch Witterungsniederschläge an Tapeten, Zimmermalereien, Zierstuckaturen, Wandverkleidungen, Fußböden, Strom-, Fernsprech- oder anderen Leitungen und an sonstigem Zubehör des Hauses in vermieteten Wohn- und Geschäftsräumlichkeiten ausgenommen an Fenstern und Türen der Außenseite des Gebäudes leistet der Versicherer abweichend von Art.1 AHVB Ersatz, auch wenn eine Haftpflicht des Vermieters gegenüber dem Mieter nicht gegeben ist. Der Ersatz umfasst die Kosten der Wiederherstellungsarbeiten, soweit es sich nicht um Erhaltungskosten handelt, die der Vermieter gesetzlich zu tragen hat.

Entstehen die genannten Schäden durch Überschwemmungen, Grundwasser oder im Zusammenhang mit Erdbeben, so leistet der Versicherer nur nach Maßgabe des Art.1 AHVB.

4 Schadenersatzansprüche von Miteigentümern, Wohnungseigentümern, Nutzungsberechtigten und deren Angehörigen (Art.7, Pkt.6.2 AHVB) sind mitversichert, sofern diese Personen oder ihre gesetzlichen Vertreter nicht zufolge persönlicher Handlungen oder Unterlassung für den eingetretenen Schaden selbst verantwortlich sind.

Der Versicherungsschutz gemäß Pkt.3 gilt sinngemäß auch für die von diesen Personen benützten Wohn- und Geschäftsräumlichkeiten.

12. Tierhaltung

Soweit nichts anderes vereinbart ist, gilt:

1 Die Versicherung erstreckt sich auch auf die Schadenersatzverpflichtung des jeweiligen Verwahrers, Betreuers oder Verfügungsberechtigten.

Nur bei besonderer Vereinbarung besteht Versicherungsschutz für Schadenersatzverpflichtungen aus Schäden an zum Belegen zugeführten Tieren.

2 Der Versicherungsschutz erstreckt sich abweichend von Art.3 AHVB auf Versicherungsfälle, die in Europa oder einem außereuropäischen Mittelmeer-Anliegerstaat eingetreten sind; die Einschränkung nach Art.3, Pkt1, 2. Satz AHVB findet Anwendung.

13. Wasserfahrzeuge

Soweit nichts anderes vereinbart ist, gilt:

1 Die Versicherung erstreckt sich auch auf Schadenersatzverpflichtungen des Eigentümers, des Halters und der Personen, die mit dem Willen des Halters bei der Verwendung tätig sind oder mit seinem Willen mit dem Wasserfahrzeug befördert werden.

2 Als Obliegenheit, deren Verletzung Leistungsfreiheit des Versicherers gemäß den Voraussetzungen und Begrenzungen des § 6 VersVG (siehe Anhang) zur Folge hat, wird bestimmt, dass der Schiffsführer die zur Führung des versicherten Wasserfahrzeuges behördlich vorgeschriebene Berechtigung besitzt.

3 Die Versicherung erstreckt sich abweichend von Art.7, Punkte 10.2 bis 10.4 AHVB auch auf Sachen, welche die beförderten Personen an sich tragen oder als Reisegepäck mit sich führen.

4 Der Versicherungsschutz bezieht sich nicht auf Schadenersatzverpflichtungen wegen Schäden aus der Teilnahme an Motorbootrennen und den dazugehörigen Trainingsläufen.

14. Vereine

(Im Sinne des Vereinsgesetzes BGBl. I Nr. 66/2002 in der jeweils geltenden Fassung)

Soweit nichts anderes vereinbart ist, gilt:

1 Die Versicherung erstreckt sich nach Maßgabe des Deckungsumfanges der AHVB auf Schadenersatzverpflichtungen aus der

1.1 Innehabung oder Verwendung von Grundstücken, Gebäuden, Räumlichkeiten, Anlagen, Einrichtungen und Geräten für die statutengemäßen Zwecke des Versicherungsnehmers (Abschnitt B,

Z.11 EHVB findet sinngemäß Anwendung);

1.2 Durchführung von Vereinsveranstaltungen durch den Versicherungsnehmer, und zwar unabhängig vom Ort der Veranstaltung.

2 Mitversichert nach Maßgabe des Pkt.1 sind Schadenersatzverpflichtungen

2.1 der gesetzlichen und bevollmächtigten Vertreter des Versicherungsnehmers und solcher Personen, die er zur Leitung oder Beaufsichtigung des Vereines angestellt hat;

2.2 sämtlicher übrigen Arbeitnehmer des Versicherungsnehmers für Schäden, die sie in Ausübung ihrer dienstlichen Verrichtungen verursachen, jedoch unter Ausschluss von Personenschäden, bei welchen es sich um Arbeitsunfälle (Berufskrankheiten) unter Arbeitnehmern des versicherten Vereines im Sinne der Sozialversicherungsgesetze handelt;

2.3 sämtlicher Vereinsmitglieder aus der Ausübung der statutengemäßen Vereinstätigkeiten im Verein, bei Veranstaltungen des Vereins sowie außerhalb des Vereins im Auftrag des Vereins, soweit nicht anderweitig Versicherungsschutz besteht.

3 Nur aufgrund besonderer Vereinbarung erstreckt sich die Versicherung auch auf Schadenersatzverpflichtungen aus der

3.1 Innehabung oder Verwendung von

3.1.1 Zuschauertribünen und -anlagen;

3.1.2 Bob- und Rodelbahnen, Sprungschanzen, Schipisten und Loipen.

3.2 Haltung oder Verwendung von

3.2.1 Tieren;

3.2.2 Wasserfahrzeugen.

3.3 Durchführung von Landes-, Bundes- oder internationalen Wettbewerben.

4 Abschnitt A, Z.3 EHVB findet Anwendung.

15. Feuer- und Wasserwehren

Soweit nichts anderes vereinbart ist, gilt:

1 Abschnitt B, Z.14, Punkte 1 und 2 EHVB finden sinngemäß Anwendung.

2 Schadenersatzverpflichtungen aufgrund des Amtshaftungsgesetzes:

Die Versicherung erstreckt sich abweichend von Art.7, Pkt.3 AHVB auch auf Schadenersatzverpflichtungen aufgrund des Amtshaftungsgesetzes (BGBl. Nr. 20/1949) in der jeweils geltenden Fassung.

3 Bei Einsätzen im Ausland sowie bei der Teilnahme an internationalen Wettbewerben erstreckt sich der Versicherungsschutz abweichend von Art.3 auf Versicherungsfälle, die in Europa eingetreten sind; die Einschränkung nach Art.3, Pkt.1, 2. Satz AHVB findet Anwendung.

4 Die Versicherung erstreckt sich nicht auf Schadenersatzverpflichtungen wegen Schäden an Sachen, zu deren Rettung oder Schutz die Wehr gerufen wurde.

5 Nur bei besonderer Vereinbarung erstreckt sich die Versicherung auch auf Schadenersatzverpflichtungen wegen Schäden an Sachen, die dem Versicherungsnehmer für Einsätze oder Übungen beigestellt werden.

6 Abschnitt A, Z.3 EHVB findet für Berufs- und Werksfeuerwehren Anwendung.

16. Privathaftpflicht

Soweit nichts anderes vereinbart ist, gilt:

1 Die Versicherung erstreckt sich nach Maßgabe des Deckungsumfanges der AHVB auf Schadenersatzverpflichtungen des

Versicherungsnehmers als Privatperson aus den Gefahren des täglichen Lebens mit Ausnahme der Gefahr einer betrieblichen, beruflichen oder gewerbsmäßigen Tätigkeit, insbesondere

1.1 als Wohnungsinhaber (nicht aber als Haus- und/oder Grundbesitzer) und als Arbeitgeber von Hauspersonal einschließlich der Fremdenbeherbergung, sofern keine behördliche Gewerbeberechtigung erforderlich ist (Abschnitt B, Z.7 EHVB findet Anwendung);

1.2 aus der Innehabung und dem Betrieb einer Rundfunk- und Fernsehempfangsanlage;

1.3 aus der Haltung und Verwendung von Fahrrädern;

1.4 aus der nicht berufsmäßigen Sportausübung, ausgenommen die Jagd;

1.5 aus dem erlaubten Besitz von Hieb-, Stich- und Schusswaffen und aus deren Verwendung als Sportgerät und für Zwecke der Selbstverteidigung;

1.6 aus der Haltung von Kleintieren, ausgenommen Hunde (Abschnitt B, Z.12 EHVB findet Anwendung);

1.7 aus der gelegentlichen Verwendung, nicht jedoch der Haltung von Elektro- und Segelbooten (Abschnitt B, Z.13 EHVB findet Anwendung);

1.8 aus der Haltung und Verwendung von sonstigen nicht motorisch angetriebenen Wasserfahrzeugen sowie von Schiffsmodellen (Abschnitt B, Z.13 EHVB findet Anwendung);

1.9 abweichend von Art.7, Pkt.5.2 AHVB aus der Haltung und Verwendung von nicht motorisch angetriebenen Flugmodellen bis zu einem Fluggewicht von 5 kg.

2 Versichert sind für das Risiko gemäß Pkt.1 Sachschäden aus Umweltstörung nach Maßgabe des Art.6 AHVB.

Die Versicherungssumme hierfür beträgt € .... im Rahmen der Pauschalversicherungssumme.

Der Selbstbehalt des Versicherungsnehmers beträgt in jedem Versicherungsfall % des Schadens

und der Kosten gemäß Art.5, Pkt.5 AHVB.

3 Die Versicherung erstreckt sich auch auf gleichartige Schadenersatzverpflichtungen

3.1 des mit dem Versicherungsnehmer in häuslicher Gemeinschaft lebenden Ehegatten oder Lebensgefährten;

3.2 der minderjährigen Kinder (auch Enkel-, Adoptiv-, Pflege- und Stiefkinder) des Versicherungsnehmers, seines mitversicherten Ehegatten oder Lebensgefährten; diese Kinder bleiben darüber hinaus bis zur Vollendung des 25. Lebensjahres mitversichert, sofern und solange sie über keinen eigenen Haushalt und kein eigenes regelmäßiges Einkommen verfügen;

3.3 von Personen, die für den Versicherungsnehmer aus einem Arbeitsvertrag oder gefälligkeitshalber häusliche Arbeiten verrichten, in dieser Eigenschaft. Ausgeschlossen sind Personenschäden, bei welchen es sich um Arbeitsunfälle (Berufskrankheiten) im Sinne der Sozialversicherungsgesetze unter Arbeitnehmern des Versicherungsnehmers handelt.

4 Der Versicherungsschutz erstreckt sich abweichend von Art.3 AHVB auf Versicherungsfälle, die in Europa oder einem außereuropäischen Mittelmeer-Anliegerstaat eingetreten sind; die Einschränkung nach Art.3, Pkt.1, 2. Satz AHVB findet Anwendung.

17. Erweiterte Privathaftpflicht

Soweit nichts anderes vereinbart ist, gilt:

1 Die Versicherung erstreckt sich nach Maßgabe des Deckungsumfanges der AHVB auf Schadenersatzverpflichtungen des Versicherungsnehmers als Privatperson aus den Gefahren des täglichen Lebens mit Ausnahme der Gefahr einer betrieblichen, beruflichen oder gewerbsmäßigen Tätigkeit, insbesondere

1.1 als Wohnungsinhaber (nicht aber als Haus- und/oder Grundbesitzer) und als Arbeitgeber von Hauspersonal einschließlich der Fremdenbeherbergung, sofern keine behördliche Gewerbeberechtigung erforderlich ist (Abschnitt B, Z.7 EHVB findet Anwendung);

1.2 aus der Innehabung und dem Betrieb einer Rundfunk- und Fernsehempfangsanlage;

1.3 aus der Haltung und Verwendung von Fahrrädern;

1.4 aus der nicht berufsmäßigen Sportausübung, ausgenommen die Jagd;

1.5 aus dem erlaubten Besitz von Hieb-, Stich- und Schusswaffen und aus deren Verwendung als Sportgerät und für Zwecke der Selbstverteidigung;

1.6 aus der Haltung von Kleintieren, ausgenommen Hunde (Abschnitt B, Z.12 EHVB findet Anwendung);

1.7 aus der gelegentlichen Verwendung, nicht jedoch der Haltung von Elektro- und Segelbooten (Abschnitt B, Z.13 EHVB findet Anwendung);

1.8 aus der Haltung und Verwendung von sonstigen nicht motorisch angetriebenen Wasserfahrzeugen sowie von Schiffsmodellen (Abschnitt B, Z.13 EHVB findet Anwendung);

1.9 abweichend von Art.7, Pkt.5.2 AHVB aus der Haltung und Verwendung von nicht motorisch angetriebenen Flugmodellen bis zu einem Fluggewicht von 5 kg.

2 Versichert sind für das Risiko gemäß Pkt.1 Sachschäden aus Umweltstörung nach Maßgabe des Art.6 AHVB.

Die Versicherungssumme hierfür beträgt € ..... im Rahmen der Pauschalversicherungssumme.

Der Selbstbehalt des Versicherungsnehmers beträgt in jedem Versicherungsfall .....% des Schadens und der Kosten gemäß Art.5, Pkt.5 AHVB.

3 Art.7, Pkt.10 AHVB findet nur insoweit Anwendung, als die Sachen vom Versicherungsnehmer oder den mitversicherten Personen entliehen, gemietet, geleast, gepachtet bzw. dem Versicherungsnehmer oder den mitversicherten Personen im Rahmen von bloßen Gefälligkeitsverhältnissen überlassen wurden; weiters, als die Sachen in Verwahrung genommen oder einer Bearbeitung (insbesondere Reparatur oder Wartung) unterzogen wurden.

4 Abweichend von Art.7, Pkt.10.1 AHVB erstreckt sich der Versicherungsschutz ferner auf Schadenersatzverpflichtungen aus der Beschädigung von gemieteten Räumen sowie des darin befindlichen Inventars. Dieser Versicherungsschutz gilt nur für Mietverhältnisse mit einer Höchstdauer von einem Monat.

5 Die Versicherung erstreckt sich auch auf gleichartige Schadenersatzverpflichtungen

5.1 des mit dem Versicherungsnehmer in häuslicher Gemeinschaft lebenden Ehegatten oder Lebensgefährten;

5.2 der minderjährigen Kinder (auch Enkel-, Adoptiv-, Pflege- und Stiefkinder) des Versicherungsnehmers, seines mitversicherten Ehegatten oder Lebensgefährten; diese Kinder bleiben darüber hinaus bis zur Vollendung des 25. Lebensjahres mitversichert, sofern und solange sie über keinen eigenen Haushalt und kein eigenes regelmäßiges Einkommen verfügen;

5.3 von Personen, die für den Versicherungsnehmer aus einem Arbeitsvertrag oder gefälligkeitshalber häusliche Arbeiten verrichten, in dieser Eigenschaft. Ausgeschlossen sind Personenschäden, bei welchen es sich um Arbeitsunfälle (Berufskrankheiten) im Sinne der Sozialversicherungsgesetze unter Arbeitnehmern des Versicherungsnehmers handelt.

6 Abweichend von Art.7, Pkt.6.2 AHVB sind nur Schadenersatzansprüche der gemäß den Punkten

5.1 und 5.2 versicherten Personen vom Versicherungsschutz ausgeschlossen.

7 Der Versicherungsschutz erstreckt sich abweichend von Art.3 AHVB auf die ganze Erde. Die Einschränkung nach Art.3, Pkt.1, 2. Satz AHVB findet Anwendung, sofern der Versicherungsfall nicht in den USA, Kanada oder Australien eingetreten ist.

18. Erziehungswesen

Soweit nichts anderes vereinbart ist, gilt:

1 Schulen und Erziehungsanstalten

1.1 Abschnitt A EHVB findet Anwendung.

1.2 Die Versicherung erstreckt sich abweichend von Art.7, Punkte 10.2 bis 10.4 AHVB auch auf die Haftung des Versicherungsnehmers aus der Beschädigung (nicht dem Verlust oder Abhandenkommen) von Sachen der Schüler oder Zöglinge.

2 Lehr- oder Aufsichtspersonen

Die Versicherung erstreckt sich nach Maßgabe des Deckungsumfanges der AHVB auf Schadenersatzverpflichtungen des Versicherten aus der Lehr- und Aufsichtstätigkeit.

3 Der Versicherungsschutz erstreckt sich auf die Durchführung schulischer Veranstaltungen (auch Maturareise), und zwar auch außerhalb des Lehrplanes, jedoch mit Genehmigung der Schulleitung.

Der Versicherungsschutz erstreckt sich abweichend von Art.3 AHVB auf Versicherungsfälle aus der Durchführung dieser Veranstaltungen in Europa oder einem außereuropäischen MittelmeerAnliegerstaat; die Einschränkung nach Art.3, Pkt.1, 2. Satz AHVB findet Anwendung.

4 Schadenersatzverpflichtungen aufgrund des Amtshaftungsgesetzes:

Die Versicherung erstreckt sich abweichend von Art.7, Pkt.3 AHVB auch auf Schadenersatzverpflichtungen aufgrund des Amtshaftungsgesetzes (BGBI. Nr. 20/1949), in der jeweils geltenden Fassung, wobei reine Vermögensschäden bis zu einer Versicherungssumme von € .... mitgedeckt sind.

19. Spezialschulen

***Soweit nichts anderes vereinbart ist,* gilt für Spezialschulen wie z. B. Fahr-, Flug(auch Fallschirmsprung-), Motorboot-, Wasserschi-, Segel-, Surf-, Reit- und Schischulen:**

1 Abschnitt A EHVB findet Anwendung.

2 Abschnitt B, Z.18 EHVB findet keine Anwendung.

3 Schadenersatzverpflichtungen aus Haltung oder Verwendung von Kraftfahrzeugen, Anhängern, Luftfahrzeugen und Luftfahrtgeräten sind gemäß Art.7, Pkt.5 AHVB vom Versicherungsschutz ausgeschlossen.

Der praktische Unterricht an sowie der Transport von diesen Sachen wird der Verwendung gleichgehalten.

Der Versicherungsschutz bezieht sich im Rahmen des versicherten Risikos auch auf die Lehr- und Aufsichtstätigkeit sowie den praktischen Unterricht unter Verwendung von Motorbooten, Segelbooten, Surfgeräten oder Reitpferden.

20. Speziallehrer

***Soweit nichts anderes vereinbart ist,* gilt für Speziallehrer wie z. B. Fahr-, Flug(auch Fallschirmsprung-), Motorboot-, Wasserschi-, Segel-, Surf-, Reit- und Schilehrer sowie Bergführer:**

1 Abschnitt A, Z.3 EHVB findet Anwendung.

2 Abschnitt B, Z.18 EHVB findet keine Anwendung.

3 Der Versicherungsschutz bezieht sich auf alle Tätigkeiten, zu denen der Versicherungsnehmer aufgrund der für seinen Beruf geltenden Gesetze, Verordnungen und behördlichen Vorschriften berechtigt ist.

4 Die Qualifikation eines Alpinvereines wird einer behördlichen Qualifikation gleichgehalten.

5 Schadenersatzverpflichtungen aus Haltung oder Verwendung von Kraftfahrzeugen, Anhängern, Luftfahrzeugen und Luftfahrtgeräten sind gemäß Art.7, Pkt.5 AHVB vom Versicherungsschutz ausgeschlossen.

Der praktische Unterricht an sowie der Transport von diesen Sachen wird der Verwendung gleichgehalten.

Der Versicherungsschutz bezieht sich im Rahmen des versicherten Risikos auch auf die Lehr- und Aufsichtstätigkeit sowie den praktischen Unterricht unter Verwendung von Motorbooten, Segelbooten, Surfgeräten oder Reitpferden.

21. Politische Gemeinden

Soweit nichts anderes vereinbart ist, gilt:

1 Die Versicherung erstreckt sich nach Maßgabe des Deckungsumfanges der AHVB auf Schadenersatzverpflichtungen der Gemeinde

1.1 aus ihrem Gebäude- und Grundbesitz, der nicht land- und forstwirtschaftlichen, gewerblichen oder industriellen Zwecken dient und nicht vermietet oder verpachtet ist sowie aus dem Bestand und Betrieb von Friedhöfen und Krematorien (Abschnitt B, Z.11 EHVB findet Anwendung);

1.2 aus solchen Arbeiten, die ausschließlich zum Zweck des Baues oder der Erhaltung von Gemeindestraßen, -wegen, -plätzen und -brücken vorgenommen werden, sofern die Kosten für diese Arbeiten ausschließlich aus Gemeindemitteln bestritten werden (Abschnitt B, Z.3 EHVB findet Anwendung);

1.3 aus der Innehabung und dem Betrieb von Bauhöfen, Stein-, Schotter- und Sandbrüchen, jedoch nur unter der Voraussetzung, dass diese ausschließlich den unter den Punkten 1 und 2 versicherten Risken dienen (Abschnitt B, Z.3 EHVB findet Anwendung);

1.4 aus der gemeindeeigenen Müllabfuhr.

Nur bei besonderer Vereinbarung erstreckt sich die Versicherung auch auf Schadenersatzverpflichtungen aus der Innehabung und dem Betrieb von gemeindeeigenen Mülldeponien und Müllbeseitigungsanlagen, Wasserversorgungs-, Kanal- und Kläranlagen.

2 Die Versicherung erstreckt sich auch auf Schadenersatzverpflichtungen der zu Robotleistungen herangezogenen Personen.

3 Nur bei besonderer Vereinbarung erstreckt sich die Versicherung auch auf Sachschäden durch Umweltstörung nach Maßgabe des Art.6 AHVB.

4 Abschnitt A, Z.1 und Z.3 EHVB finden Anwendung.

22. Kirchen, Kultusgemeinden

Soweit nichts anderes vereinbart ist, gilt:

1 Die Versicherung erstreckt sich nach Maßgabe des Deckungsumfanges der AHVB auf Schadenersatzverpflichtungen aus

1.1 der Wahrnehmung von Aufgaben einer Kirchenbzw. Kultusgemeinde;

1.2 der Durchführung von Veranstaltungen durch den Versicherungsnehmer, und zwar unabhängig vom Ort der Veranstaltung;

1.3 der Innehabung oder Verwendung von Grundstücken, Gebäuden, Räumlichkeiten, Anlagen, Einrichtungen und Geräten, die nicht land- und forstwirtschaftlichen, gewerblichen oder industriellen Zwecken dienen und nicht vermietet oder verpachtet sind sowie aus dem Bestand und Betrieb von Friedhöfen und Krematorien (Abschnitt B, Z.11 EHVB findet Anwendung).

2 Mitversichert nach Maßgabe des Pkt.1 sind Schadenersatzverpflichtungen der gesetzlichen Vertreter des Versicherungsnehmers und sämtlicher in seinem Auftrag für ihn handelnden Personen.

Anhang Auszug VersVG

Auszug aus dem Versicherungsvertragsgesetz 1958 (VersVG, BGBl. Nr. 2/1959 idF. BGBl. I Nr. 131/2004). (Wiedergabe der in den AHVB und EHVB erwähnten Bestimmungen des Gesetzes.)

§ 6. (1) Ist im Vertrag bestimmt, dass bei Verletzung einer Obliegenheit, die vor dem Eintritt des Versicherungsfalles dem Versicherer gegenüber zu erfüllen ist, der Versicherer von der Verpflichtung zur Leistung frei sein soll, so tritt die vereinbarte Rechtsfolge nicht ein, wenn die Verletzung als eine unverschuldete anzusehen ist. Der Versicherer kann den Vertrag innerhalb eines Monates, nachdem er von der Verletzung Kenntnis erlangt hat, ohne Einhaltung einer Kündigungsfrist kündigen, es sei denn, dass die Verletzung als eine unverschuldete anzusehen ist. Kündigt der Versicherer innerhalb eines Monates nicht, so kann er sich auf die vereinbarte Leistungsfreiheit nicht berufen.

§ 6. (1a) Bei der Verletzung einer Obliegenheit, die die dem Versicherungsvertrag zugrunde liegende Äquivalenz zwischen Risiko und Prämie aufrechterhalten soll, tritt die vereinbarte Leistungsfreiheit außerdem nur in dem Verhältnis ein, in dem die vereinbarte hinter der für das höhere Risiko tarifmäßig vorgesehenen Prämie zurückbleibt. Bei der Verletzung von Obliegenheiten zu sonstigen bloßen Meldungen und Anzeigen, die keinen Einfluss auf die Beurteilung des Risikos durch den Versicherer haben, tritt Leistungsfreiheit nur ein, wenn die Obliegenheit vorsätzlich verletzt worden ist.

§ 6. (2) Ist eine Obliegenheit verletzt, die vom Versicherungsnehmer zum Zweck der Verminderung der Gefahr oder der Verhütung einer Erhöhung der Gefahr dem Versicherer gegenüber unabhängig von der Anwendbarkeit des Abs. 1a zu erfüllen ist, so kann sich der Versicherer auf die vereinbarte Leistungsfreiheit nicht berufen, wenn die Verletzung keinen Einfluss auf den Eintritt des Versicherungsfalls oder soweit sie keinen Einfluss auf den Umfang der dem Versicherer obliegenden Leistung gehabt hat.

§ 6. (3) Ist die Leistungsfreiheit für den Fall vereinbart, dass eine Obliegenheit verletzt wird, die nach dem Eintritt des Versicherungsfalles dem Versicherer gegenüber zu erfüllen ist, so tritt die vereinbarte Rechtsfolge nicht ein, wenn die Verletzung weder auf Vorsatz noch auf grober Fahrlässigkeit beruht. Wird die Obliegenheit nicht mit dem Vorsatz verletzt, die Leistungspflicht des Versicherers zu beeinflussen oder die Feststellung solcher Umstände zu beeinträchtigen, die erkennbar für die Leistungspflicht des Versicherers bedeutsam sind, so bleibt der Versicherer zur Leistung verpflichtet, soweit die Verletzung weder auf die Feststellung des Versicherungsfalls noch auf die Feststellung oder den Umfang der dem Versicherer obliegenden Leistung Einfluss gehabt hat.

§ 6. (4) Eine Vereinbarung, nach welcher der Versicherer bei Verletzung einer Obliegenheit zum Rücktritt berechtigt sein soll, ist unwirksam.

§ 6. (5) Der Versicherer kann aus einer fahrlässigen Verletzung einer vereinbarten Obliegenheit Rechte nur ableiten, wenn dem Versicherungsnehmer vorher die Versicherungsbedingungen oder eine andere Urkunde zugegangen sind, in der die Obliegenheit mitgeteilt wird.

§ 38. (1) Ist die erste oder einmalige Prämie innerhalb von 14 Tagen nach dem Abschluss des Versicherungsvertrags und nach der Aufforderung zur Prämienzahlung nicht gezahlt, so ist der Versicherer, solange die Zahlung nicht bewirkt ist, berechtigt, vom Vertrag zurückzutreten. Es gilt als Rücktritt, wenn der Anspruch auf die Prämie nicht innerhalb dreier Monate vom Fälligkeitstag an gerichtlich geltend gemacht wird.

§ 38. (2) Ist die erste oder einmalige Prämie zur Zeit des Eintritts des Versicherungsfalls und nach Ablauf der Frist des Abs. 1 noch nicht gezahlt, so ist der Versicherer von der Verpflichtung zur Leistung frei, es sei denn, dass der Versicherungsnehmer an der rechtzeitigen Zahlung der Prämie ohne sein Verschulden verhindert war.

§ 38. (3) Die Aufforderung zur Prämienzahlung hat die im Abs. 1 und 2 vorgesehenen Rechtsfolgen nur, wenn der Versicherer den Versicherungsnehmer dabei auf diese hingewiesen hat.

§ 38. (4) Die Nichtzahlung von Zinsen oder Kosten löst die Rechtsfolgen der Abs. 1 und 2 nicht aus.

§ 39. (1) Wird eine Folgeprämie nicht rechtzeitig gezahlt, so kann der Versicherer dem Versicherungsnehmer auf dessen Kosten schriftlich eine Zahlungsfrist von mindestens zwei Wochen bestimmen; zur Unterzeichnung genügt eine Nachbildung der eigenhändigen Unterschrift. Dabei sind die Rechtsfolgen anzugeben, die nach Abs. 2 und 3 mit dem Ablauf der Frist verbunden sind. Eine Fristbestimmung, ohne Beachtung dieser Vorschriften, ist unwirksam.

§ 39. (2) Tritt der Versicherungsfall nach dem Ablauf der Frist ein und ist der Versicherungsnehmer zur Zeit des Eintrittes mit der Zahlung der Folgeprämie im Verzug, so ist der Versicherer von der Verpflichtung zur Leistung frei, es sei denn, dass der Versicherungsnehmer an der rechtzeitigen Zahlung ohne sein Verschulden verhindert war.

§ 39. (3) Der Versicherer kann nach dem Ablauf der Frist das Versicherungsverhältnis ohne Einhaltung einer Kündigungsfrist kündigen, wenn der Versicherungsnehmer mit der Zahlung im Verzug ist. Die Kündigung kann bereits mit der Bestimmung der Zahlungsfrist so verbunden werden, dass sie mit Fristablauf wirksam wird, wenn der Versicherungsnehmer in diesem Zeitpunkt mit der Zahlung im Verzug ist; darauf ist der Versicherungsnehmer bei der Kündigung ausdrücklich aufmerksam zu machen. Die Wirkungen der Kündigung fallen fort, wenn der Versicherungsnehmer innerhalb eines Monates nach der Kündigung oder, falls die Kündigung mit der Fristbestimmung verbunden worden ist, innerhalb eines Monates nach dem Ablauf der Zahlungsfrist die Zahlung nachholt, sofern nicht der Versicherungsfall bereits eingetreten ist.

§ 39. (4) Die Nichtzahlung von Zinsen oder Kosten löst die Rechtsfolgen der Abs. 1 bis 3 nicht aus.

§ 39a. Ist der Versicherungsnehmer bloß mit nicht mehr als 10 vH der Jahresprämie, höchstens aber mit 60 Euro im Verzug, so tritt eine im § 38 oder § 39 vorgesehene Leistungsfreiheit des Versicherers nicht ein.

§ 69. (2) Für die Prämie, welche auf die zur Zeit des Eintrittes laufende Versicherungsperiode entfällt, haften der Veräußerer und der

Erwerber zur ungeteilten Hand.

§ 69. (3) Der Versicherer hat die Veräußerung in Ansehung der durch das Versicherungsverhältnis gegen ihn begründeten Forderungen erst dann gegen sich gelten zu lassen, wenn er von ihr Kenntnis erlangt; die Vorschriften der §§ 1394 bis 1396 des Allgemeinen bürgerlichen Gesetzbuches sind entsprechend anzuwenden.

§ 70. (1) Der Versicherer ist berechtigt, dem Erwerber das Versicherungsverhältnis unter Einhaltung einer Frist von einem Monat zu kündigen. Das Kündigungsrecht erlischt, wenn der Versicherer es nicht innerhalb eines Monates von dem Zeitpunkt an ausübt, in welchem er von der Veräußerung Kenntnis erlangt hat.

§ 70. (2) Der Erwerber ist berechtigt, das Versicherungsverhältnis zu kündigen; die Kündigung kann nur mit sofortiger Wirkung oder auf den Schluss der laufenden Versicherungsperiode erfolgen. Das Kündigungsrecht erlischt, wenn es nicht innerhalb eines Monates nach dem Erwerb ausgeübt wird; hatte der Erwerber von der Versicherung keine Kenntnis, so bleibt das Kündigungsrecht bis zum Ablauf eines Monates von dem Zeitpunkt an bestehen, in welchem der Erwerber von der Versicherung Kenntnis erlangt hat.

§ 70. (3) Wird das Versicherungsverhältnis auf Grund dieser Vorschriften gekündigt, so hat der Veräußerer dem Versicherer die Prämie zu zahlen; der Erwerber haftet in diesen Fällen für die Prämie nicht.

§ 71. (1) Die Veräußerung ist dem Versicherer unverzüglich anzuzeigen. Wird die Anzeige weder vom Erwerber noch vom Veräußerer unverzüglich erstattet, so ist der Versicherer von der Verpflichtung zur Leistung frei, wenn der Versicherungsfall später als einen Monat nach dem Zeitpunkt eintritt, in welchem die Anzeige dem Versicherer hätte zugehen müssen.

§ 71. (2) Die Verpflichtung des Versicherers zur Leistung bleibt bestehen, wenn ihm die Veräußerung in dem Zeitpunkt bekannt war, in welchem ihm die Anzeige hätte zugehen müssen, oder wenn die Anzeige nicht vorsätzlich unterlassen worden ist und die Veräußerung keinen Einfluss auf den Eintritt des Versicherungsfalls oder soweit sie keinen Einfluss auf den Umfang der dem Versicherer obliegenden Leistung gehabt hat. Das gleiche gilt, wenn zur Zeit des Eintrittes des Versicherungsfalles die Frist für die Kündigung des Versicherers abgelaufen und eine Kündigung nicht erfolgt ist.

Versicherungsverband Österreich

Allgemeine Bedingungen für die Haushaltversicherung (ABH 2001)

***Unverbindliche Musterbedingungen** des Verbandes der Versicherungsunternehmen Österreichs. Die Möglichkeit, durch andere Vereinbarungen von Regelungen dieser Musterbedingungen abzuweichen, bleibt unberührt. Die Musterbedingungen sind für jede interessierte Person zugänglich und werden auf einfache Anfrage hin übermittelt.*

Allgemeiner Teil

Auf die Sachversicherung finden die Bestimmungen der Allgemeinen Bedingungen für die Sachversicherung *(Musterbedingungen ABS)* Anwendung, auf die Haftpflichtversicherung (Artikel 11 - 19) finden die ABS sinngemäß Anwendung.

Besonderer Teil

Inhaltsverzeichnis

I. Sachversicherung

Artikel 1
Versicherte Sachen und Kosten

1. **Versicherte Sachen**

1.1. Versichert ist der gesamte Wohnungsinhalt

1.1.1. im Eigentum des Versicherungsnehmers, des Ehegatten/Lebensgefährten, der Kinder und anderer Verwandter, die im gemeinsamen Haushalt leben, sowie

1.1.2. fremde Sachen ausgenommen die der Mieter, Untermieter und der gegen Entgelt beherbergten Gäste soweit nicht aus einer anderen Versicherung Entschädigung erlangt werden kann.

1.2. Zum Wohnungsinhalt gehören:

1.2.1. Alle beweglichen Sachen, die dem privaten Gebrauch oder Verbrauch dienen. Nicht zum Wohnungsinhalt gehören: Kraftfahrzeuge aller Art und deren Anhänger, Motorfahrräder, Motorboote und Segelboote samt Zubehör, Luftfahrzeuge, Handelswaren aller Art.

1.2.2. Geld und Geldeswerte, Sparbücher, Schmuck, Edelsteine und Edelmetalle, Briefmarken- und Münzensammlungen. Für die Gefahr Einbruchdiebstahl bestehen entsprechend der Art der Aufbewahrung Entschädigungsgrenzen (siehe Artikel 2 Punkt 4.2.3.).

Nicht zum Wohnungsinhalt gehören: Geschäfts- und Sammelgelder, Handelswaren.

1.2.3. Folgende Baubestandteile und folgendes Gebäudezubehör:

Malereien, Tapeten, Verfliesungen, Fußböden, Wand- und Deckenverkleidungen, Heizungsanlagen, Bade- und Wascheinrichtungen, Klosetts und Armaturen. Diese gehören dann nicht zum Wohnungsinhalt, wenn sie sich in einem Ein- oder Zweifamilienhaus befinden und der Wohnungsinhaber Eigentümer dieses Gebäudes ist.

1.2.4. Gebäudeverglasungen (auch Kunststoffverglasungen) der Versicherungsräumlichkeiten, ausgenommen gemeinschaftlich genutzte Räume gemäß Artikel 3 Punkt 2.3., bis zu einem Ausmaß von m^2 pro Einzelscheibe bzw. -Element.

Nicht zum Wohnungsinhalt gehören: Glasdächer, Gewächshäuser, Abdeckungen oder Überdachungen aus Glas- oder Kunststoff.

1.2.5. Einrichtungen von Fremdenzimmern bei nicht gewerbsmäßiger Fremdenbeherbergung.

1.2.6. Antennenanlagen am Versicherungsort, auch im Freien.

2. **Versicherte Kosten**

2.1. Versichert sind Kosten für Maßnahmen, auch für erfolglose, die der Versicherungsnehmer bei einem Schadenereignis zur Abwendung oder Minderung des Schadens für notwendig halten durfte.

Der Ersatz dieser Kosten und die Entschädigung für die versicherten Sachen betragen zusammen höchstens die Versicherungssumme; dies gilt jedoch nicht, soweit Maßnahmen auf Weisung des Versicherers erfolgt sind.

2.1. Im Rahmen der Versicherungssumme sind folgende Kosten versichert:

2.1.1. **Feuerlöschkosten**, das sind Kosten für die Brandbekämpfung, ausgenommen Kosten gemäß Punkt 2.3.

2.2.2. **Bewegungs- und Schutzkosten**, das sind Kosten, die dadurch entstehen, dass zum Zweck der Wiederherstellung oder Wiederbeschaffung versicherter Sachen andere Sachen bewegt, verändert oder geschützt werden müssen.

2.2.3. **Abbruch- und Aufräumkosten**, das sind Kosten für Tätigkeiten am Versicherungsort, und soweit sie versicherte Sachen betreffen, und zwar für den nötigen Abbruch stehengebliebener, vom Schaden betroffener Teile sowie für das Aufräumen einschließlich Sortieren der Reste und Abfälle.

2.2.4. **Entsorgungskosten**, das sind Kosten für Untersuchung, Abfuhr, Behandlung und Deponierung vom Schaden betroffener versicherter Sachen.

2.2.5. **Reinigungskosten,** das sind Kosten für die Reinigung der Versicherungsräumlichkeiten nach einem Schadenereignis.

2.2.6. Die Entschädigung für Kosten gemäß Punkt 2.2.1. bis 2.2.5. ist mit .... % der Versicherungssumme begrenzt.

2.2.7. Bei Einbruchdiebstahl und Beraubung sind versichert:

Kosten der Wiederherstellung beschädigter oder Wiederbeschaffung entwendeter Baubestandteile oder Adaptierungen der Versicherungsräumlichkeiten, ausgenommen gemeinschaftlich genutzte Räume gemäß Artikel 3 Punkt 2. 3.

Kosten für notwendige Schlossänderungen der Versicherungsräumlichkeiten, ausgenommen gemeinschaftlich genutzte Räume gemäß Artikel 3, Punkt 2.3., bis EUR ....

2.3. *Soweit nichts anderes vereinbart ist*, sind nicht versichert:

2.3.1. Kosten, die durch Gesundheitsschäden bei der Erfüllung der Rettungspflicht verursacht werden;

2.3.2. Kosten für Leistungen der im öffentlichen Interesse oder auf behördliche Anordnung tätig gewordenen Feuerwehren und anderen Verpflichteten.

Artikel 2

Versicherte Gefahren und Schäden Versicherte Gefahren

1. Feuergefahren

1.1. **Brand**; Brand ist ein Feuer, das sich mit schädigender Wirkung und aus eigener Kraft ausbreitet (Schadenfeuer).

Nicht versichert sind *soweit nichts anderes vereinbart ist* :

Schäden durch ein Nutzfeuer, Sengschäden und Schäden an elektrischen Einrichtungen durch die Energie des elektrischen Stromes.

1.2. **Blitzschlag**; Blitzschlag ist die unmittelbare Kraft- oder Wärmeeinwirkung eines Blitzes auf Sachen (direkter Blitzschlag).

Nicht versichert sind *soweit nichts anderes vereinbart ist* :

Schäden an elektrischen Einrichtungen durch Überspannung oder durch Induktion infolge Blitzschlages oder atmosphärischer Entladungen (indirekter Blitzschlag).

1.3. **Explosion**; Explosion ist eine plötzlich verlaufende Kraftäußerung, die auf dem Ausdehnungsbestreben von Gasen oder Dämpfen beruht.

1.4. **Flugzeugabsturz**; Flugzeugabsturz ist der Absturz oder Anprall von Luft- oder Raumfahrzeugen, deren Teile oder Ladung.

2. Elementargefahren

2.1. **Sturm**; Sturm ist eine wetterbedingte Luftbewegung, deren Geschwindigkeit am Versicherungsort mehr als 60 Kilometer je Stunde beträgt.

Für die Feststellung der Geschwindigkeit ist im Einzelfall die Auskunft der Zentralanstalt für Meteorologie und Geodynamik maßgebend.

2.2. **Hagel**; Hagel ist ein wetterbedingter Niederschlag in Form von Eiskörnern.

2.3. **Schneedruck**; Schneedruck ist die Kraftwirkung durch natürlich angesammelte ruhende Schnee- oder Eismassen.

2.4. **Felssturz/Steinschlag**; Felssturz/Steinschlag ist das naturbedingte Ablösen und Abstürzen von Gesteinsmassen im Gelände.

2.5. **Erdrutsch**; Erdrutsch ist eine naturbedingte Abwärtsbewegung von Boden- oder Gesteinsmassen auf einer unter der Oberfläche liegenden Gleitbahn.

2.6. **Nicht versichert** sind, *soweit nichts anderes vereinbart ist* auch nicht als unvermeidliche Folge eines Schadenereignisses, Schäden durch:

- Lawinen oder Lawinenluftdruck, Sturmflut, Hochwasser, Überschwemmung oder Vermurung;
- Sog- oder Druckwirkungen von Luft- oder Raumfahrzeugen;
- Wasser und dadurch verursachten Rückstau.

  Schäden durch Schmelz- oder Niederschlagswasser sind aber versichert, wenn das Wasser dadurch in ein Gebäude eindringt, dass feste Baubestandteile oder ordnungsgemäß verschlossene Fenster oder Außentüren durch ein Schadenereignis beschädigt oder zerstört wurden;
- Bewegung von Boden- oder Gesteinsmassen, wenn diese Bewegung durch Bautätigkeiten oder bergmännische Tätigkeiten verursacht wurde;
- Bodensenkung;
- dauernde Witterungs- oder Umwelteinflüsse.

3. Leitungswasser

3.1. Versichert sind Sachschäden, die durch die unmittelbare Einwirkung von Leitungswasser eintreten, das aus wasserführenden Rohrleitungen, Armaturen oder angeschlossenen Einrichtungen austritt.

3.2 Versichert sind auch Frostschäden an Heizungsanlagen, Bade- und Wascheinrichtungen, Klosetts, Armaturen oder angeschlossenen Einrichtungen, sofern diese Sachen gemäß Artikel 1 Punkt 1.2.3. zum Wohnungsinhalt gehören.

3.3. **Nicht versichert** sind *soweit nichts anderes vereinbart ist*:

Schäden durch Grundwasser, Hochwasser, Überschwemmung, Vermurung, Wasser aus Witterungsniederschlägen und dadurch verursachten Rückstau, Schäden durch Holzfäule, Vermorschung oder Schwammbildung.

4. Einbruchdiebstahl (vollbracht oder versucht), **einfacher Diebstahl und Beraubung**

4.1. **Einbruchdiebstahl** liegt vor, wenn ein Täter in die Versicherungsräumlichkeiten

4.1.1. durch **Eindrücken oder Aufbrechen** von Türen, Fenstern oder anderen Gebäudeteilen einbricht;

4.1.2. unter **Überwindung erschwerender Hindernisse** durch Öffnungen, die nicht zum Eintritt bestimmt sind, einsteigt;

4.1.3. **einschleicht** und aus den versperrten Versicherungsräumlichkeiten Sachen wegbringt;

4.1.4. durch Öffnen von Schlössern **mittels Werkzeugen oder falscher Schlüssel** eindringt. Falsche Schlüssel sind Schlüssel, die widerrechtlich angefertigt werden;

4.1.5. mit **richtigen Schlüsseln** eindringt, die er durch Einbruchdiebstahl in andere Räumlichkeiten als die Versicherungsräumlichkeiten oder unter Anwendung oder Androhung tätlicher Gewalt gegen Personen (Schlüsselraub) an sich gebracht hat.

4.2. **Einbruchdiebstahl in ein versperrtes Behältnis** liegt vor, wenn ein Täter

4.2.1. gemäß Punkt 4.1 einbricht und ein Behältnis **aufbricht oder mittels Werkzeugen oder falscher Schlüssel** öffnet;

4.2.2. ein **Behältnis mit richtigen Schlüsseln** öffnet, die er durch Einbruchdiebstahl in andere Räumlichkeiten als die Versicherungsräumlichkeiten oder durch Schlüsselraub an sich gebracht hat.

4.2.3. *Soweit nichts anderes vereinbart ist*, gelten für Geld und Geldeswerte, Sparbücher, Schmuck, Edelsteine und Edelmetalle, Briefmarken- und Münzensammlungen folgende Entschädigungsgrenzen:

4.2.3.1. in auch unversperrten Möbeln oder im Safe ohne Panzerung oder freiliegend

- für Geld- und Geldeswerte und Sparbücher EUR.., davon freiliegend EUR ....
- für Schmuck, Edelsteine und Edelmetalle, Briefmarken- und Münzensammlungen EUR ...., davon freiliegend EUR ....

4.2.3.2. im versperrten, eisernen feuerfesten Geldschrank (Sicherheitsklasse ......, z.B. nach EN..........), EUR ....

4.2.3.3. im versperrten Geldschrank mit besserem Sicherheitsgrad als unter Punkt 4.2.3.2. beschrieben (Sicherheitsklasse ......, z.B. nach EN..) oder im versperrten Mauersafe (Wandsafe) (Sicherheitsklass e ......, z.B. nach EN..........), EUR ....

4.2.4. Diese Entschädigungsgrenzen gelten auch dann, wenn mehrere Haushaltsversicherungen für denselben Haushalt bestehen.

4.3. Einfacher Diebstahl

Einfacher Diebstahl liegt vor, wenn ein Täter Sachen entwendet, ohne dass ein Einbruchdiebstahl gemäß den Punkten 4.1 oder 4.2 vorliegt.

Die Entschädigung für Geld- und Geldeswerte ist mit EUR und für den sonstigen Wohnungsinhalt mit EUR begrenzt.

4.4. Beraubung

Beraubung liegt vor, wenn Sachen unter Anwendung oder Androhung tätlicher Gewalt gegen den Versicherungsnehmer, die mit ihm in häuslicher Gemeinschaft lebenden Personen oder andere Personen, die berechtigt in den Versicherungsräumlichkeiten anwesend sind, weggenommen werden oder deren Herausgabe erzwungen wird.

4.5. Nicht versichert sind soweit nichts anderes vereinbart ist:

Schäden durch Vandalismus (böswillige Sachbeschädigung) und Schäden, die durch vorsätzliche Handlungen von Personen herbeigeführt werden, die mit dem Versicherungsnehmer in häuslicher Gemeinschaft leben.

5. Glasbruch

5.1. Versichert sind die durch Bruch entstandenen Schäden an den Gebäudeverglasungen (Artikel 1 Punkt 1.2.4.), an Wandspiegeln sowie an Möbel- und Bilderverglasungen.

5.2. **Nicht versichert** sind *soweit nichts anderes vereinbart ist*:

5.2.1. Schäden an Handspiegeln, optischen Gläsern, Glasgeschirr, Hohlgläsern, Beleuchtungskörpern, Glasbausteinen, Kunstverglasungen, Kochflächen sowie Verglasungen von Maschinen, Geräten und dergleichen.

5.2.2. Schäden, die nur in einem Zerkratzen, Verschrammen oder Absplittern der Kanten, der Glasoberfläche oder der darauf angebrachten Folien, Malereien, Schriften oder Beläge, auch eines Spiegelbelages, bestehen.

5.2.3. Schäden an Fassungen und Umrahmungen.

5.2.4. Schäden, die beim Einsetzen, beim Herausnehmen oder beim Transport der Gläser entstehen.

5.2.5. Schäden, die durch Tätigkeiten an den Gläsern selbst, deren Fassungen oder Umrahmungen entstehen. Schäden durch Reinigungsarbeiten sind jedoch versichert.

Versicherte Schäden

6. Versicherte Schäden

Versichert sind Sachschäden, die

6.1. durch die **unmittelbare Einwirkung** einer versicherten Gefahr (Schadenereignis) eintreten;

6.2. als **unvermeidliche Folge** eines Schadenereignisses eintreten;

6.3. durch **Abhandenkommen** bei einem Schadenereignis eintreten.

7. Nicht versicherte Schäden

Soweit nichts anderes vereinbart ist, sind nicht versichert:

Schäden durch die unmittelbare oder mittelbare Wirkung von

7.1. Kriegsereignissen jeder Art, mit oder ohne Kriegserklärung, einschließlich aller Gewalthandlungen von Staaten und aller Gewalthandlungen politischer oder terroristischer Organisationen;

7.2. inneren Unruhen, Bürgerkrieg, Revolution, Rebellion, Aufruhr, Aufstand;

7.3. allen mit den genannten Ereignissen (Punkte 7.1 und 7.2) verbundenen militärischen oder behördlichen Maßnahmen;

7.4. Erdbeben oder anderen außergewöhnlichen Naturereignissen;

7.5. Kernenergie, radioaktiven Isotopen oder ionisierender Strahlung.

Artikel 3
Örtliche Geltung der Versicherung

1. Der Wohnungsinhalt ist *soweit nichts anderes vereinbart ist* in den in der Polizze bezeichneten Versicherungsräumlichkeiten (Versicherungsort) versichert.

2. In **Mehrfamilienwohnhäusern** gelten als Versicherungsräumlichkeiten:

2.1. die Wohnung des Versicherungsnehmers.

2.2. Als Versicherungsräumlichkeiten gelten auch die vom Versicherungsnehmer ausschließlich genutzten Abteile in Kellern, Schuppen, Garagen und dergleichen.

In diesen Räumen sind nur versichert:

Möbel, Stellagen, Werkzeuge, Fahrräder, Kraftfahrzeug-Zubehör, Reise- und Sportutensilien, Schlauchboote, Wäsche, Lebensmittel, Wirtschaftsvorräte, Kühl-, Waschgeräte und Heizmaterial sowie sonstiger Boden- und Kellerkram.

2.3. Weiters gelten als Versicherungsräumlichkeiten gemeinschaftlich genützte Räume wie Dachböden, Stiegenhäuser, Gänge, Abstellräume und dergleichen.

In diesen Räumen sind nur versichert:

Gartenmöbel, Gartengeräte, Krankenfahrstühle, Kinderwagen, Wäsche, gesicherte Fahrräder.

3. In **Ein- und Zweifamilienwohnhäusern** gelten als Versicherungsräumlichkeiten:

3.1. Sämtliche vom Versicherungsnehmer genutzten Räume des Wohngebäudes einschließlich Anbauten.

3.2. Als Versicherungsräumlichkeiten gelten auch die Nebengebäude am Versicherungsort wie Gartenhäuser, Schuppen, Garagen und dergleichen.

In diesen Räumen sind nur versichert:

Möbel, Stellagen, Werkzeuge, Fahrräder, Kraftfahrzeug-Zubehör, Reise- und Sportutensilien, Schlauchboote, Wäsche, Lebensmittel, Wirtschaftsvorräte, Kühl-, Waschgeräte und Heizmaterial sowie sonstiger Boden- und Kellerkram.

4. **Im Freien am Grundstück** des Versicherungsortes sind nur folgende Sachen versichert:

Gartenmöbel, Gartengeräte, Krankenfahrstühle, Kinderwagen, Wäsche, gesicherte Fahrräder.

5. **Außenversicherung**

Soweit nichts anderes vereinbart ist, gilt:

Innerhalb Europas oder in einem außereuropäischen Mittelmeeranliegerstaat sind versichert:

Sachen des Wohnungsinhaltes, die vorübergehend, aber nicht länger als .... Monate in Gebäude verbracht werden. Diese Außenversicherung ist mit ..... % der Versicherungssumme bzw. mit ..... % aller Entschädigungsgrenzen (insbesondere Artikel 1 Punkt 2.2.6. und Artikel 2 Punkt 4.2.3.) beschränkt, und gilt nur, soweit nicht aus einer anderen Versicherung eine Entschädigung erlangt werden kann.

Diese Außenversicherung gilt nicht für weitere Wohnsitze des Versicherungsnehmers und nicht für Schäden durch einfachen Diebstahl. Schäden durch Beraubung sind in dieser Außenversicherung auch außerhalb von Gebäuden und Schäden durch Einbruchdiebstahl nur in ständig bewohnten Gebäuden versichert.

6. Bei **Wohnungswechsel** innerhalb von Österreich gilt die Versicherung *soweit nichts anderes vereinbart ist* während des Umzuges, dann in den neuen Wohnräumen, sofern der Vertrag nicht vor Beginn des Umzuges und mit Wirkung auf den Tag vor Beginn des Umzuges gekündigt wird. Der Wohnungswechsel ist dem Versicherer schriftlich zu melden.

Artikel 4

Obliegenheiten des Versicherungsnehmers vor dem Schadenfall

1. Wenn die Versicherungsräumlichkeiten auch für noch so kurze Zeit von allen Personen verlassen werden, sind

1.1. Eingangs- und Terrassentüren, Fenster und alle sonstigen Öffnungen der Versicherungsräumlichkeiten stets ordnungsgemäß verschlossen zu halten. Dazu sind vorhandene Schlösser zu versperren. Dies gilt nicht für Fenster, Balkontüren und sonstige Öffnungen, durch die ein Täter nur unter Überwindung erschwerender Hindernisse einsteigen kann;

1.2. Behältnisse für Geld, Schmuck und dergleichen ordnungsgemäß zu versperren;

1.3. sämtliche vereinbarten Sicherungsmaßnahmen vollständig zur Anwendung zu bringen.

2. Mauersafes (Wandsafes) müssen vorschriftsmäßig eingemauert sein. Maßgeblich sind die Einbauvorschriften der jeweiligen Sicherheitsklasse.

3. Werden Gebäude länger als 72 Stunden von allen Personen verlassen, sind alle Wasserzuleitungen abzusperren und geeignete Maßnahmen gegen Frostschäden zu treffen.

4. Über Wertgegenstände wie Antiquitäten, Kunstgegenstände, Schmuck, Pelze, Teppiche, Sparbücher, Wertpapiere, Sammlungen und dergleichen sind zum Zweck des Nachweises im Schadenfall geeignete Verzeichnisse mit Wertangaben zu führen und gesondert aufzubewahren.

5. Die vorstehenden Obliegenheiten gelten als vereinbarte Sicherheitsvorschriften gemäß Artikel 3 ABS. Ihre Verletzung führt nach Maßgabe der gesetzlichen Bestimmungen zur Leistungsfreiheit des Versicherers.

Artikel 5

Obliegenheiten des Versicherungsnehmers im Schadenfall

1. Schadenminderungspflicht

1.1. Nach Möglichkeit ist bei einem unmittelbar drohenden oder eingetretenen Schaden

- für die Erhaltung, Rettung und Wiedererlangung der versicherten Sachen zu sorgen;
- dazu Weisung des Versicherers einzuholen und einzuhalten.

1.2. Bei Verlust von Sparbüchern und Wertpapieren muss die Sperre von Auszahlungen unverzüglich beantragt und, soweit möglich, das gerichtliche Kraftloserklärungsverfahren eingeleitet werden.

2. Schadenmeldungspflicht

Jeder Schaden ist unverzüglich dem Versicherer zu melden. Schäden durch Brand, Explosion, Einbruchdiebstahl, einfachen Diebstahl und Beraubung sind der Sicherheitsbehörde unverzüglich anzuzeigen. In der Anzeige bei der Sicherheitsbehörde sind insbesondere alle abhanden gekommenen Sachen anzugeben.

3. Schadenaufklärungspflicht

3.1. Dem Versicherer ist nach Möglichkeit jede Untersuchung über die Ursache und Höhe des Schadens und über den Umfang seiner Entschädigungsleistung zu gestatten.

3.2. Bei der Schadenermittlung ist unterstützend mitzuwirken und auf Verlangen sind dem Versicherer entsprechende Unterlagen zur Verfügung zu stellen. Die Kosten dafür trägt der Versicherungsnehmer.

3.3. Der durch den Schaden herbeigeführte Zustand darf, solange der Schaden nicht ermittelt ist, ohne Zustimmung des Versicherers nicht verändert werden, es sei denn, dass eine solche Veränderung zum Zweck der Schadenminderung oder im öffentlichen Interesse notwendig ist.

4. Leistungsfreiheit

Verletzt der Versicherungsnehmer eine der vorstehenden Obliegenheiten, ist der Versicherer nach Maßgabe des § 6 Versicherungsvertragsgesetz (VersVG) im Fall einer Verletzung der Schadenminderungspflicht nach Maßgabe des § 62 VersVG von der Verpflichtung zur Leistung frei.

Artikel 6

1. Als Versicherungswert des Wohnungsinhaltes gilt **grundsätzlich** der **Neuwert**.

   Als Neuwert gelten die Kosten für die Wiederherstellung bzw. Wiederbeschaffung von neuen Sachen gleicher Art und Güte.

2. Als Versicherungswert gelten bei

   - **Geld und Geldeswerten** der Nennwert,
   - **Sparbüchern ohne Losungswort** der Betrag des Guthabens,
   - **Sparbüchern mit Losungswort** die Kosten des Kraftloserklärungsverfahrens,
   - **Wertpapieren mit amtlichem Kurs die jeweils letzte amtliche Notierung**,
   - **sonstigen Wertpapieren der Marktpreis**.

3. Als Versicherungswert von **Datenträgern** mit den darauf befindlichen Programmen und Daten gelten die **Kosten für die Wiederherstellung oder Wiederbeschaffung**.

4. Bei **Sachen von historischem oder künstlerischem Wert,** bei denen die Alterung im Allgemeinen zu keiner Entwertung führt, gilt als Versicherungswert der Verkehrswert.

   Der Verkehrswert ist der erzielbare Verkaufspreis einer Sache.

5. Bei der Ermittlung des Versicherungswertes wird ein **persönlicher Liebhaberwert** nicht berücksichtigt.

Artikel 7

Entschädigung

1. Besondere Bestimmungen zur Entschädigung

1.1. Bei **Zerstörung oder Abhandenkommen** wird der Versicherungswert unmittelbar vor Eintritt des Schadenereignisses ersetzt.

1.2. Bei **Beschädigung** werden die notwendigen Reparaturkosten zur Zeit des Eintrittes des Schadenereignisses (Neuwertschaden), höchstens jedoch der Versicherungswert unmittelbar vor Eintritt des Schadenereignisses, ersetzt.

1.3. War der Zeitwert der vom Schaden betroffenen Sache unmittelbar vor Eintritt des Schadenereignisses kleiner als **40% des Neuwertes**, wird höchstens der Zeitwert ersetzt.

Der Zeitwert wird aus dem Neuwert durch Abzug eines dem Zustand der Sache, insbesondere ihres Alters und ihrer Abnützung entsprechenden Betrages ermittelt.

1.4. Für **Geld und Geldeswerte, Sparbücher und Wertpapiere** werden die Kosten der Wiederbeschaffung, höchstens jedoch der Versicherungswert unmittelbar vor Eintritt des Schadenereignisses, ersetzt.

1.5. Für **Datenträger** werden die Kosten der Wiederherstellung oder Wiederbeschaffung ersetzt, soweit die Wiederherstellung oder Wiederbeschaffung notwendig ist und innerhalb eines Jahres ab dem Eintritt des Schadenereignisses tatsächlich erfolgt; andernfalls wird nur der Materialwert ersetzt.

1.6. Bei **Tapeten, Malereien** sowie bei Wand- und Bodenbelägen aus textilen Materialien oder Kunststoff wird höchstens der Zeitwert ersetzt.

1.7. Für **versicherte Kosten** (Artikel 1 Punkt 2.) werden die tatsächlich anfallenden Kosten ersetzt.

1.8. Bei **Glasbruchschäden** werden neben den ortsüblichen Wiederherstellungskosten auch erforderliche **Notverglasungs- und Notverschalungskosten** ersetzt. Mehrkosten, die aus der Inanspruchnahme eines Sofortdienstes entstehen, werden nicht ersetzt.

2. Allgemeine Bestimmungen zur Entschädigung

2.1. Der **Wert verbliebener Reste** wird jedenfalls angerechnet.

2.2. Für **abhanden gekommene und später wiederherbeigeschaffte Sachen** gilt vereinbart:

2.2.1. Der Versicherungsnehmer ist zur Zurücknahme dieser Sachen verpflichtet, soweit dies zumutbar ist.

2.2.2. Werden Sachen nach Zahlung der Entschädigung wiederherbeigeschafft, hat der Versicherungsnehmer die erhaltene Entschädigung, abzüglich der Vergütung für einen allfälligen Minderwert, zurückzugeben. Sachen, deren Zurücknahme nicht zumutbar ist, sind dem Versicherer zu übereignen.

2.3. Bei **zusammengehörigen Einzelsachen** wird die allfällige Entwertung, welche die unbeschädigt gebliebenen Einzelsachen durch die Beschädigung, Zerstörung oder das Abhandenkommen der anderen erleiden, nicht berücksichtigt.

2.4. Nicht ersetzt werden Schäden, soweit dafür aus einer anderen Versicherung Entschädigung erlangt werden kann.

Artikel 8

1. Unterversicherung liegt vor, wenn die Versicherungssumme niedriger ist als der Versicherungswert des gesamten Wohnungsinhaltes. In diesem Fall wird die gemäß Artikel 7 ermittelte Entschädigung im Verhältnis der Versicherungssumme zum Versicherungswert gekürzt.

2. Liegt Unterversicherung vor, wird sie auch für die Außenversicherung, die Entschädigungsgrenzen bei Einbruchdiebstahl und einfachem Diebstahl sowie die versicherten Kosten wirksam.

3. Bei Einbruchdiebstahlschäden werden für die Ermittlung des Versicherungswertes von Wertsachen gemäß Artikel 2 Punkt 4.2.3. höchstens die vereinbarten Entschädigungsgrenzen angewendet.

4. Eine Unterversicherung wird nicht geltend gemacht, wenn sie......% des Versicherungswertes nicht übersteigt oder wenn Versicherung auf Erstes Risiko vereinbart ist.

Artikel 9

Zahlung der Entschädigung, Wiederbeschaffung

1. Der Versicherungsnehmer hat vorerst nur Anspruch:

1.1. Bei Zerstörung oder Abhandenkommen auf Ersatz des Zeitwertes;

1.2. bei Beschädigung auf Ersatz des Zeitwertschadens.

Der Zeitwertschaden verhält sich zum Neuwertschaden wie der Zeitwert zum Neuwert.

2. Den Anspruch auf den die Zahlung gemäß Punkt 1. übersteigenden Teil der Entschädigung erwirbt der Versicherungsnehmer erst dann und nur insoweit, als folgende Voraussetzungen erfüllt sind:

2.1. Es ist gesichert, dass die Entschädigung zur Gänze zur Wiederherstellung bzw. Wiederbeschaffung von Sachen des Wohnungsinhaltes verwendet wird;

2.2. die Wiederherstellung bzw. Wiederbeschaffung erfolgt innerhalb eines Jahres ab dem Eintritt des Schadenereignisses.

Artikel 10

Für das Sachverständigenverfahren wird ergänzend zu den Bestimmungen der ABS vereinbart:

1. Die Feststellung der beiden Sachverständigen muss auch den Versicherungswert der vom Schaden betroffenen Sachen unmittelbar vor Eintritt des Schadenereignisses sowie den Wert der Reste enthalten.

2. Auf Verlangen eines Vertragspartners muss auch eine Feststellung des Versicherungswertes der versicherten, vom Schaden nicht betroffenen Sachen, erfolgen.

II. Haftpflichtversicherung

Artikel 11

Versicherungsfall und Versicherungsschutz

1. Versicherungsfall

Versicherungsfall ist ein Schadenereignis, das dem privaten Risikobereich (siehe Artikel 12, Punkt 1.) entspringt und aus welchem dem Versicherungsnehmer Schadenersatzverpflichtungen (Punkt 2.) erwachsen oder erwachsen könnten.

2. Versicherungsschutz

2.1. Im Versicherungsfall übernimmt der Versicherer

2.1.1. die Erfüllung von Schadenersatzverpflichtungen, die dem Versicherungsnehmer wegen eines Personenschadens, eines Sachschadens oder eines Vermögensschadens, der auf einen versicherten Personen- oder Sachschaden zurückzuführen ist, aufgrund gesetzlicher Haftpflichtbestimmungen privatrechtlichen Inhalts (in der Folge kurz

„Schadenersatzverpflichtungen" genannt) erwachsen;

2.1.2. die Kosten der Feststellung und der Abwehr einer von einem Dritten behaupteten Schadenersatzverpflichtung im Rahmen des Artikel 16, Punkt 3.

2.2. Schadenersatzverpflichtungen aus Verlust oder Abhandenkommen körperlicher Sachen sind *soweit nichts anderes vereinbart ist* nur dann versichert, wenn eine besondere Vereinbarung getroffen wurde. In derartigen Fällen finden die Bestimmungen über Sachschäden Anwendung.

2.3. Personenschäden sind die Tötung, Körperverletzung oder Gesundheitsschädigung von Menschen. Sachschäden sind die Beschädigung oder die Vernichtung von körperlichen Sachen.

Artikel 12

Sachlicher Umfang des Versicherungsschutzes

1. Die Versicherung erstreckt sich auf Schadenersatzverpflichtungen des Versicherungsnehmers als Privatperson aus den Gefahren des täglichen Lebens mit Ausnahme der Gefahr einer betrieblichen, beruflichen oder gewerbsmäßigen Tätigkeit, insbesondere

1.1. als Wohnungsinhaber (nicht aber als Haus- und/oder Grundbesitzer) und als Arbeitgeber von Hauspersonal;

1.2. aus der Fremdenbeherbergung, sofern keine behördliche Gewerbeberechtigung erforderlich ist.

Die Versicherung erstreckt sich auch auf die Haftung des Versicherungsnehmers als Verwahrer aus der Beschädigung von eingebrachten Sachen der zur Beherbergung aufgenommenen Gäste (ausgenommen Kraft- und Wasserfahrzeuge) sowie auf Schadenersatzverpflichtungen aus reinen Vermögensschäden bis zu einer Versicherungssumme von EUR ....

Reine Vermögensschäden sind Schäden, die weder auf einen Personennoch Sachschaden zurückzuführen sind.

1.3. aus der Innehabung und dem Betrieb einer Rundfunk- und Fernsehempfangsanlage;

1.4. aus der Haltung und Verwendung von Fahrrädern;

1.5. aus der nicht berufsmäßigen Sportausübung, ausgenommen die Jagd;

1.6. aus dem erlaubten Besitz von Hieb-, Stich- und Schusswaffen und aus deren Verwendung als Sportgerät und für Zwecke der Selbstverteidigung;

1.7. aus der Haltung von Kleintieren, ausgenommen Hunde;

Die Versicherung erstreckt sich auch auf die Schadenersatzverpflichtungen des jeweiligen Verwahrers, Betreuers oder Verfügungsberechtigten.

1.8. aus der gelegentlichen Verwendung, nicht jedoch der Haltung von Elektro- und Segelbooten;

1.9. aus der Haltung und Verwendung von sonstigen nicht motorisch angetriebenen Wasserfahrzeugen sowie von Schiffsmodellen;

1.10. aus der Haltung und Verwendung von nicht motorisch angetriebenen Flugmodellen bis zu einem Fluggewicht von..........kg.

2. Versichert sind im Rahmen des privaten Risikobereichs gemäß Punkt 1 auch Sachschäden durch Umweltstörung nach Maßgabe des Artikel 19 bis zu einer Versicherungssumme von EUR.........m Rahmen der Pauschalversicherungssumme gemäß Artikel 16, Punkt 1. Ausgenommen bleibt jedoch die Lagerung und Verwendung von Mineralölprodukten, insbesondere Heizöl.

Artikel 13

Versicherte Personen

1. Die Versicherung erstreckt sich auch auf gleichartige Schadenersatzverpflichtungen

1.1. des mit dem Versicherungsnehmer in häuslicher Gemeinschaft lebenden Ehegatten oder Lebensgefährten;

1.2. der minderjährigen Kinder (auch Enkel-, Adoptiv-, Pflege- und Stiefkinder) des Versicherungsnehmers, seines mitversicherten Ehegatten oder Lebensgefährten; diese Kinder bleiben darüber *soweit nichts anderes vereinbart ist* hinaus bis zur Vollendung des 25. Lebensjahres mitversichert, sofern und solange sie über keinen eigenen Haushalt und kein eigenes regelmäßiges Einkommen verfügen;

1.3. von Personen, die für den Versicherungsnehmer aus einem Arbeitsvertrag oder gefälligkeitshalber häusliche Arbeiten verrichten, in dieser Eigenschaft. Ausgeschlossen sind Personenschäden, bei welchen es sich um Arbeitsunfälle im Sinne der Sozialversicherungsgesetze unter Arbeitnehmern des Versicherungsnehmers handelt.

Artikel 14

Örtliche Geltung der Versicherung

Der Versicherungsschutz erstreckt sich *soweit nichts anderes vereinbart ist* auf Schadenereignisse, die in Europa oder einem außereuropäischen Mittelmeeranliegerstaat eingetreten sind.

Artikel 15

Zeitliche Geltung der Versicherung

1. Die Versicherung erstreckt sich auf Schadenereignisse, die während der Wirksamkeit des Versicherungsschutzes (Laufzeit des Versicherungsvertrages unter Beachtung der §§ 38, 39 und 39a VersVG) eingetreten sind.

Schadenereignisse, die zwar während der Wirksamkeit des Versicherungsschutzes eingetreten sind, deren Ursache jedoch in die Zeit vor Abschluss des Versicherungsvertrages fällt, sind nur gedeckt, wenn dem Versicherungsnehmer oder dem Versicherten bis zum Abschluss des Versicherungsvertrages von der Ursache, die zu dem Schadenereignis geführt hat, nichts bekannt war.

2. Bei einem Personenschaden gilt im Zweifel der Versicherungsfall mit der ersten Feststellung der Gesundheitsschädigung durch einen Arzt als eingetreten.

Artikel 16

Summenmäßiger Umfang des Versicherungsschutzes

1. Die Pauschalversicherungssumme beträgt EUR.. und gilt für Personenschäden,

Sachschäden und Vermögensschäden, die auf einen versicherten Personen- oder Sachschaden zurückzuführen sind, zusammen.

Die Versicherungssumme stellt die Höchstleistung des Versicherers für einen Versicherungsfall im Sinne des Artikel 11, 1. dar, und zwar auch dann, wenn sich der Versicherungsschutz auf mehrere schadenersatzpflichtige Personen erstreckt.

Der Versicherer leistet für die innerhalb eines Versicherungsjahres eingetretenen Versicherungsfälle höchstens das ....fache der jeweils maßgebenden Versicherungssumme.

An einer Sicherheitsleistung oder Hinterlegung, die der Versicherungsnehmer kraft Gesetzes oder gerichtlicher Anordnung zur Deckung einer Schadenersatzverpflichtung vorzunehmen hat, beteiligt sich der Versicherer in demselben Umfang wie an der Ersatzleistung.

2. Hat der Versicherungsnehmer Rentenzahlungen zu leisten und übersteigt der Kapitalwert der Rente die Versicherungssumme oder den nach Abzug etwaiger sonstiger Leistungen aus demselben Versicherungsfall noch verbleibenden Restbetrag der Versicherungssumme, so wird die zu leistende Rente nur im Verhältnis der Versicherungssumme bzw. ihres Restbetrages zum Kapitalwert der Rente erstattet. Der Kapitalwert der Rente wird zu diesem Zweck aufgrund der zum Zeitpunkt des Versicherungsfalles aktuellen Rententafel und gleichzeitig gültigen Zinsfußes ermittelt.

3. Rettungskosten; Kosten

3.1. Die Versicherung umfasst den Ersatz von Rettungskosten.

3.2. Die Versicherung umfasst ferner die den Umständen nach gebotenen gerichtlichen und außergerichtlichen Kosten der Feststellung und Abwehr einer von einem Dritten behaupteten Schadenersatzpflicht, und zwar auch dann, wenn sich der Anspruch als unberechtigt erweist.

3.3. Die Versicherung umfasst weiters die Kosten der über Weisung des Versicherers geführten Verteidigung in einem Straf- oder Disziplinarverfahren.

Kosten gemäß den Punkten 3.1. bis 3.3. werden auf die Versicherungssumme angerechnet.

4. Falls die vom Versicherer verlangte Erledigung eines Schadenersatzanspruches durch Anerkenntnis, Befriedigung oder Vergleich am Widerstand des Versicherungsnehmers scheitert und der Versicherer mittels eingeschriebenen Briefes die Erklärung abgibt, seinen vertragsmäßigen Anteil an Entschädigung und Kosten zur Befriedigung des Geschädigten zur Verfügung zu halten, hat der Versicherer für den von der erwähnten Erklärung an entstehenden Mehraufwand an Hauptsache, Zinsen und Kosten nicht aufzukommen.

Artikel 17

Ausschlüsse vom Versicherungsschutz

Soweit nichts anderes vereinbart ist, sind nicht versichert:

1. Ansprüche, soweit sie aufgrund eines Vertrages oder einer besonderen Zusage über den Umfang der gesetzlichen Schadenersatzpflicht hinausgehen.

2. Die Erfüllung von Verträgen und die an die Stelle der Erfüllung tretende Ersatzleistung.

3. Schadenersatzverpflichtungen der Personen, die den Schaden, für den sie von einem Dritten verantwortlich gemacht werden, rechtswidrig und vorsätzlich herbeigeführt haben. Dem Vorsatz wird gleichgehalten eine Handlung oder Unterlassung, bei welcher der Schadenseintritt mit Wahrscheinlichkeit erwartet werden musste, jedoch in Kauf genommen wurde.

4. Schadenersatzverpflichtungen aus Schäden, die in unmittelbarem oder mittelbarem Zusammenhang mit Auswirkungen der Atomenergie stehen.

5. Schadenersatzverpflichtungen aus Schäden, die der Versicherungsnehmer oder die versicherten Personen gemäß Artikel 13 verursachen durch Haltung oder Verwendung von

5.1. Luftfahrzeugen,

5.2. Luftfahrtgeräten (ausgenommen Flugmodelle gemäß Artikel 12, Punkt 1.10.),

5.3. Kraftfahrzeugen oder Anhängern, die nach ihrer Bauart und Ausrüstung oder ihrer Verwendung ein behördliches Kennzeichen tragen müssen oder tatsächlich tragen. Dieser Ausschluss bezieht sich jedoch nicht auf die Verwendung von Kraftfahrzeugen als ortsgebundene Kraftquelle.

Die Begriffe Luftfahrzeug und Luftfahrtgerät sind im Sinne des Luftfahrtgesetzes (BGBl.Nr.253/1957), die Begriffe Kraftfahrzeug, Anhänger und behördliche Kennzeichen im Sinne des Kraftfahrgesetzes (BGBl.Nr.267/1967), beide in der jeweils geltenden Fassung, auszulegen.

6. Schäden, die zugefügt werden

6.1. dem Versicherungsnehmer (den Versicherungsnehmern) selbst;

6.2. Angehörigen des Versicherungsnehmers (als Angehörige gelten der Ehegatte, Verwandte in gerader aufsteigender und absteigender Linie, Schwieger-, Adoptiv- und Stiefeltern, im gemeinsamen Haushalt lebende Geschwister; außereheliche Gemeinschaft ist in ihrer Auswirkung der ehelichen gleichgestellt).

7. Schadenersatzverpflichtungen wegen Schäden an

7.1. Sachen, die der Versicherungsnehmer oder die versicherten Personen gemäß Artikel 13 entliehen, gemietet, geleast, gepachtet oder in Verwahrung genommen haben, sei es auch im Zuge der Verwahrung als Nebenverpflichtung (ausgenommen Sachen der Logiergäste gemäß Artikel 12, Punkt 1.2.);

7.2. beweglichen Sachen, die bei oder infolge ihrer Benützung, Beförderung, Bearbeitung oder einer sonstigen Tätigkeit an oder mit ihnen entstehen;

7.3. jenen Teilen von unbeweglichen Sachen, die unmittelbar Gegenstand der Bearbeitung, Benützung oder einer sonstigen Tätigkeit sind.

8. Schadenersatzverpflichtungen wegen Schäden an Sachen durch allmähliche Emission oder allmähliche Einwirkung von Temperatur, Gasen, Dämpfen, Flüssigkeiten, Feuchtigkeit oder nichtatmosphärischen Niederschlägen (wie Rauch, Ruß, Staub usw.).

Artikel 18

Obliegenheiten; Vollmacht des Versicherers

1. Obliegenheiten

Als Obliegenheiten, deren Verletzung die Leistungsfreiheit des Versicherers gemäß § 6 VersVG bewirkt, werden *soweit nichts anderes vereinbart ist* bestimmt:

1.1. Der Versicherungsnehmer hat alles ihm Zumutbare zu tun, um Ursachen, Hergang und Folgen des Versicherungsfalles aufzuklären und den entstandenen Schaden gering zu halten.

1.2. Er hat den Versicherer umfassend und unverzüglich, spätestens innerhalb einer Woche ab Kenntnis, zu informieren, und zwar schriftlich, falls erforderlich auch fernmündlich oder fernschriftlich.

Insbesondere sind anzuzeigen:

1.2.1. der Versicherungsfall;

1.2.2. die Geltendmachung einer Schadenersatzforderung;

1.2.3. die Zustellung einer Strafverfügung sowie die Einleitung eines Straf-, Verwaltungsstraf- oder Disziplinarverfahrens gegen den Versicherungsnehmer oder eine versicherte Person;

1.2.4. alle Maßnahmen Dritter zur gerichtlichen Durchsetzung von Schadenersatzforderungen.

1.3. Der Versicherungsnehmer hat den Versicherer bei der Feststellung und Erledigung oder Abwehr des Schadens zu unterstützen.

1.3.1. Der Versicherungsnehmer hat den vom Versicherer bestellten Anwalt (Verteidiger, Rechtsbeistand) zu bevollmächtigen, ihm alle von ihm benötigten Informationen zu geben und ihm die Prozessführung zu überlassen.

1.3.2. Ist dem Versicherungsnehmer die rechtzeitige Einholung der Weisungen des Versicherers nicht möglich, so hat der Versicherungsnehmer aus eigenem innerhalb der vorgeschriebenen Frist alle gebotenen Prozesshandlungen (auch Einspruch gegen eine Strafverfügung) vorzunehmen.

1.3.3. Der Versicherungsnehmer ist nicht berechtigt, ohne vorherige Zustimmung des Versicherers einen Schadenersatzanspruch ganz oder zum Teil anzuerkennen es sei denn, der Versicherungsnehmer konnte die Anerkennung nicht ohne offenbare Unbilligkeit verweigern - oder zu vergleichen.

1.4. Der Versicherungsanspruch darf vor seiner endgültigen Feststellung ohne ausdrückliche Zustimmung des Versicherers weder abgetreten noch verpfändet werden.

2. Die Bestimmungen gemäß Punkt 1. finden sinngemäß auf versicherte Personen gemäß Artikel 13 Anwendung.

3. Vollmacht des Versicherers

Der Versicherer ist bevollmächtigt, im Rahmen seiner Verpflichtung zur Leistung alle ihm zweckmäßig erscheinenden Erklärungen im Namen des Versicherungsnehmers abzugeben.

Artikel 19

Versicherungsschutz für Sachschäden durch Umweltstörung

Für Schadenersatzverpflichtungen aus Sachschäden durch Umweltstörung gemäß Artikel 12, Punkt 2. einschließlich des Schadens an Erdreich oder Gewässern besteht Versicherungsschutz nach Maßgabe der nachstehend angeführten Bedingungen:

1. Umweltstörung ist die Beeinträchtigung der Beschaffenheit von Luft, Erdreich oder Gewässern durch Immissionen.

2. Versicherungsschutz für Sachschäden durch Umweltstörung einschließlich des Schadens an Erdreich oder Gewässern besteht, wenn die Umweltstörung durch einen einzelnen, plötzlich eingetretenen, unvorhergesehenen Vorfall ausgelöst wird, welcher vom ordnungsgemäßen, störungsfreien Betriebsgeschehen abweicht.

Somit besteht insbesondere kein Versicherungsschutz, wenn nur durch mehrere in der Wirkung gleichartige Vorfälle (wie Verkleckern, Verdunsten) eine Umweltstörung, die bei einzelnen Vorfällen dieser Art nicht eingetreten wäre, ausgelöst wird.

Artikel 17, Punkt. 8. findet keine Anwendung.

3. Besondere Regelungen für den Versicherungsschutz gemäß Punkt 2.

3.1 Versicherungsfall

Versicherungsfall ist abweichend von Artikel 11, Punkt 1. die erste nachprüfbare Feststellung einer Umweltstörung, aus welcher dem Versicherungsnehmer Schadenersatzverpflichtungen erwachsen oder erwachsen könnten.

Soweit nichts anderes vereinbart ist, gilt weiters:

1.2. Örtlicher Geltungsbereich

Versicherungsschutz besteht abweichend von Artikel 14, wenn die schädigenden Folgen der Umweltstörung in Europa oder einem außereuropäischen Mittelmeeranliegerstaat eingetreten sind.

1.3. Zeitlicher Geltungsbereich

Abweichend von Artikel 15 erstreckt sich der Versicherungsschutz auf eine Umweltstörung, die während der Wirksamkeit des Versicherungsschutzes oder spätestens zwei Jahre danach festgestellt wird (Artikel 19, Punkt 3.1.). Der Vorfall muss sich während der Wirksamkeit des Versicherungsschutzes ereignen.

Eine Umweltstörung, die zwar während der Wirksamkeit des Versicherungsschutzes festgestellt wird, die aber auf einen Vorfall vor Abschluss des Versicherungsvertrages zurückzuführen ist, ist nur dann versichert, wenn sich dieser Vorfall frühestens zwei Jahre vor Abschluss des Versicherungsvertrages ereignet hat und dem Versicherungsnehmer oder der versicherten Person gemäß Artikel 13 bis zum Abschluss des Versicherungsvertrages der Vorfall oder die Umweltstörung nicht bekannt war und auch nicht bekannt sein konnte.

Artikel 15, Punkt 2. findet sinngemäß Anwendung.

4. Der Selbstbehalt des Versicherungsnehmers beträgt in jedem Versicherungsfall ...... % des Schadens, mindestens EUR ....

Stichwortverzeichnis